Ronald P. Schweppe
Aljoscha A. Schwarz

EINFACH GUT

*99 Dinge, die nichts kosten
und uns bereichern*

Illustrationen von Wolfgang Pfau

Umwelthinweis:
Dieses Buch wurde auf 100 % Recycling-Papier gedruckt,
das mit dem blauen Engel ausgezeichnet ist.
Die Einschrumpffolie (zum Schutz vor Verschmutzung)
ist aus umweltfreundlicher und recyclingfähiger PE-Folie.

1. Auflage
Originalausgabe
© 2009 Riemann Verlag, München
in der Verlagsgruppe Random House GmbH
Lektorat: Ralf Lay, Mönchengladbach
Satz: Barbara Rabus
Druck und Bindung: GGP Media GmbH, Pößneck
Printed in Germany
ISBN 978-3-570-50110-8

www.riemann-verlag.de

Für Svenja, die herausfinden will, ob sie die Welt retten kann.

Für Jens, der Angst hat, seinen Job zu verlieren, und darüber nachdenkt, ob Geld wirklich alles ist.

Für Susanne, die es inzwischen langweilt, ihre freien Abende in teuren Clubs zu verbringen.

Für Jolina, die an den Maximen ihres Vaters (»Haste nichts, biste nichts«, »Das Leben ist kein Zuckerschlecken« und so weiter) schon immer gezweifelt hat.

Für Corvin, dem klar geworden ist, dass er mehr Zeit damit verbringen sollte, produktiv und kreativ zu sein, als vor dem Fernseher zu sitzen.

Für Christine, die die täglichen Nachrichten beunruhigend findet und nach Wegen sucht, die globale Krise als persönliche Chance zu sehen.

Für Max, der zwar gut verdient, sich aber danach sehnt, einfacher zu leben, da er spürt, dass er sein Glück nicht im Konsumieren finden wird.

Inhalt

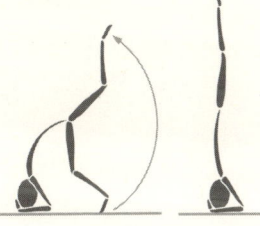
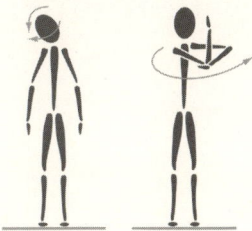

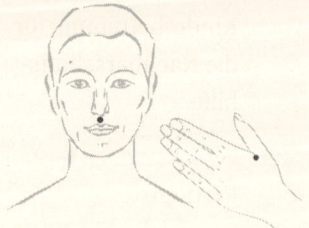

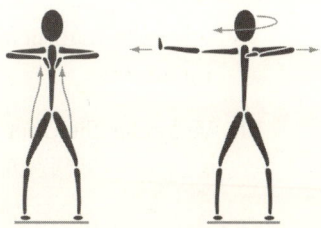

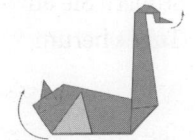

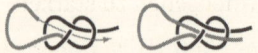

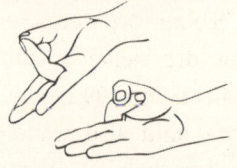

Vorwort

Glück kostet nichts. Zufriedenheit, Mitgefühl, warmherzige Beziehungen, Kreativität oder Gesundheit sind ebenfalls umsonst zu haben – denn all dies hat sehr viel weniger mit Haben als vielmehr mit Sein zu tun.

In diesem Buch finden Sie eine Sammlung von Maßnahmen, die nichts oder nur sehr wenig kosten beziehungsweise für die Sie Gegenstände brauchen, die Sie in der Regel ohnehin haben. 99 einfache Vorschläge, die einzig dazu dienen, Sie zu inspirieren, den einen oder anderen Schritt zu gehen, der vielleicht nahe-, vielleicht aber auch nicht so naheliegt. Die »99 Dinge, die nichts kosten und uns bereichern«, sind also weder Regeln noch To-do-Punkte, geschweige denn Wellness-Trostpflaster. Vielmehr sind es Möglichkeiten, die wir in jedem Augenblick unseres Lebens haben und die wir – vor allem in schwierigen Zeiten – leicht aus den Augen verlieren.

Dass die folgenden Anregungen kein Geld kosten, ist schön. Doch ebenso wichtig ist, dass sie uns bereichern, unseren Horizont erweitern, uns neue Erfahrungen schenken und mitunter auch unsere Sichtweise erneuern. In 99 kurzen Artikeln lernen Sie Wege kennen, die Ihnen dabei helfen,

∼· kreativer zu sein,

∼· neue Fertigkeiten zu erlernen,

∼· die Verbundenheit zu Ihren Mitmenschen zu stärken,

∼· sich über Ihre ganz persönlichen Ziele und Visionen klar zu werden,

- ⌣· das Internet intelligent zu nutzen,
- ⌣· etwas für Ihre Gesundheit und Ihre Fitness zu tun,
- ⌣· sich allein oder mit anderen für Ihre Umwelt einzusetzen,
- ⌣· auf originelle Weise am kulturellen Leben teilzunehmen,
- ⌣· effektiver zu kommunizieren und Ihre Partner, Freunde oder Kinder (und nicht zuletzt auch sich selbst) besser zu verstehen sowie
- ⌣· einfache philosophische Alltagsexperimente durchzuführen.

Wozu man das alles braucht? Vielleicht, um sich persönlich weiterzuentwickeln. Vielleicht, um zu erkennen, dass Sinn, Würde und Glück nicht das Geringste mit Geld zu tun haben. Vielleicht aber auch, um einfach Spaß zu haben und Neues auszuprobieren. Und natürlich um das Beste aus der Krise zu machen, die – ganz wie Sie wollen – das Universum, der liebe Gott oder das Schicksal uns beschert hat, um uns aus unserer Wohlstandslethargie aufzurütteln.

Kopf aus dem Sand

Wie es aussieht, stecken die Finanzmärkte weltweit im größten Schlamassel seit der Weltwirtschaftskrise 1929. Und sehr wahrscheinlich wird die Krise wohl auch noch nicht vorbei sein, wenn dieses Buch in einigen Monaten gedruckt und veröffentlicht sein wird. Im Gegenteil steht eher zu befürchten, dass die Probleme, die zunächst nur die Banken und schließlich auch die Industrie getroffen haben, auch vor unserem eigenen Wohnzimmer nicht mehr haltmachen werden, was ja vielfach jetzt schon der Fall ist.

Wer in einer Wohlstandsgesellschaft lebt und sich an materielles Wachstum gewöhnt hat, den trifft die Krise besonders heftig. Viele haben Angst, Job und Prestige zu verlieren. Und die Folge ist, dass sie den Kopf in den Sand stecken.

Nötig ist das nicht. Sinnvoll erst recht nicht. Eine Krise ist schließlich nichts anderes als ein Wendepunkt. Krisen erzwingen innovative Strategien. Sie erfordern, dass wir neue Wege gehen und in andere Richtungen denken. Wer lernt, sich zu öffnen und flexibel zu reagieren, statt sich lähmen zu lassen, hat die besten Chancen. Und wie es aussieht, wird diese Chance bereits von vielen erkannt.

Neue Werte braucht das Land

Drei Gründe veranlassen den Leser wohl dazu, ein Buch wie dieses in die Hand zu nehmen. Die einen sind einfach nur neugierig. Die anderen haben oder befürchten finanzielle Einbrüche und suchen nach Möglichkeiten, zu sparen. Und die dritten verdienen zwar mehr als genug, sind es aber leid, zum Shoppen zu gehen, auf die Malediven zu fliegen und die Raten für ihren Sportwagen dank zahlloser Überstunden abzuzahlen.

Alle drei Gruppen sind – wenn auch aus unterschiedlichen Gründen – auf der Suche nach neuen Werten, neuen Strukturen und, sagen wir es ruhig pathetisch: einer neuen Gesellschaftsform. Und es sieht gut für sie aus: Die Zeiten, da Ludwig Erhard den *Wohlstand für Alle* forderte und damit in erster Linie materielle Prosperität im Blick hatte, scheinen vorbei zu sein.

Repräsentative Umfragen zeigen, dass die Deutschen sich heute nach mehr sozialer Nähe sehnen. Auf die Frage »In was für einer Gesellschaft wollen Sie leben?« haben rund zwei Drittel der Befragten geantwortet, dass Verantwortung und Hilfsbereitschaft ihnen wichtiger ist als Wohlstand. »Glücklich sein« und »gut leben« schlagen »reich sein« und »viel haben« in der Bedürfnisskala um Längen – und das ist gut so, denn Zeit ist wertvoller als Geld.

Zeit ist wertvoller als Geld

Die »99 Dinge, die nichts kosten und uns bereichern«, bieten Ihnen 99 Möglichkeiten, Ihre Zeit sinnvoll und befriedigend zu verbringen. Und tatsächlich ist Zeit das Wertvollste, was Sie haben; denn sie lässt sich mit Geld nicht kaufen, ebenso wenig wie Liebe, Selbsterkenntnis oder Heiterkeit. Vom Glück mal ganz zu schweigen.

Doch wie können Sie Ihre Zeit dazu einsetzen, sich selbst oder anderen etwas Gutes zu tun? Indem Sie etwas machen, was in keiner Weise mit Geld zu tun hat.

Bekanntlich lebt der Mensch nicht nur vom Brot allein. Luft und Liebe sind gratis. Das Gleiche gilt aber auch für ehrenamtliche Tätigkeiten, Selbstreflexionen, für handwerkliches, kreatives, sozial oder ökologisch orientiertes Handeln oder für Poesie, Kunst, Philosophie und Bewusstheit.

Also los: Blättern Sie, lesen Sie und, vor allem, probieren Sie es aus! Lernen Sie jonglieren, schreiben Sie eine Kurzgeschichte, trainieren Sie Ihr Gedächtnis, setzen Sie sich für Greenpeace ein, finden Sie heraus, was das Wesentliche für Sie ist, oder backen Sie Glückskekse für sich und Ihre Freunde ...

Viel Glück dabei!

Ronald P. Schweppe und Aljoscha A. Schwarz,
im Frühjahr 2009

Was immer Sie tun: Tun Sie es hundertprozentig

Im Augenblick lesen Sie dieses Buch. Was immer Sie davor getan haben, es ist Vergangenheit. Und was immer Sie danach tun werden, ist nur Zukunftsmusik: nichts als eine Konstruktion Ihrer Gedanken und Vorstellungen.

Etwas hundertprozentig zu tun heißt, vollkommen bei der Sache zu sein. Wenn Sie beispielsweise gerade den Fernseher im Hintergrund laufen lassen, »im Hinterkopf« auf einen Anruf warten oder an Ihren Zahnarzttermin am nächsten Morgen denken, werden Sie Ihre ungeteilte Aufmerksamkeit nicht auf das Buch lenken können. Unabhängig von der Qualität dieses Textes sollten Sie Ihre Konzentration dennoch ganz und gar auf den jetzigen Augenblick des Lesens richten. Und zwar ganz einfach deshalb, weil jeder Moment Ihres Lebens der einzige ist, den Sie wirklich »haben«. Und somit der, der Ihre volle Aufmerksamkeit verdient.

Immer schön eins nach dem anderen

Wenn Sie einen Zen-Meister fragen, wie der Weg zur Erleuchtung aussieht, wird er wahrscheinlich so etwas antworten wie: »Wenn ich Tee trinke, trinke ich Tee. Wenn ich den Hof kehre, kehre ich den Hof.«

Es ist nicht nötig, zugleich zu telefonieren, E-Mails zu beantworten und in der Schublade nach einem Formular zu kramen. Ganz im Gegenteil: Wer auf mehreren Hochzeiten tanzen will, tanzt letztlich auf gar keiner. »Multitasking« führt nicht zu mehr Effektivität, denn Qualität geht eben doch vor Quantität. Wer immer nur eins nach dem anderen tut, verbessert aber nicht nur Konzentrationsvermögen und

Effektivität, er tut auch etwas für sein Glück: Der tägliche Teufelskreis aus To-do-Listen, Zeitdruck und hektischem Handeln lässt sich nur durchbrechen, wenn wir lernen, uns nicht mehr aus der Ruhe bringen zu lassen. Und die einfachste Möglichkeit dazu besteht darin, bei allem immer nur eins nach dem anderen zu tun.

Das Geheimnis der Achtsamkeit

Wie aber schafft man es, ganz im Hier und Jetzt zu sein und seine Konzentration zu hundert Prozent auf das zu lenken, was gerade ansteht?

Indem man achtsam ist. Achtsamkeit ist die Fähigkeit, sein ganzes Wesen auf das Hier und Jetzt auszurichten – aber nicht verbissen, sondern völlig entspannt. Buddha sagte dazu: »Es gibt für den Menschen eine Methode, die auf wundersame Weise hilft, sich zu befreien, Sorgen und Leid zu überwinden, Ängste loszulassen, den richtigen Weg zu finden und die höchste Erkenntnis zu gewinnen: Es ist dies die Methode der Achtsamkeit.«

Achtsamkeit ist eine Fähigkeit, die trainiert und entwickelt werden kann. Dazu gibt es einige Möglichkeiten:

- *Was immer Sie gerade tun ...* richten Sie Ihre Achtsamkeit ganz auf die jeweilige Tätigkeit. Ob Sie lesen, spazieren gehen, jemandem zuhören, sich die Zähne putzen oder im Bus fahren: Bleiben Sie ganz bei dem, was Sie tun, ohne gedanklich abzuschweifen oder an später zu denken.

- *Was immer Sie gerade tun ...* richten Sie Ihre Achtsamkeit ganz auf Ihren Körper und seine Empfindungen: Stehen, gehen, sitzen oder liegen Sie gerade? Ist Ihnen warm oder kalt? Ist Ihr Körper entspannt, sind die Bewegungen fließend – oder eher verkrampft? (Es geht bei der Achtsamkeit übrigens nicht darum, etwas »gut« zu machen oder zu bewerten! Beobachten und registrieren – das genügt vollkommen.)

↶· *Was immer Sie gerade tun ...* richten Sie Ihre Achtsamkeit ganz auf Ihre Gedanken, Gefühle und Stimmungen. Dadurch können Sie erkennen, ob Sie wirklich bei der Sache sind oder ob Ihre Gedanken abschweifen und Sie vielleicht längst wieder in die Grübelfalle getappt sind. Wie fühlen Sie sich, während Sie lesen, essen, telefonieren oder den Rasen mähen? Unsere Stimmungen verändern sich in jedem Augenblick – und auch hier geht es wieder einzig darum, zu beobachten und zu staunen.

Das Wichtigste aber ist: Kehren Sie immer wieder zurück zu Ihrem Tun. Sehen Sie jede Tätigkeit so an, als wäre es Ihre letzte. Und noch etwas: Vergessen Sie die Vorstellung von »Vorbereitung«. Sie kochen nicht, um zu essen; sondern Kochen ist die Tätigkeit, um die es geht. Sie gehen nicht in den Speicher, um eine Kiste zu holen; denn schon jeder Schritt ist es wert, wach und achtsam getan zu werden. »Wenn ich die Treppe hochsteige, steige ich die Treppe hoch. Wenn ich die Kiste hebe, hebe ich die Kiste.« So einfach – und doch so schwer – ist es, alles hundertprozentig zu tun.

FÜR WEN?
Für alle, die konzentrierter, wacher, gelassener und entspannter leben wollen.

WAS BRAUCHT MAN?
Geduld und die Fähigkeit, sich immer wieder an das Hier und Jetzt zu »erinnern«.

WAS SOLLTE MAN VERMEIDEN?
Die Dinge übertrieben betulich oder langsam zu tun sowie zu be- oder verurteilen, was man denkt oder fühlt.

WIE LANGE DAUERT ES?
Für Anfänger ist es schon schwierig, fünf Minuten im Hier und Jetzt zu bleiben. Erleuchtete – so sagt man – schaffen es rund um die Uhr.

Lernen Sie einen Zaubertrick

Zaubern können, das wäre schon nicht schlecht. Dann könnte man sich beispielsweise auf einen Besen setzen und die Kosten für das Flugticket sparen. Leider verbieten es die Gesetze der Zauberkunst, das Geheimnis des Besenflugs zu verraten. Aber zum Trost wollen wir Ihnen drei kleine, verblüffende Tricks zeigen, die Ihre Bekannten möglicherweise davon überzeugen, dass Sie zumindest ein wenig hexen können.

Asche zu Asche

Sie erklären in fröhlicher Runde, dass es möglich ist, mit reiner Geisteskraft – wenn man sich nur genug konzentriert – große Hitze zu produzieren. Die Skeptiker lachen Sie aus. Sie sollen das doch einmal vorführen. Sie entgegnen, dass jeder diese Kraft hat, und bieten an, es einem Zweifler zu zeigen. Sie bitten ihn, Ihnen seine Hand zu reichen. Sie schließen seine Hand zur Faust und legen den Zeigefinger auf seinen Handrücken. Dann bitten Sie ihn, sich stark zu konzentrieren. In seiner Hand wird es warm – ganz warm. Er behauptet dreist, dass das nicht so ist. Sie sagen ihm, er solle sich stärker konzentrieren, sonst klappt es nicht. Jetzt, behaupten Sie, ist es besser – Sie spüren, wie es in seiner Hand ganz heiß wird. Er zweifelt immer noch. Sie bitten ihn nun, seine Hand zu öffnen. Alle machen große Augen: In der Mitte seiner Handfläche ist ein schwarzer Fleck!

Und so funktioniert's: Bringen Sie etwas Zigarettenasche an Ihren Zeige- oder Mittelfinger. Und dann bewahren Sie Geduld und halten sich vom Aschenbecher fern, sodass niemand eine Verbindung zwischen Ihrem Hantieren und dem späteren Trick herstellen kann. Dann lenken Sie das Gespräch auf übernatürliche Fähigkeiten. Wenn Sie die Hand des Skeptikers nehmen, drücken Sie Ihren Aschefinger in seine Handfläche, während Sie sagen, dass er seine Hand schließen soll. Dann fabulieren Sie ein wenig von Konzentration, geistiger Hitze, Ektoplasma... Das alles ist natürlich nur Ablenkung – der Aschefleck ist ja schon in seiner Hand. Vergessen Sie nicht, anschließend Ihren Finger unauffällig abzuwischen...

Asche zu Seife

Wieder sitzen Sie mit Freunden beisammen. Sie sagen, wie interessant es doch sei, dass Informationen nie verloren gehen – dass alles, was einmal geschrieben wurde, in der geistigen Sphäre immer noch vorhanden ist. Sie behaupten, das sogar zeigen zu können. Dazu bitten Sie einen der Anwesenden, den Anfangsbuchstaben seines Vornamens auf ein kleines Stück Papier zu schreiben. Dann verbrennen Sie das Papier in einem Aschenbecher. Sie öffnen Ihre Handfläche und lassen jemanden die Asche des Papiers auf Ihre Hand streuen. Nun bitten Sie wieder jemand anderen, diese Asche in Ihrer Hand zu verreiben. Zur Verblüffung der Runde kommt der verbrannte Buchstabe zum Vorschein.

Und so funktioniert's: Für den Trick brauchen Sie eine winzige Vorbereitung. Sie nehmen ein Wattestäbchen, reiben es mit Seife ein und schreiben den Buchstaben auf Ihre Handfläche. Das können Sie leicht machen, wenn Sie auf die Toilette gehen. Aber lassen Sie sich dann eine ganze Weile Zeit, bis Sie den Trick vorführen. Keiner sollte mehr daran denken, dass Sie weg waren! Und wie stellen Sie den Buchstaben fest? Nichts einfacher als das, wenn Sie die Namen Ihrer Freunde kennen. Sie wissen, dass Ralph da ist – also schreiben Sie ein R auf die Hand und bitten später eben Ralph, sein Initial aufzuschreiben. Der Rest ergibt sich von selbst. Die Asche bleibt an den unsichtbaren (und unfühlbaren!) seifenbehandelten Stellen leichter kleben – und beim Reiben entsteht der Buchstabe. Lassen Sie das Asche-auf-die-Hand-Streuen und das Reiben von unterschiedlichen Personen machen und achten Sie darauf, dass Ihre Handfläche vorher deutlich zu sehen ist. Dann können Ihre Zuschauer nicht auf die Idee kommen, dass Sie durch »spezielles Reiben« manipulieren oder gar den Buchstaben vorher schon auf die Hand geschrieben haben. Haben Sie natürlich – aber das muss ja keiner wissen!

Münzen wegzaubern

Schon wieder sitzen Sie mit Leuten zusammen. (Es ist ja nett, Zeit mit Freunden zu verbringen – aber lesen Sie doch auch mal ein Buch!) Sie spielen ein wenig mit zwei Münzen herum. Plötzlich sagen Sie: »Ich habe neulich einen Zauberer gesehen. Das war ganz erstaunlich – aber es kann doch nicht so schwer sein!« Sie lassen Ihre Hand über beiden Münzen schweben, so als spürten Sie die Energie des Geldes. Sie nehmen eine der Münzen mit der rechten Hand, zeigen sie kurz und lassen sie dann in die zu einem Becher geformte linke Hand fallen. Sie schließen die linke Hand. Sie öffnen die rechte Hand, spreizen die Finger weit und machen eine beschwörende Geste zur linken. Sie konzentrieren sich. Dann öffnen Sie die Hand – und ... Die Münze liegt noch darin. Mist! Es hat nicht geklappt. Vielleicht war das Metall unrein? Sie probieren es mit der anderen Münze. Genau dasselbe – mit dem kleinen Unterschied, dass die Münze spurlos verschwunden ist!

Und so funktioniert's: Dies ist ein ganz grundlegender Taschenspielertrick, den auch Hütchenspieler häufig anwenden. Der Teil mit der ersten Münze geht ganz genau so, wie er beschrieben ist: Es passiert nichts. Aber wie verschwindet die Münze beim zweiten Mal? Für diesen Trick müssen Sie ein bisschen üben. Aber es ist wirklich ganz einfach.

Legen Sie eine Münze fünf bis zehn Zentimeter von der Tischkante auf einen Tisch. Nehmen Sie nun die Münze auf, indem Sie Zeige- und Mittelfinger zum Daumen führen. Machen Sie das ein paar Mal. Dann aber versuchen Sie, mit Zeige- und Mittelfinger die Münze ruckartig zu sich zu schieben, bevor der Daumen kommt. Die Finger schnippen die Münze also in Ihren Schoß. Üben Sie das: abwechselnd die Münze nehmen und dann wieder in Ihren Schoß schnippen. Üben Sie am besten vor dem Spiegel! So lange, bis die beiden Bewegungen völlig gleich aussehen und sich auch gleich anfühlen. Dann sind Sie im Prinzip bereit. Alles andere dient der Ablenkung. Wenn Sie das zweite Mal »die Münze zeigen«, zeigen Sie natürlich nur Luft. Aber das macht nichts. Der Moment ist so kurz, und die Zuschauer haben beim ersten Mal ganz deutlich die Münze gesehen (weil Sie sie lange genug gezeigt haben). Das haben sie sich gemerkt, und ihre Erinnerung wird ihnen vorgaukeln, dass sie die Münze auch beim zweiten Durchgang gesehen haben. Die Beschwörungsgeste mit der rechten Hand ist vor allem beim zweiten, echten Durchgang wichtig. Denn es muss ganz klar sein, dass sich die Münze nicht in Ihrer rechten Hand befindet. Die brauchen Sie dann nämlich, um die Münze aus Ihrem Schoß zu retten …

FÜR WEN?

Für jene, die schon immer einmal zaubern wollten, aber zu ungeduldig waren, Kartentricks zu lernen.

WAS BRAUCHT MAN?

Wattestäbchen, Seife, zwei Münzen, ein Quäntchen Selbstbewusstsein und ein bisschen Zeit zum Üben.

WAS SOLLTE MAN VERMEIDEN?

Die Tricks wiederholen oder erklären – damit nehmen Sie Ihren Zuschauern nur den Spaß.

WIE LANGE DAUERT ES?

Je nach Geschicklichkeit (beim letzten Trick) zehn bis dreißig Minuten. Die ersten beiden klappen sofort.

Schreiben Sie Haikus

Wie? Was? Haiku? Nie gehört! – Haikus sind japanische Kurzgedichte. Die Form ist ganz einfach: fünf Silben, sieben Silben, fünf Silben. Also beispielsweise:

Ach, die raue See,
bis nach Sado hin reicht die
große Milchstraße.

Das ist so ein Haiku, und zwar von einem Meister dieser Kunstform, Matsuo Bashô (1644–1694).

Das klingt so einfach. Doch ein richtig gutes Haiku hinzubekommen ist nicht leicht. Zu einem Haiku gehört mehr als nur Silbenzählen. Ein Haiku

- hat einen Bezug zu einer Jahreszeit,

- verwendet ein Naturbild,

- hält einen Augenblick fest und

- vollzieht im letzten Teil eine unerwartete Wendung.

Versuchen Sie es einmal. Haikus zu machen ist wie eine Meditation: Sie werden merken, wie Sie immer tiefer in einen Augenblick eindringen, Kleinigkeiten wahrnehmen, Zusammenhänge spüren – und schließlich eine »kleine Erleuchtung« erleben, wenn Ihr Haiku stimmig ist und die Form vollendet ist.

Vielleicht wollen Sie aber lieber über persönliche Gefühle schreiben? Auch da hat die japanische Dichtkunst etwas für Sie. Es geht prinzipiell genauso: fünf Silben, sieben Silben, fünf Silben. Nur heißt es dann nicht »Haiku«, sondern »Senryu«.

Anstelle der Jahreszeit steht eine Stimmung, ein Gefühl. Doch auch beim Senryu geht es um das poetische Festhalten eines Augenblicks:

> *Frohes Gelächter.*
> *Im ersten Schnee des Winters.*
> *Ich bin wieder Kind.*

Versuchen Sie's einfach.

Es ist nicht so, dass es in unserer Kultur nichts Ähnliches gäbe. Wir haben natürlich eine andere Tradition: Ein herkömmliches Gedicht hat erstens einen Reim und zweitens ein Versmaß. Mit beidem haben angehende Dichter oft Probleme. Die Ergebnisse sind teils erschreckend, teils unfreiwillig komisch. Doch auch bei uns gibt es Gedichte, die sich an der Form orientieren – was es erstaunlicherweise nicht schwerer, sondern zunächst einmal einfacher macht, ein eigenes Gedicht zu verfassen.

Am bekanntesten ist vielleicht das »Elfchen«. Es besteht aus fünf Zeilen und – der Name sagt es – elf Wörtern. Die erste Zeile hat ein Wort, die zweite hat zwei Wörter, die dritte drei, die vierte vier und die fünfte wieder nur ein Wort. Zum Beispiel:

> *Elfchen*
> *zu dichten*
> *ist viel leichter,*
> *als du vielleicht denkst!*
> *Los!*

Nicht gerade ein Meisterwerk, aber einfach. Es ist viel leichter als ein Haiku. Vielleicht wollen Sie es am Anfang damit probieren?

Oder darf's eins mehr sein? Ein »Zwölfchen«? Das geht ganz ähnlich wie ein »Elfchen«, ist aber symmetrischer. Die Wortzahl in den sechs Zeilen ist 1–2–3–3–2–1:

> *Ein*
> *kleines Gedicht*
> *kann Freude machen.*
> *Freude am Spiel*
> *mit einfachen*
> *Worten.*

Zum Abschluss noch das »Hexchen« mit sieben Zeilen und sechzehn Wörtern (1–2–3–4–3–2–1).

> *Endlich*
> *weiß ich,*
> *wie ich dichte.*
> *Auch wenn meine Gedichte*
> *keine Meisterwerke sind:*
> *Ich liebe*
> *es.*

■ **F Ü R W E N ?**
Für alle, die gern dichten möchten, aber nicht wissen, wie sie anfangen sollen.

■ **W A S B R A U C H T M A N ?**
Papier, Stift, Ideen.

■ **W A S S O L L T E M A N V E R M E I D E N ?**
Große Kunstwerke schaffen zu wollen.

■ **W I E L A N G E D A U E R T E S ?**
Solange Sie möchten.

■ Setzen Sie Bücher aus

Haustiere auszusetzen ist herzlos und gemein. Mit Büchern ist das aber etwas anderes. Statt sie einfach nur zu verschenken, können Sie sie auch »in die freie Wildbahn« entlassen und dabei sogar ihre Reise Schritt für Schritt verfolgen. Wie das genau funktioniert, erfahren Sie bei www.bookcrossers. de (oder, falls Sie die US-Originalversion bevorzugen, auf www.bookcrossing.com).

Die Idee ist einfach und gut – so gut, dass es allein hierzulande inzwischen über 750 000 BookCrossers und knapp fünfeinhalb Millionen registrierte Bücher gibt. Im Grunde geht es darum, seine Bücher – am besten die guten, die, die man gern mit anderen teilen möchte, denn für die übrigen gibt's ja die Altpapiertonne – an öffentlichen Plätzen »auszusetzen«: im Café, im Wartezimmer, im Bus oder auf der Parkbank.

Natürlich gibt es auch die private Variante: Wählen Sie ein schönes Buch aus, binden Sie ein Schleifchen drum herum und schreiben Sie eine persönliche Widmung hinein (»Wenn du dieses Buch findest, ist es wahrscheinlich genau das richtige für dich – viel Spaß beim Lesen, Emma«).

Beim BookCrossing kommt allerdings noch ein besonderer Gag dazu: Sie verschenken Ihre Bücher nicht nur an Unbekannte, sondern können wie gesagt sogar ihre Reise samt Kommentaren mitverfolgen. Und das geht so: Bevor Sie das Buch in die Freiheit entlassen, registrieren Sie es bei bookcrossing.com; dort bekommt das Buch eine Nummer (BCID = BookCrossingIDentnummer), die Sie ins Buch eintragen (am besten auf speziellen Etiketten, die über die Seite kostenlos heruntergeladen und selbst ausgedruckt werden können). Wer das Buch dann irgendwo findet, kann auf besagter Seite nachschauen und angeben, wo und wann er es gefunden hat, und auch, wer das Buch vor ihm alles hatte. Und wenn er möchte, kann er noch eine kleine Buchkritik einfügen.

Die Vision der BookCrosser ist es, eine weltweit vernetzte, offene Bibliothek zum Nulltarif aufzubauen. Im Moment mag das noch wie eine Utopie klingen. Doch wer weiß: Vielleicht schließen Sie sich ja heute noch an und machen die Erfüllung dieser Utopie ein kleines bisschen wahrscheinlicher …

FÜR WEN?
Für alle, die gern lesen und das Gelesene gern mit anderen teilen wollen.

WAS BRAUCHT MAN?
Einen Internetanschluss und ein paar Bücher, die es wert sind, verschenkt zu werden. Eventuell noch eine Plastikfolie, falls Sie das Buch wetterfest aussetzen wollen.

WAS SOLLTE MAN VERMEIDEN?
Darauf zu hoffen, dass Sie an jeder Straßenecke Bücher finden – noch ist der Kreis zu klein.

WIE LANGE DAUERT ES?
Auswählen des Buchs, registrieren und beschriften – alles zusammen inklusive Aussetzen kaum mehr als fünfzehn Minuten.

Lernen Sie, wie ein Yogi auf dem Kopf zu stehen

Die ganze Welt scheint manchmal auf dem Kopf zu stehen. Das kann auch schon mal daran liegen, dass *Sie* gerade auf dem Kopf stehen – dann brauchen Sie dieses Kapitel natürlich nicht mehr zu lesen. Falls Sie aber einen Yoga-Kopfstand lernen möchten, dann zeigen wir Ihnen jetzt, wie das geht.

Im Yoga hat so ein Kopfstand natürlich nicht nur den Sinn, interessant auszusehen. Manche Yogis verharren über eine Stunde in dieser Stellung, und das nicht etwa, weil sie im Zirkus auftreten wollen. Vielmehr hat das Kopfstehen zahlreiche positive Wirkungen: Vor allem das Gehirn wird stärker durchblutet, was wiederum die geistigen Fähigkeiten verbessert, beispielsweise die Gedächtnisleistung. Die Bauchmuskulatur wird gekräftigt und der Druck auf die unteren Körperregionen verringert. Und natürlich bekommen Sie einen ganz neuen Blick auf die Welt. Nicht umsonst wird der Kopfstand im Yoga als die »Königin der Asanas (Yogastellungen)« bezeichnet!

Doch Vorsicht: Wenn Sie unter Bluthochdruck oder erhöhtem Augeninnendruck leiden, fragen Sie unbedingt Ihren Arzt, ob Sie das mit dem Kopfstand nicht lieber bleiben lassen sollten. Auf keinen Fall dürfen Sie ihn üben, wenn Sie Probleme mit der Nackenwirbelsäule haben!

Warum eigentlich ein Yogakopfstand? Und was unterscheidet den von einem »ganz normalen«? Beim »normalen« Kopfstand stehen Sie auf den Händen und auf dem Kopf; dabei müssen Sie mit den Händen die ganze Zeit das Gleichgewicht kontrollieren. Beim Yogakopfstand (Shirsh-

Asana) ist ein großer Teil Ihres Körpergewichts auf die Unterarme verteilt. Außerdem stützen die Hände den Kopf, sodass der Nacken nicht ganz so stark belastet wird.

Wollen Sie endlich anfangen? Nein, warten Sie noch ein bisschen. Wir möchten, dass Sie sich nicht verletzen. Also machen wir ein paar Vorbereitungen:

◡· Legen Sie ein, zwei dicke Decken auf den Boden (am besten auf den Teppich).

◡· Setzen Sie sich in die Mitte, legen Sie die Hände auf den Kopf und rollen Sie nach hinten und wieder zurück. Bekommen Sie ein Gefühl dafür, wie es ist, zu rollen.

◡· Knien Sie sich jetzt ans Ende des Deckenpolsters und machen Sie ein paar Purzelbäume auf der Decke. Ziehen Sie den Kopf auf die Brust, senken Sie den Körper und rollen Sie über den Rücken ab.

Falls das alles klappt, sollten Sie eigentlich keine Angst mehr haben, beim Kopfstand umzufallen. Und wenn Sie keine Angst haben, geht es natürlich viel leichter. Sollten Sie doch umfallen, wissen Sie ja, wie Sie das richtig machen.

Sich auf den Kopf stellen Schritt für Schritt

Knien Sie sich erst einmal hin und setzen Sie sich auf Ihre Fersen. Beugen Sie sich nach vorn, sodass Ihre Stirn auf dem Boden ruht. Ihre Arme legen Sie seitlich ab, damit die Hände neben den Füßen liegen. Atmen Sie tief durch. Mindestens dreimal.

Nun richten Sie sich wieder kurz in den Fersensitz auf und beugen sich dann nach vorn, bis Ihre Oberschenkel und

Oberarme senkrecht zum Boden stehen. Die Unterarme liegen auf dem Boden.

Fassen Sie mit der rechten Hand den linken Ellbogen und mit der linken Hand den rechten Ellbogen. Ihre Ellbogen sind also nun eine Elle oder etwa Schulter breit auseinander.

Lassen Sie die Ellbogen in ihrer Position und bringen Sie die Hände nach vorn. Verschränken Sie die Hände, aber ganz locker. Die Fingerspitzen sollten die Knöchel der gegenüberliegenden Hand nicht erreichen – unter anderem deshalb, weil es sehr schmerzhaft sein kann, wenn Sie über stark verschränkte Finger abrollen.

In die »Schale«, die Ihre Hände nun bilden, legen Sie Ihren Hinterkopf. Der Kopf berührt den Boden knapp oberhalb der Stirn.

Strecken Sie langsam Ihre Beine. Dabei kommt immer mehr Druck auf Ihren Kopf und Ihre Unterarme. Wenn sich irgendetwas unangenehm oder schmerzhaft anfühlt, hören Sie auf und versuchen es später noch einmal.

Wandern Sie mit Ihren Füßen so nah wie möglich zum Kopf – die Beine bleiben dabei gestreckt.

Wenn Sie sich erst einmal an die umgekehrte Stellung gewöhnen möchten, bleiben Sie vier Atemzüge in dieser Stellung und kehren Sie dann wieder in die Ausgangsstellung zurück.

Wenn Sie den Kopfstand jedoch vollenden möchten, heben Sie das rechte Bein langsam vom Boden ab, indem Sie den Unterschenkel anziehen. Nun tun Sie dasselbe mit dem linken Bein – und schon stehen Sie auf dem Kopf!

Zum richtigen Kopfstand sind es nur noch zwei Schritte. Zuerst heben Sie die Oberschenkel, bis sie eine Linie mit

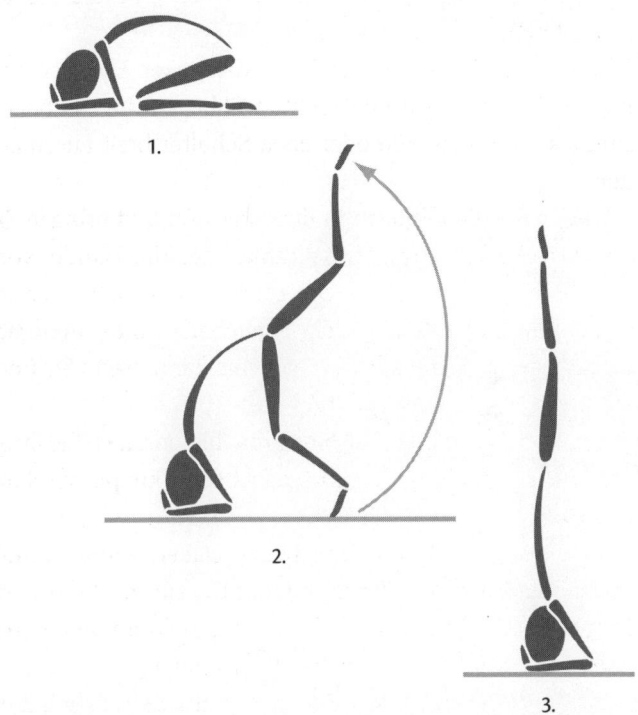

dem Körper bilden, und dann strecken Sie noch die Unterschenkel – die Füße bleiben dabei entspannt, die Zehen werden nicht zur Decke gestreckt.

Bravo – Sie haben den Kopfstand gemeistert!… Also, genauer gesagt: Sie haben das Lesen der Übungsbeschreibung gemeistert. Wenn Sie nun ein bisschen üben, schaffen Sie das aber auch schon bald in der Wirklichkeit.

FÜR WEN?

Für alle, die etwas können möchten, was nicht nur interessant aussieht, sondern auch ein bisschen Blut ins Gehirn bringt.

WAS BRAUCHT MAN?

Eine gesunde Nackenwirbelsäule – achten Sie bitte unbedingt auf die Hinweise, ansonsten brauchen Sie womöglich bald einen guten Arzt.

WAS SOLLTE MAN VERMEIDEN?

Üben Sie nicht, wenn Sie unter Bluthochdruck oder Rückenbeschwerden leiden. Auch übertriebener Ehrgeiz kann ungesund werden.

WIE LANGE DAUERT ES?

Achten Sie auf Ihre Grenzen. Wenn es keinen Spaß mehr macht, hören Sie auf. Sollten Sie nach dreißig Minuten immer noch auf dem Kopf stehen, wird es aber auf jeden Fall Zeit, die Perspektive wieder mal zu wechseln.

Setzen Sie sich für Oxfam ein

Nichtregierungsorganisationen (Non-Governmental Organizations, NGOs) repräsentieren die Wünsche und Bedürfnisse der Zivilgesellschaft. Sie sind weder staatlich organisiert noch auf Gewinn ausgerichtet. All jenen, die die Gestaltung unserer Welt nicht allein der Politik oder Wirtschaft überlassen wollen, bieten sie daher zahlreiche Möglichkeiten, aktiv zu werden. Zu den wichtigsten dieser Organisationen gehört das Oxfam.

Oxfam geht auf eine englische Bürgerinitiative zurück. Im Jahr 1942 gründeten engagierte Menschen das »*Ox*ford Committee for *Fam*ine Relief« – ein Komitee zur Bekämpfung der durch den Krieg verursachten Hungersnot. Gut fünfzig Jahre später schlossen sich zahlreiche Wohltätigkeitsorganisationen zu »Oxfam International« zusammen mit dem Ziel, konkret etwas gegen Armut, Hunger und soziale Ungerechtigkeit in der Welt zu unternehmen. Oxfam Deutschland e.V. zählt zu den jüngsten Ablegern der Organisation, es wurde erst 1995 gegründet.

In Zusammenarbeit mit über dreitausend lokalen Organisationen unterstützt Oxfam heute Hilfsprojekte in rund hundert Ländern, darunter in Pakistan, Indien, Südafrika, im Kongo oder im Sudan.

Neben dem Kampf gegen die Armut leistet Oxfam Katastrophenhilfe und bemüht sich in vielen Projekten um Krisenprävention.

Ferner gehört auch die Sicherung menschlicher Grundrechte zu den wichtigsten Zielen. Dazu zählen insbesondere das Recht

⌣· auf den Zugang zur Erwerbsmöglichkeit,

⌣· auf den Zugang zu Gesundheitsdiensten und Bildung,

⌣· auf ein Leben in Sicherheit,

⌣· das Recht, gehört zu werden, und

⌣· das Recht auf freie Entfaltung der Persönlichkeit.

Nicht zuletzt kümmert Oxfam sich auch darum, Mädchen und Frauen in Entwicklungsländern bessere Bildungsmöglichkeiten zu bieten.

Falls Sie bereit sind, sich für Oxfam einzusetzen, befinden Sie sich dabei in prominenter Gesellschaft: Neben Heike Makatsch, Antonio Banderas und Bono sind etwa auch Scarlett Johansson, Colin Firth oder die Toten Hosen für die Organisation aktiv geworden. Etwas Zeit und Motivation – das ist im Grunde alles, was Sie brauchen, um sich einer der vielen kleinen oder auch größeren Kampagnen anzuschließen.

Alle nötigen Infos dazu finden Sie unter www.oxfam.de. Falls Sie sich für die Hintergründe der Organisation interessieren, lohnt sich ein Abstecher zu den Menüpunkten »Über uns« (»Wer wir sind« oder »Was wir machen«). Falls Sie ein Mann oder eine Frau der Tat sind, können Sie aber unter »Aktiv werden« auch gleich zu den »Kampagnen« klicken.

Hier können Sie sich mit Ihrer Stimme beispielsweise einer Petition anschließen – gleich, ob es dabei um das Thema »Gesundheit und Bildung für alle«, um eine gerechtere Agrarpolitik oder die Kontrolle des internationalen Waffenhandels geht.

Apropos »Eindämmung des Waffenhandels«: Unter der Internetadresse www.controlarms.org finden Sie Details und Anleitungen, um ein Foto von sich in der weltweit größten Online-Fotogalerie hochzuladen, auf der neben Oxfam auch Amnesty International und andere Organisationen bereits mehr als eine Million Porträts engagierter Menschen gesammelt haben.

Ganz egal, ob Sie einen Oxfam-Stand mitbetreuen, Unterschriften sammeln, Informationsmaterial verteilen oder sogar eine kleine Fotoausstellung organisieren wollen – unter www.oxfam.de/download/aktiv_werden.pdf finden Sie mehr Details. Natürlich können Sie auch jenseits des Internets Kontakte knüpfen:

Oxfam Deutschland e.V.
Greifswalder Straße 33a
10405 Berlin
Tel. +49 30 42850621

Rufen Sie einfach an und lassen Sie sich Informationen schicken – alles Weitere wird sich ganz von selbst ergeben.

▪ FÜR WEN?

Für alle, die sich nicht länger nur über den Zustand der Welt ärgern, sondern lieber aktiv werden wollen – ob allein oder mit Freunden.

▪ WAS BRAUCHT MAN?

Einen Internetanschluss oder ein Telefon. Und den Mut, einfach mal anzurufen beziehungsweise per E-Mail Kontakt aufzunehmen.

▪ WAS SOLLTE MAN VERMEIDEN?

Die Entscheidung vor sich herzuschieben oder sich zu verzetteln. Suchen Sie spontan die Aktion heraus, die Sie unterstützen möchten. Nehmen Sie sich nicht zu viel vor, sondern setzen Sie lieber auf die Wirkung kleiner Schritte.

▪ WIE LANGE DAUERT ES?

Solange Sie wollen. Um sich einer Petition anzuschließen, brauchen Sie nur ein paar Sekunden. Einen Infostand zu betreuen dauert einen halben oder auch ganzen Tag. Wer aber Lust und Zeit hat, kann Oxfam natürlich auch zu seinem Lebensinhalt machen.

Entrümpeln Sie Ihren Kleiderschrank

Sein Leben zu entrümpeln und Ballast abzuwerfen ist oft gar nicht einfach. Doch wie heißt es so schön: »Auch die längste Reise beginnt mit einem kleinen Schritt« – und der kann in diesem Fall zum Beispiel darin bestehen, Kleiderberge abzutragen. Denn ganz gleich, wie groß unsere Garderobe sein mag: Die Anzahl der Kleidungsstücke, die wir wirklich gern anziehen und in denen wir uns auch wohl fühlen, ist immer relativ klein.

Warum aber bewahren wir Garderobe auf, die wir (wahrscheinlich) nie mehr brauchen werden? Dafür gibt es viele Gründe, zum Beispiel:

- *Nostalgie:* das Kleid, das wir auf der Hochzeitsreise so geliebt haben,

- *Höflichkeit:* die Krawatte, die unsere Mutter uns zu Weihnachten geschenkt hat,

- *unbegründete Hoffnungen:* etwa die, dass die Mode wiederkehren möge oder dass das, was uns gepasst hat, als wir zehn Jahre jünger und zehn Kilo leichter waren, nach der einen oder anderen Diät ja vielleicht wieder passen könnte.

Auf der anderen Seite gibt es aber auch einige sehr vernünftige Gründe, seine Kleider auszumisten:

- Wer Ordnung liebt oder bestimmte Kleider auf Anhieb wiederfinden möchte, wird begeistert sein.

- Die Qual der Wahl entfällt.

- Ballast abzuwerfen hat auch psychologischen Wert: Sich von dem zu befreien, was wir nicht mehr benötigen, wirkt entlastend und befreiend. Letztlich geht es dabei ja auch darum, Vergangenes loszulassen und Klarheit für das Jetzt zu schaffen. Nicht alles, was früher (zu uns) gepasst hat, passt heute noch – und zwar im wahrsten Sinne des Wortes.

- Wer wertvolle Kleidungsstücke hat, kann sie im Secondhandshop verkaufen und ein bisschen Geld verdienen.

Und natürlich gibt es noch den sozialen Aspekt: Mit Ihrer Spende können Sie Leuten helfen, die die Sachen dringend benötigen. Allein das Deutsche Rote Kreuz versorgt insgesamt rund zwei Millionen Menschen bundesweit mit gut erhaltener Kleidung. Auch Sammlungen für konkrete Hilfsprojekte (Flut- oder Erdbebenopfer) sind sehr sinnvoll. Falls Sie genauer wissen wollen, was mit Ihren Altkleidern passiert, sollten Sie sich bei den Sammelorganisationen erkundigen oder sich an Verbraucherzentralen wenden – beispielsweise an den

Dachverband FairWertung e.V.
Hüttmannstraße 52
45143 Essen
Tel. +49 201 621067

oder das

Institut für Ökonomie und Ökumene Südwind e.V.
Lindenstraße 58–60
53721 Siegburg
Tel. +49 2241 53617

Ausmisten – aber wie?

Die einfachste Methode, um klar Schiff zu machen: Nehmen Sie erst einmal alle Kleider aus dem Schrank und legen Sie sie aufs Bett oder auf den Teppich. Und jetzt bilden Sie drei Haufen beziehungsweise »Abteilungen«:

- *Auf den ersten Haufen kommt alles, wovon Sie sich leicht trennen können.* Dazu gehören Kleider, die Sie mindestens ein Jahr lang nicht mehr getragen haben, ebenso beschädigte Kleidungsstücke.

  Wohin damit? Abgenutzte oder kaputte Klamotten wandern in die Mülltonne, alles andere in die Altkleidersammlung. Gut erhaltene und teure Fummel sollten Sie wie gesagt im Secondhandshop anbieten.

- *Auf den zweiten Haufen legen Sie alle Ihre Lieblingskleider:* Sachen, die Sie (in der entsprechenden Saison) gern und regelmäßig anziehen.

  Wohin damit? Deponieren Sie sie wieder im Schrank.

- *Den dritten Haufen bilden die Kleider, bei denen Ihnen eine Entscheidung schwerfällt.* Beispielsweise gehören dazu Erinnerungsstücke oder Teile, von denen Sie glauben, dass Sie sie doch wieder tragen werden – aber Vorsicht: Der Haufen sollte auf keinen Fall der größte sein ...!

  Wohin damit? Diese Kleider bekommen eine Schonfrist. Packen Sie sie in einen Karton, den Sie auf oder unter dem Schrank verstauen. Schreiben Sie das aktuelle Datum auf die Kiste. Alles, was Sie innerhalb des nächsten Jahres nicht mindestens einmal angezogen haben, sollten Sie spätestens dann entsorgen.

Beim Aussortieren bildet Garderobe für besondere Anlässe wie Abendkleidung oder Anzüge eine Ausnahme. Sofern Größe und Mode noch passen, sollten Sie derartige hochwertige Stücke natürlich auch dann aufbewahren, wenn Sie sie nur selten nutzen.

FÜR WEN?
Für alle, die sich von Ballast befreien wollen.

WAS BRAUCHT MAN?
Einige Kartons oder Plastiktüten.

WAS SOLLTE MAN VERMEIDEN?
An Vergänglichem festzuhalten.

WIE LANGE DAUERT ES?
Je nach Anzahl und Größe der Kleiderschränke bis zu einem Vor- oder Nachmittag.

Machen Sie Breathwalking

Für alle, denen Jogging zu anstrengend und Walking zu langweilig ist, dürfte Breathwalking genau das Richtige sein. Der englische Begriff »Breathwalking« setzt sich aus »atmen« *(to breath)* und »gehen« *(to walk)* zusammen – zwei Aktivitäten also, die bekanntlich nichts kosten, der Gesundheit aber sehr zuträglich sind.

In den USA ist Breathwalking längst Kult. Auch »Yoga-Walking« genannt, ist es eine moderne Variante des von Yogi Bhajan und Dr. Guru Charan Singh entwickelten »Breathwalks«, eines eingetragenen Warenzeichens. Ohne Anleitung ist der ursprüngliche Breathwalk jedoch kaum zu erlernen: Rund zwanzig Programme, neun verschiedene Atemmuster und fünf Phasen, aus denen jedes Programm besteht (Aufwärmphase, Einstimmung, Walking-, Dehnphase und Meditation), machen das meditative Gehen recht kompliziert. Wer richtig tief einsteigen will, findet weiterführende Informationen dazu unter www.breathwalk.de.

Doch zum Glück geht es auch einfacher. Letztlich ist Breathwalking ja nur die Kombination aus Atmen und Gehen – genauer: aus Spazierengehen und einem festen Atemrhythmus, der dem Schrittrhythmus dabei angepasst wird.

So wird's gemacht

Breathwalking ist entspanntes Walking mit ein paar zusätzlichen Regeln. Anfänger beginnen, indem sie vier Schritte lang ein- und vier Schritte lang ausatmen. Der Atem sollte durch die Nase jeweils in vier kleinen Zügen ein- und (etwas kräftiger) wieder ausströmen (Verhältnis eins zu eins).

Nach rund drei Minuten Breath- folgen fünf Minuten gewöhnliches Walking, bei dem Sie Ihren Atem einfach frei strömen lassen und – auf Wunsch – das eher gemächliche Tempo etwas erhöhen können, um den sportlichen Aspekt zu betonen. Und schon ist der erste Zyklus beendet, den Sie dann noch einmal oder öfter wiederholen.

Für Fort-Schreitende

Natürlich können Sie die Sache noch intensivieren und beispielsweise den Aspekt der Meditation mehr betonen:

- *Setzen Sie beim Gehen ein Mantra ein:* Ein Mantra ist eine formelhafte Folge von »magischen« Silben oder Urlauten, die über längere Zeit wiederholt werden. Ein beim Breathwalking häufig verwendetes Mantra lautet »SA–TA–NA–MA«. Es bezeichnet den Kreislauf des Lebens (*sa* = »Geburt«, *ta* = »Leben«, *na* = »Tod«, *ma* = »Wiedergeburt«). Allerdings kommt es bei Mantras gar nicht auf die Bedeutung an: Um die geistige Klarheit zu erhöhen und den meditativen Aspekt des Gehens zu betonen, genügt es, die Silben beim Walking innerlich zu wiederholen. Jeder Schritt bekommt also eine Silbe, und nach vier Schritten beginnt das Mantra von vorn.

- *Je nach erwünschter Wirkung können Sie den Atemrhythmus variieren:* Legen Sie Wert auf Entspannung und Stressreduktion, dann atmen Sie vier Schritte lang ein und acht Schritte lang aus (Verhältnis eins zu zwei). Geht es Ihnen darum, Energie zu sammeln und Ihren Stoffwechsel in Schwung zu bringen, sollten Sie vier Schritte einatmen, den Atem vier Schritte anhalten und vier Schritte ausatmen (Verhältnis eins zu eins zu eins).

Und wozu das Ganze?

Breathwalking ist nicht nur kostenlos, sondern auch sehr wohltuend. Sie bewegen sich an der frischen Luft, vertiefen Ihre Atmung und verbessern die Sauerstoffversorgung Ihrer Zellen. Breathwalking aktiviert den Stoffwechsel, trainiert Herz, Kreislauf und Muskulatur und kann sogar therapiebegleitend eingesetzt werden, da regelmäßiges Training Schmerzen lindert und Depressionen entgegenwirkt.

Last but not least ist Breathwalking aber auch geistiges Training: Die Aufmerksamkeit wird geschult, Stress wird abgebaut, und der meditative Aspekt sorgt für mehr Klarheit und Gelassenheit. Genügt das nicht, um loszuwalken?

FÜR WEN?
Für alle, die ohne Schweiß und Anstrengung etwas für Ihre Gesundheit tun wollen.

WAS BRAUCHT MAN?
Gute (flache) Schuhe, bequeme Kleidung, frische Luft. Eine Armbanduhr mit Sekundenzeiger ist auch nicht schlecht, um die einzelnen Walkingphasen besser im Überblick zu behalten.

WAS SOLLTE MAN VERMEIDEN?
Hektik, Ehrgeiz oder die Einstellung, »sein Programm schnell durchziehen zu müssen«.

WIE LANGE DAUERT ES?
Acht, sechzehn, 24 oder 32 Minuten – je nachdem, wie oft Sie den Acht-Minuten-Zyklus wiederholen.

Ziehen Sie sich in die Stille zurück

Unsere Welt ist laut geworden: Flughäfen, Baustellen, Radiowecker, Fernseher, Klingeltöne, Sattelschlepper – tagein, tagaus dröhnt eine nicht enden wollende Lärmkulisse auf Ohren und Geist ein. Man muss kein Stressforscher sein, um zu wissen, dass Krach krank macht. Chronisch überhöhte Geräuschpegel führen zu Nervosität, Schlafstörungen und Depressionen und können Magengeschwüre und Kopfschmerzen auslösen. Gut sechzig Prozent aller Menschen in Deutschland fühlen sich inzwischen durch Verkehrslärm stark beeinträchtigt.

Nicht genug damit, gesellt sich zum äußeren auch noch der innere Lärm. Unaufhörlich schwirren Gedanken durch unser Bewusstsein: Im Gegensatz zum Straßenlärm sind unsere Zukunftssorgen, Ängste, Hoffnungen, Pläne und geistigen Selbstgespräche für andere zwar unhörbar – für uns selbst jedoch bleibt auch das innere Geplapper nicht ohne Folgen.

In der Yogaphilosophie werden die Gedanken mit Wellen verglichen, die das Meer unseres Bewusstseins in Unruhe versetzen. Je stärker der Wellengang, desto schwieriger wird es, in die Tiefe zu sehen. Und in den meisten Köpfen, so viel ist sicher, rauscht es gewaltig.

Sich in die Stille zurückzuziehen ist also keine schlechte Idee. Stille ist ein hervorragendes Mittel, um seine Nerven zu schonen, Ruhe zu finden, Energie zu sammeln oder – für alle, die es eher in spirituelle Gefilde treibt – wieder in seine eigene Mitte oder »zur Quelle« zurückzukehren, wie es die Taoisten in China nannten.

»In der Ruhe liegt die Kraft«, doch die Frage ist: Wie kommt man zur Ruhe? Wie findet man in die Stille – und sei es nur wenigstens zwischendurch einmal?

Schallschutz

Die erste Methode, Lärm zu begrenzen, zielt auf äußere Geräuschreduktion ab. Natürlich ist das nur begrenzt möglich. Aber immerhin – ein paar Möglichkeiten gibt es doch: Zum Beispiel können wir die Fenster schließen oder Fernseher, Telefon und Handy zwischendurch einmal abschalten. Oder wir suchen Plätze auf, die uns etwas Ruhe schenken – die Kirche, den Wald, die Sauna, den Berggipfel.

Und natürlich können Sie Ihre Ohren vorübergehend auch mit Watte oder Ohropax verschließen, was ein interessantes Experiment sein kann (siehe »Erleben Sie die Welt wie ein Blinder oder Gehörloser«, Seite 150).

Grübelschutz

Inneren Lärm abzustellen ist schwieriger und erfordert Ausdauer. Immerhin verbringen Zen-Mönche Jahrzehnte damit, ohne dass ihnen dabei langweilig würde. Um überflüssige Gedanken – und das sind die meisten – abzustellen, gibt es eine bewährte Methode: die Meditation.

Meditation führt in die Mitte, in die Stille.

Es gibt Techniken, die mit Mantras arbeiten (das berühmte »OM« gehört dazu). Der Klang wird dabei (meist) innerlich so lange wiederholt, bis er den übrigen Lärm überdeckt. Auch gibt es Meditation in Bewegung: Tai Chi Chuan und Yoga sind typische Beispiele. Und dann gibt es die vielleicht effektivste Möglichkeit: sich hinsetzen und gar nichts tun.

In der Sitzmeditation, die vor allem aus dem Zen bekannt ist, müssen Sie nur eines »tun« – aufrecht sitzen, locker und zugleich wach bleiben, entspannt atmen und Ihren Geist oder, besser gesagt, Ihre Gedanken und Gefühle beobachten.

Dem inneren Treiben zuzusehen wie einem Film ist gar nicht so einfach. Anfangs werden zehn Minuten genügen. Die Methode besteht darin, den inneren Lärm ganz von selbst ausklingen zu lassen. So wie Sie dem Klang einer angeschlagenen Glocke lauschen können, ohne sie erneut anzuschlagen, beobachten Sie die Regungen in Ihrem Geist, ohne sich jedoch in einzelne Gedanken zu vertiefen.

Ganz egal, ob Bilder aus der Vergangenheit oder Vorstellungen von der Zukunft auftauchen – je wacher Sie Ihr Inneres wertfrei beobachten, desto mehr werden Stille, Gelassenheit, Ruhe und Klarheit ganz von selbst mehr und mehr Raum einnehmen.

Akustischer Umweltschutz

Wenn es Ihnen nicht genügt, auf einem Meditationskissen zu sitzen, und Sie das Lärmproblem nicht nur in Ihrem Geist, sondern ebenso in der Welt bekämpfen wollen, geht das natürlich auch: Alljährlich führt die Deutsche Gesellschaft für Akustik e.V. in Zusammenarbeit mit dem Bundesumweltministerium die Aktion »Tag gegen den Lärm« durch. Alles zu den Infoveranstaltungen und Vorträgen zu Themen rund ums Hören sowie auch Meditationsgruppen und Kampagnen gegen den Lärm finden Sie unter www.tag-gegen-laerm.de.

Kein Internet? Dann wenden Sie sich doch einfach telefonisch an:

Prof. Dr. Brigitte Schulte-Fortkamp
c/o Technische Universität Berlin
Institut für Strömungsmechanik und
Technische Akustik/Sekr. TA7
Einsteinufer 25
10587 Berlin
Tel. +49 30 314-22761
Fax +49 30 314-25135

FÜR WEN?
Für alle, die sich nach äußerer oder innerer Stille sehnen.

WAS BRAUCHT MAN?
Die Entscheidung zu mehr Ruhe und etwas Geduld.

WAS SOLLTE MAN VERMEIDEN?
Äußeren oder inneren Lärm noch zu fördern und den MP3-Player aufzudrehen oder das Sorgenkarussell anzuschubsen.

WIE LANGE DAUERT ES?
Ein Nachmittag für den Wald, eine halbe Stunde für die Kirche, zehn Minuten für die Meditation oder zehn Sekunden für das Einsetzen der Ohrenstöpsel – ganz wie Sie wollen.

Spielen Sie mit Kindern »Ich sehe was, was du nicht siehst«

Gerade bei kleineren Kindern ist »Ich sehe was, was du nicht siehst« ein beliebtes Spiel. Und wie bei jedem Spiel geht es dabei zunächst einmal »nur« um den Spaß an der Freude – um völlig zweckfreie Beschäftigung, Anregung oder Zerstreuung. Doch wie bei jedem Spiel geht es zugleich auch um mehr: Durch Spiele trainieren wir motorische oder kognitive Fähigkeiten, entwickeln unsere Geschicklichkeit, Kreativität oder unsere Aufmerksamkeit. Und gerade was die Aufmerksamkeit und Beobachtungsgabe betrifft, ist »Ich sehe was, was du nicht siehst« kaum zu schlagen.

Die Spielregeln
Sicher kennen Sie den Klassiker unter den Rate- und Wahrnehmungsspielen ohnehin. Die Spielregeln sind einfach: »Ich sehe was, was du nicht siehst« können Sie jederzeit, überall und ganz ohne Hilfsmittel spielen – und Sie können damit jede Menge Kinder beschäftigen, sofern diese nicht jünger als drei und nicht wesentlich älter als neun Jahre sind.

Suchen Sie sich zunächst einen Gegenstand im Raum aus – etwa eine hellblaue Tischdecke –, und dann sagen Sie: »Ich sehe was, was du nicht siehst, und das ist hellblau.« Die Kinder dürfen jetzt raten. Wichtig ist, dass Sie dabei jeweils nur mit »Ja« oder »Nein« antworten und keine Tipps geben. Das Kind, das die Tischdecke errät, darf als nächstes einen Gegenstand aussuchen – und jetzt dürfen Sie natürlich mitraten.

Varianten

Wenn die Sache zu einfach wird (bei größeren Kindern), nehmen Sie eben nicht die hellblaue Tischdecke, sondern die roten Blümchen am Saum, nicht den Gegenstand, sondern das Detail. Je kleiner das Mosaiksteinchen, desto stärker wird die Aufmerksamkeit gefordert.

Umgekehrt können Sie das Ganze natürlich auch vereinfachen (bei kleinen Kindern). So können Sie beispielsweise sagen: »Ich sehe was, was du nicht siehst, und das ist rot und ganz nah an der Tür.«

Üblicherweise geht es bei »Ich sehe was, was du nicht siehst« ja darum, Gegenstände anhand ihrer Farbe zu erraten. Aber natürlich können Sie die Wahrnehmung Ihrer Mitspieler auch fördern, indem Sie die Aufmerksamkeit auf Formen, Größenverhältnisse oder assoziatives Denken lenken:

- »Ich sehe was, was du nicht siehst … und das ist spitz.«

- »Ich sehe was, was du nicht siehst … und das ist größer als dein Eisbecher.«

- »Ich sehe was, was du nicht siehst … und wenn man daran schleckt, schmeckt es süß.«

»Ich sehe was, was du nicht siehst« kann man natürlich auch draußen spielen. Heute verbringen wir viel zu viel Zeit in Räumen. Während Kinder in Deutschland vor rund zwanzig Jahren noch einen Spielradius von rund zehn Kilometern hatten, bewegen sie sich heute nur noch etwa zwei Kilometer von zu Hause weg. Gerade einmal zwölf Stunden pro Woche verbringen Kinder durchschnittlich im Freien, während sie die übrige Zeit auf dem »allergiefreien« Sofa vor dem Fernseher hocken.

Ob Blumenwiesen, Wälder, Wolken, Marienkäfer, Kiesel-steine oder auch nur die Tulpenbeete im Park: »Ich sehe was, was du nicht siehst« öffnet die Augen und die Sinne für die Details der Umwelt. Womit wir schon beim nächsten Punkt wären.

Was bringt das Spiel?

Eigentlich darf man bei Spielen ja nicht nach dem Nutzen fragen. Schließlich geht es vor allem darum, Spaß zu haben. Doch gerade in unserer bildschirmfixierten Zeit hat »Ich sehe was, was du nicht siehst« einige Vorteile, die insbesondere Kindern zugute kommen – oder, genauer gesagt, der Entwicklung des Gehirns. Stundenlanges Glotzen vorm TV- oder Computerbildschirm ist Gift für das Denkorgan. Denn nicht nur für unseren Körper, sondern auch für unsere Augen ist Bewegung lebenswichtig.

Wenn wir – wie bei unserem Spiel – gezwungen sind, den Raum oder die Umgebung nach Gegenständen abzuscannen, führt dies im Gehirn zu einer harmonischeren Entwicklung der beiden Hemisphären und zu einer messbar höheren Aufladung sowie gesteigerter Konzentration. Zudem ist das Gehirnareal, das mit schnellen Augenbewegungen zusammenhängt, besonders stark mit Opiatrezeptoren ausgestattet, sodass ein Zusammenhang zwischen Augenbewegungen und Emotionen naheliegt. Und auch für die Entwicklung der Wahrnehmung und Psychomotorik ist es wichtig, dass unsere Augen in Bewegung bleiben.

FÜR WEN?
Für alle, die Zeit mit Kindern verbringen wollen oder müssen und dabei auf spielerische Weise die Aufmerksamkeit schulen wollen (nicht nur die der Kinder, sondern auch die eigene).

WAS BRAUCHT MAN?
Kinder. Es müssen aber natürlich nicht die eigenen sein.

WAS SOLLTE MAN VERMEIDEN?
Farblose und langweilige Umgebungen.

WIE LANGE DAUERT ES?
Je nach kindlicher Gesellschaft manchmal länger, als Ihnen lieb ist.

Dehnen Sie die wichtigsten Muskelgruppen

Seine Muskeln flexibel zu halten ist in vielerlei Hinsicht wichtiger, als sie zu kräftigen. Wenn unsere Muskulatur beweglich und gut gedehnt ist, fühlen wir uns einfach besser. Rückenschmerzen, Verspannungen und Haltungsschäden werden uns dann kaum plagen. Ein flexibler, beweglicher Körper ist ein Garant für mehr Lebensqualität.

Im Yoga sind Dehnstellungen nur eine Vorbereitung für die Meditation. Die Dehnübungen, die wir Ihnen hier vorstellen wollen, haben aber vor allem die körperliche Gesundheit im Mittelpunkt. Das Dehnen heißt natürlich heutzutage »Stretching« und ist eine beliebte Fitnessmethode. Stretching hat viele Vorteile, mehr als die meisten Sportarten:

- Ihre Gelenke, Muskeln, Sehnen, Bänder und das umgebende Bindegewebe werden flexibler.

- Dehnübungen wirken Muskelverkürzungen entgegen, die zu Haltungsschäden führen.

- Ihre Muskulatur wird belastbarer und das Verletzungsrisiko geringer.

- Sie gleichen einseitige Belastungen Ihrer Gelenke aus.

- Durch Dehnübungen verbessert sich die Versorgung der Gelenkknorpel.

- Sie verbessern Ihre Durchblutung und regen den Kreislauf auf sanfte Weise an.

- Sie vertreiben Müdigkeit und Erschöpfung.

- Sie aktivieren Ihren Stoffwechsel und unterstützen die Entgiftung Ihres Organismus.

‿· Ihre Bewegungen werden mit der Zeit geschmeidiger und anmutiger.

‿· Ihr Körperbewusstsein verbessert sich, und Sie werden empfänglicher für die Signale, die Ihr Körper sendet.

‿· Muskelverhärtungen werden gelöst, und Sie können sich besser entspannen – Sie bauen Stress ab, da die Dehnübungen nicht nur Ihren Körper, sondern auch die Seele entspannen.

Um sich richtig zu dehnen, sollten Sie ein paar Kleinigkeiten über Ihre Muskeln wissen. Denn oft werden Dehnübungen falsch gemacht. Wird ein Muskel nämlich plötzlich gedehnt, feuern die Muskelspindeln starke Impulse ab, die über das Rückenmark reflektorisch zu einer Kontraktion der gedehnten Muskelfasern führen. Dieser Mechanismus sorgt dafür, dass Muskeln nur bis zu einem gewissen Grad gedehnt werden können und sofort einen Dehnwiderstand aufbauen. Die Reizung der Muskelspindeln ist dabei umso größer, je schneller und intensiver der Muskel gedehnt wird. Im Gegensatz dazu führt langsames und behutsames Dehnen dazu, dass sich der Dehnwiderstand schon nach wenigen Sekunden löst und der Muskel dann noch ein kleines Stück weiter gedehnt werden kann. Also: Ganz wichtig für das Dehnen ist, dass Sie schnelle, ruckartige und auch die beliebten federnden oder wippenden Bewegungen vermeiden – all das führt lediglich dazu, dass der Muskel blockiert. Wenn Sie dann versuchen, mit Gewalt zu dehnen, wird es schmerzhaft. Daher meinen viele Menschen, die falsch dehnen, dass Stretching eine wahre Quälerei sei.

Der zweite wichtige Punkt: der Atem. Dehnen Sie immer mit dem Ausatmen, denn beim Ausatmen fällt es den Muskeln leichter, zu entspannen. Betonen Sie deshalb auch das Ausatmen bei Ihren Dehnübungen: Atmen Sie immer vier Sekunden ein und dann acht Sekunden aus – am besten »bremsen« Sie das Ausatmen, indem Sie die Luft durch die geschlossenen Lippen pressen (das führt übrigens auch dazu, dass die Alveolen, die Lungenbläschen, nicht zusammenfallen und Sie besser mit Sauerstoff versorgt werden).

Bevor wir zu den Übungen kommen, noch kurz der Ablauf, den alle Dehnübungen gemeinsam haben:

- Vor jeder Übung entspannen Sie sich, atmen tief ein und aus und gehen dann mit einem tiefen, langgezogenen Ausatmen langsam und vorsichtig in die Dehnung, bis eine Spannung, aber noch kein Schmerz spürbar wird.

- Sie halten dann diese Dehnung drei Atemzüge lang bei. Dabei betonen Sie wie gesagt das Ausatmen: Sie atmen vier Sekunden ein und acht Sekunden aus. Bei jedem Ausatmen gehen Sie ein wenig weiter in die Dehnung.

- Gehen Sie dann langsam mit einem Einatmen aus der Dehnstellung, machen Sie zwei Atemzüge lang Pause und wiederholen Sie die Dehnung noch zweimal.

Dehnung für den Nacken

Sie stehen aufrecht und entspannt, Ihre Hände hängen locker an der Seite. Atmen Sie aus und drehen Sie Ihren Kopf nach rechts (siehe Abbildung 1). Atmen Sie ein.

Atmen Sie aus und drehen Sie Ihren Kopf nun ganz langsam noch ein Stückchen weiter und senken Sie dann Ihr Kinn zur Schulter.

Halten Sie die Dehnung drei Atemzüge. Dann führen Sie die Dehnung zur anderen Seite hin durch.

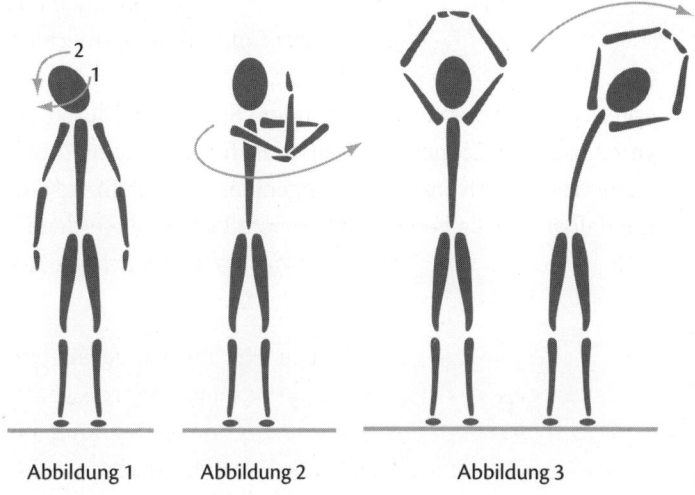

Abbildung 1   Abbildung 2   Abbildung 3

Dehnung für den Schultergürtel

Sie stehen aufrecht und entspannt mit leicht gebeugten Knien. Atmen Sie ein und heben Sie den rechten Arm, bis Ihre rechte Hand der linken Schulter gegenübersteht.

Fassen Sie mit der linken Hand Ihren rechten Ellbogen, atmen Sie tief aus und ziehen Sie den Ellbogen in Richtung linker Schulter wie in Abbildung 2 gezeigt. Halten Sie die Position drei Atemzüge lang, bevor Sie die Übung auch auf der anderen Seite durchführen.

Dehnung für den oberen Rücken

Sie stehen gerade und entspannt mit leicht gebeugten Knien. Atmen Sie ein, heben Sie die Arme über den Kopf und verschränken Sie die Finger ineinander (siehe Abbildung 3).

Atmen Sie aus und beugen Sie sich langsam nach links. Halten Sie die Dehnung drei Atemzüge lang. Dann kommen

Abbildung 4   Abbildung 5

Sie mit einem Einatmen wieder in die Mittelstellung zurück und führen die Übung zur anderen Seite hin aus.

Dehnung des Gesäßmuskels

Sie stehen aufrecht und entspannt mit leicht gebeugten Knien. Verlagern Sie das Gewicht ganz auf das linke Bein. Atmen Sie ein, heben Sie das rechte Bein an und umfassen Sie das Knie mit beiden Händen (siehe Abbildung 4).

Atmen Sie tief aus und ziehen Sie das Knie so weit wie möglich zur Brust. Halten Sie die Dehnstellung drei Atemzüge lang, bevor Sie das Bein wieder senken und dann die Übung mit dem anderen Bein wiederholen.

Dehnung des Oberschenkelmuskels

Diese Übung ist besonders wichtig, wenn Sie an Bandscheibenproblemen der Lendenwirbelsäule leiden. Der äußerst kräftige Oberschenkelmuskel kippt nämlich das Becken, wenn er verkürzt ist – und das wirkt sich fatal auf die Statik der Wirbelsäule aus!

Sie stehen aufrecht und entspannt mit leicht gebeugten Knien. Verlagern Sie das Gewicht ganz auf das linke Bein. Atmen Sie ein, heben Sie die rechte Ferse Richtung Po und umfassen Sie hinter Ihrem Rücken das Fußgelenk mit beiden Händen (siehe Abbildung 5).

Atmen Sie tief aus und ziehen Sie die Ferse nach oben. Halten Sie die Dehnung drei Atemzüge lang, bevor Sie das Bein wieder senken und dann die Übung mit dem anderen Bein wiederholen.

FÜR WEN?
Für jeden, der beweglicher sein möchte.

WAS BRAUCHT MAN?
Den Willen, täglich ein wenig zu tun.

WAS SOLLTE MAN VERMEIDEN?
Ehrgeiz, der zu Übertreibung und zum Orthopäden führt.

WIE LANGE DAUERT ES?
Etwa zehn Minuten täglich.

Erinnern Sie sich an Ihre Träume, bevor Sie aufstehen

Nacht für Nacht können Sie fantastische Abenteuer erleben, ohne dafür auch nur einen Euro ausgeben zu müssen: Das Einzige, was Sie »tun« müssen, ist träumen. Und das werden Sie ohnehin, denn rund zwanzig Prozent des Schlafs verbringen wir träumend. Es mangelt also nie an Traumerlebnissen, sondern einzig am Erinnerungsvermögen.

Wer nun glaubt, dass Träume Schäume sind, wird wohl kaum die Mühe auf sich nehmen, sein Traumgedächtnis zu verbessern. Allerdings spricht vieles dafür, dass Träume sehr viel gehaltvoller sind als Badewannenschaum: Träume bieten Chancen, die unser Alltag uns nicht bieten kann. Oder sind Sie im »richtigen Leben« etwa schon einmal übers Feld geflogen, haben mit Verstorbenen gesprochen, sich von unbekannten Schönheiten verführen lassen oder in einem Marzipanschloss gewohnt? Wohl kaum.

Mit jedem Traum treten wir in unbekannte innere Welten ein, können unsere Fantasie entwickeln und sogar neue Verhaltensweisen einüben. Vor allem aber bietet jeder Traum die Gelegenheit, uns selbst besser kennenzulernen.

Schon in der Antike wurde die heilende Kraft des Träumens genutzt. Tempelschläfer erhofften sich göttliche Botschaften, Priesterinnen deuteten Pilgerträume, um die Zukunft vorherzusagen. Und bei Medizinmännern, Schamanen oder bei den Aborigines bildeten Traumvisionen die Grundlage für Rituale und alle wichtigen Entscheidungen.

Spätestens seit Sigmund Freud die Traumdeutung entwickelt und sie zu einer wichtigen Säule seiner psychoanalytischen Methode gemacht hat, hat auch die moderne Zivilisation entdeckt, dass es beim Träumen um weitaus mehr geht als um die Errichtung von Luftschlössern. Im Gegensatz zu Hirnforschern, die Träume nur als neuronale Entladungen ansehen, sind Tiefenpsychologen fest davon überzeugt, dass Träume uns den Schlüssel zum Unbewussten liefern.

Doch wie benutzt man den Schlüssel? Eine Möglichkeit bietet das Traumlexikon: Schon C. G. Jung hat bestimmten Traumsymbolen feste Bedeutungen zugeordnet. Inzwischen gibt es eine unüberschaubare Zahl an psychologisch, astrologisch oder esoterisch orientierten Traumlexika. Doch Vorsicht! Nicht immer verbirgt sich hinter geträumtem Schalenobst sexuelle Lust. Und Frauen, die von einer Palme träumen, sollten in ihrem Unterbewussten nicht unbedingt dem erotischen Wunsch nach einem betont männlichen Partner nachspüren, nur weil das so im Lexikon steht. Immerhin könnte es ja gut sein, dass die träumende Dame einfach nur urlaubsreif ist.

Kontakt zu seinem Traum aufnehmen
Durch zwei einfache Techniken kann jeder von uns sein Traumgedächtnis deutlich steigern:

Schreiben Sie gleich nach dem Aufwachen alles auf, woran Sie sich erinnern können. Bleiben Sie noch kurz im Bett liegen und denken Sie darüber nach, was Sie geträumt haben. Da Träume sich schnell verflüchtigen, ist es oft besser, zunächst nur Stichpunkte zu notieren und das Ganze später genauer zu rekonstruieren. Auch ein MP3-Player mit Aufnahmefunktion ist nützlich – vor allem, wenn Sie nachts aufwachen und Träume auf die Schnelle festhalten wollen.

Wer seine Träume niederschreibt, erinnert sich nachweislich besser an sie. Und mit der Zeit werden die Träume immer intensiver und klarer. Seien Sie nicht frustriert, wenn das nicht gleich klappt – Träume sind wie alte Freunde, die man lange vernachlässigt hat: Erst wenn wir uns wieder regelmäßig um sie kümmern, werden sie auch von sich aus wieder öfter bei uns anklopfen.

Wenn Sie sich Notizen zu Ihrem Traum machen, so achten Sie einerseits auf Äußerlichkeiten – welche Personen, Gegenstände, Umgebungen, Farben und so weiter spielen eine Rolle? Noch wichtiger sind jedoch die Stimmungen und Gefühle, denn gerade sie können im Traum sehr viel mehr Raum einnehmen als im Alltag.

Nehmen Sie sich vor dem Einschlafen vor, sich am nächsten Morgen an Ihre Träume zu erinnern. Das klingt vielleicht zu simpel, doch meistens funktioniert es. Allein die Absicht führt zu einer besseren Traumerinnerung.

Und was hat mein Traum zu bedeuten?

Suchen Sie nicht nach schnellen Patentlösungen. Zunächst geht es nur darum, sein Bewusstsein für die Realität des Traums zu sensibilisieren und zu entdecken, dass das »zweite Leben«, das wir in der Nacht führen, ebenso Teil unserer Persönlichkeit ist wie der Alltag.

Natürlich schließt das nicht aus, dass unsere Träume manchmal durchaus eine tiefere Bedeutung haben oder uns etwas sagen wollen. Nun sind Sie wahrscheinlich kein Psychoanalytiker. Doch gottlob müssen Sie auch gar kein Experte sein, geschweige denn Traumsymbole studieren, um zu erkennen, was Ihr Traum Ihnen sagen will. Bleiben Sie beim Naheliegenden. Verlassen Sie sich auf Ihr Bauchgefühl und deuten Sie Ihren Traum ganz spontan – je länger Sie darüber nachdenken, desto größer ist die Fehlerquote.

Viele Träume hängen mit aktuellen Ereignissen zusammen. Und oft auch mit ganz praktischen Dingen: Wer vom Gartenschlauch träumt, sollte nicht gleich das Phallussymbol bemühen, sondern vielleicht lieber mal wieder das Gemüsebeet gießen.

In Träumen wird das Tagesgeschehen weiterverarbeitet. Doch ebenso werden natürlich auch Ängste, Hoffnungen, Wünsche, Bedürfnisse oder geheime Sehnsüchte, die wir nicht bewusst zulassen, im Traum offenbar. Und dann wird es interessant, denn dann sollten wir uns fragen, ob es nicht besser wäre, im »wirklichen Leben« ein paar Angelegenheiten zu verändern.

FÜR WEN?
Für alle, die sich selbst näher kennenlernen wollen und für aufregende Erfahrungen offen sind.

WAS BRAUCHT MAN?
Papier und Stift (wenn vorhanden, ist auch ein MP3-Player mit Aufnahmefunktion sinnvoll).

WAS SOLLTE MAN VERMEIDEN?
Traumlexika auswendig zu lernen.

WIE LANGE DAUERT ES?
Je nach Anzahl und Dauer der Träume eine bis zehn Minuten für die Notizen.

Lesen Sie einen Krimi mit Niveau

Im Gegensatz zu vielen anderen Freizeitbeschäftigungen ist Lesen ein billiges Hobby. Taschenbücher kosten im Handel durchschnittlich zehn Euro, auf dem Flohmarkt rund einen Euro. Und wer den Lesespaß lieber gleich zum Nulltarif möchte, findet in Büchereien und Tauschbörsen ein reichhaltiges Buchangebot.

Nach einer Verbraucheranalyse, die die Bauer Media KG alljährlich durchführt, gehört Lesen immer noch zu den Lieblingsbeschäftigungen der Deutschen. Auf der Beliebtheitsskala liegen dabei Krimis (mit 39 Prozent) zwar knapp hinter Sachbüchern (43 Prozent), aber doch deutlich vor historischen (28 Prozent) oder Liebesromanen (22 Prozent).

Wer gern Krimis liest, muss sich natürlich die Frage stellen: Welche Krimis lohnen sich überhaupt? Diese Frage haben wir daher einfach mal im Freundeskreis gestellt. Die Klassikfans nannten Edgar Wallace und Agatha Christie, die anderen eine bunte Mischung bekannter Krimiautoren – allen voran Donna Leon, Henning Mankell und Stieg Larsson. Aber auch Dan Brown, Patricia Highsmith, Martha Grimes, Arthur Conan Doyle, Ken Follet, James Patterson, Wolf Haas, Simon Beckett, Bernhard Schlink oder Patricia Cornwell gehörten zu den Favoriten.

Nachdem die Zahl der Hobby-Literaturkritiker mit der Verbreitung des Internets inzwischen schwindelerregende Ausmaße angenommen hat, wollen wir davon absehen, nun auch noch unsere Meinung zum Thema »Gute Krimis – schlechte Krimis« kundzutun. Lassen wir stattdessen lieber die Experten zu Wort kommen.

Seit 1985 wird alljährlich der »Deutsche Krimipreis« von einer hochrangigen Jury aus Krimikritikern, Krimibuchhändlern und Literaturwissenschaftlern vergeben. Seither ist der Deutsche Krimipreis der renommierteste Literaturpreis in diesem Genre. In der Tabelle finden Sie die besten Krimis ab dem Jahr 2000.

	1. Platz	2. Platz	3. Platz
Preisträger **2000** national	Thea Dorn, *Die Hirnkönigin* (Rotbuch)	Wolf Haas, *Silentium* (Rowohlt)	Wolfram Fleischhauer, *Die Frau mit den Regenhänden* (Schneekluth)
Preisträger **2000** international	Garry Disher, *Gier* (Maas)	George P. Pelecanos, *Das große Umlegen* (DuMont)	Michael Connelly, *Das zweite Herz* (Heyne)
Preisträger **2001** national	Ulrich Ritzel, *Schwemmholz* (Libelle)	Anne Chaplet, *Nichts als die Wahrheit* (Antje Kunstmann)	Sam Jaun, *Fliegender Sommer* (Cosmos)
Preisträger **2001** international	Jean-Claude Izzo, *Chourmo* (Unionsverlag)	Michael Connelly, *Schwarze Engel* (Heyne)	Henning Mankell, *Mittsommermord* (Zsolnay) Dennis Lehane, *Kein Kinderspiel* (Ullstein)

	1. Platz	2. Platz	3. Platz
Preisträger **2002** national	Alexander Heimann, *Muttertag* (Cosmos)	Friedrich Ani, *Süden und das Gelöbnis des gefallenen Engels* (Knaur)	Jörg Juretzka, *Der Willy ist weg* (Rotbuch)
Preisträger **2002** international	Garry Disher, *Drachenmann* (Unionsverlag)	Yasmina Khadra, *Herbst der Chimären* (Haymon)	Dennis Lehane, *Regenzauber* (Ullstein)
Preisträger **2003** national	Friedrich Ani, *Süden und der Straßenbahntrinker* (Knaur) Friedrich Ani, *Süden und das Geheimnis der Königin* (Knaur) Friedrich Ani, *Süden und die Frau mit dem harten Kleid* (Knaur)	Martin Suter, *Ein perfekter Freund* (Diogenes)	Richard Birkefeld/Göran Hachmeister, *Wer übrig bleibt, hat recht* (Eichborn)
Preisträger **2003** international	Robert Wilson, *Tod in Lissabon* (Goldmann)	Ian Rankin, *Puppenspiel* (Goldmann) Ian Rankin, *Verschlüsselte Wahrheit* (Goldmann)	Dennis Lehane, *Spur der Wölfe/Mystic River* (Ullstein)

	1. Platz	2. Platz	3. Platz
Preisträger **2004** national	D. B. Bletten- berg, *Berlin, Fidschitown* (Pendragon)	Anne Chaplet, *Schneesterben* (Antje Kunst- mann)	Heinrich Steinfest, *Ein sturer Hund* (Piper)
Preisträger **2004** international	Fred Vargas, *Fliehe weit und schnell* (Aufbau)	George P. Pe- lecanos, *Schuss ins Schwarze* (Rotbuch) George P. Pe- lecanos, *Eine süße Ewigkeit* (Dumont)	Christopher G. Moore, *Stunde Null in Phnom Penh* (Uni- onsverlag)
Preisträger **2005** national	Astrid Paprotta, *Die unge- schminkte Wahrheit* (Piper)	Frank Schätzing, *Der Schwarm* (Kiepenheuer & Witsch)	Oliver Bottini, *Mord im Zei- chen des Zen* (Scherz)
Preisträger **2005** international	Ian Rankin, *Die Kinder des Todes* (Goldmann/ Manhattan)	Arne Dahl, *Falsche Opfer* (Piper)	Petros Marka- ris, *Live!* (Diogenes)
Preisträger **2006** national	Norbert Horst, *Todesmuster* (Goldmann)	Heinrich Stein- fest, *Der Um- fang der Hölle* (Piper)	Wolfgang Schorlau, *Das dunkle Schweigen* (Kiepenheuer & Witsch)
Preisträger **2006** international	David Peace, *1974* (Liebes- kind)	Deon Meyer, *Das Herz des Jägers* (Rütten & Loening)	Arne Dahl, *Tiefer Schmerz* (Piper)

	1. Platz	2. Platz	3. Platz
Preisträger **2007** national	Andrea Maria Schenkel, *Tannöd* (Edition Nautilus)	Paulus Hochgatterer, *Die Süße des Lebens* (Zsolnay/ Deuticke)	Oliver Bottini, *Im Sommer der Mörder* (Scherz)
Preisträger **2007** international	Robert Littell, *Die kalte Legende* (Scherz)	Pete Dexter, *Train* (Liebeskind)	Leonardo Padura, *Adiós Hemingway* (Unionsverlag)
Preisträger **2008** national	Andrea Maria Schenkel, *Kalteis* (Edition Nautilus)	Heinrich Steinfest, *Die feine Nase der Lilli Steinbeck* (Piper)	Jan Costin Wagner, *Das Schweigen* (Fichborn Berlin)
Preisträger **2008** international	James Sallis, *Driver* (Liebeskind)	Martin Cruz Smith, *Stalins Geist* (C. Bertelsmann)	Matti Rönkä, *Der Grenzgänger* (Grafit)
Preisträger **2009** national	Linus Reichlin, *Die Sehnsucht der Atome* (Eichborn Berlin)	Bernhard Jaumann, *Die Augen der Medusa* (Aufbau)	Heinrich Steinfest, *Mariaschwarz* (Piper)
Preisträger **2009** international	Richard Stark, *Fragen Sie den Papagei* (Zsolnay)	Jerome Charyn, *Citizen Sidel* (Rotbuch)	Deon Meyer, *Weißer Schatten* (Rütten & Loening)

Wenn Sie mehr über den Krimipreis wissen wollen, finden Sie Infos unter www.deutscher-krimipreis.de, u. a. eine Liste mit den besten 119 Kriminalromanen aller Zeiten.

Und wer dem Geschmack der Masse traut, kann sich an den Bestsellerlisten orientieren – die finden Sie in Magazinen wie *Spiegel, Focus* und *Gong* oder im Internet auf:

- ↵· www.spiegel.de/kultur/charts (*Spiegel*-Bestsellerlisten),

- ↵· www.buchreport.de/bestseller (Bestsellerlisten aus *Spiegel, Buch aktuell* oder *manager magazin*),

- ↵· www.amazon.de/gp/bestsellers (die bestverkauften Bücher bei Amazon) und

- ↵· www.buch.de/shop/bde_bestseller (Listen aus *Focus, Spiegel* und *Buch.de*).

FÜR WEN?
Für alle, die Krimis lieben.

WAS BRAUCHT MAN?
Ein Sofa, eine Decke, eine Tasse Tee und möglicherweise seine Lesebrille.

WAS SOLLTE MAN VERMEIDEN?
Ausschließlich auf den Massengeschmack zu vertrauen.

WIE LANGE DAUERT ES?
Ungeübte Leser kommen auf rund hundert Wörter pro Minute, routinierte Leser auf gut 250. Oder anders gesagt: Für ein 300-Seiten-Buch benötigt der Durchschnittsleser rund dreizehn, die »Leseratte« etwa fünf Stunden.

Schreiben Sie an jemanden, dem Sie schon lange schreiben wollten

In den achtziger Jahren ersann die Deutsche Post den Slogan »Schreib mal wieder«, um Schreibfaule dazu anzuregen, dass sie öfter zum Füller (und natürlich auch zur Briefmarke) greifen. Viel genutzt hat es nicht. Heute verfassen die meisten von uns lieber schnell eine SMS oder E-Mail, um die nötigsten Informationen auszutauschen. Gepflegte Sätze privaten Inhalts zu verschicken ist indessen eine Kunst, die dahin zu gehören scheint, wo sie entstanden ist: in die Zeiten des achtzehnten Jahrhunderts, als weite Kreise der Oberschicht den Brief regelmäßig als Kommunikationsmedium nutzten.

Obwohl in Deutschland nach wie vor täglich rund siebzig Millionen Briefe versandt werden, bringt uns der Postbote nur noch etwa sieben Prozent davon als klassische »Privatbriefe«. Der Rest sind Rechnungen, Behördenschreiben und Sushi-Werbung.

Wozu Briefe schreiben?

Wer einen Brief schreibt, gibt etwas von sich preis. Er teilt dem Adressaten etwas mit – schenkt ihm sozusagen einen kleinen Ausschnitt seiner Erfahrungen, Ansichten oder Hoffnungen. Wer anderen Briefe (oder auch nur Postkarten) schreibt, lernt, seine Gedanken zu sammeln, von seinen Erfahrungen zu erzählen und Sätze sinnvoll auszuformulieren: allesamt kognitive Fähigkeiten, die vom Aussterben bedroht sind.

Auch hat das Schreiben eine kathartische Wirkung: Dass

es entlastend wirkt, wissen wir aus eigener Erfahrung. Unlängst konnten Wissenschaftler vom Institut für Psychologie an der Universität von Kalifornien in Los Angeles dies aber auch mittels Kernspintomografie belegen. Dazu wurden Testpersonen provokative, emotional belastende Bilder vorgelegt. Gleichzeitig konnte man durch Beobachtung der Gehirnaktivitäten im Kernspin feststellen, dass negative Gefühle in dem Maße abnahmen, wie die Versuchsteilnehmer die Möglichkeit nutzten, ihre Gefühle auszuformulieren.

Ob Schreiben wirklich »glücklich macht«, wie die Wissenschaftler resümieren, sei dahingestellt. Doch zweifellos wirkt es entlastend (für einen selbst) und bereichernd (für den anderen).

Wem, was und wie soll ich schreiben?

Am besten schreiben Sie jemandem, dem Sie immer schon (oder wieder) einmal schreiben wollten. Ob Ihren Kindern, einem Elternteil, einem Freund oder Ihrer Großmutter, ob Ihrem Partner oder Expartner, einem Verwandten oder guten Kunden, ist dabei nebensächlich – Hauptsache ist, dass Sie einem Menschen schreiben, dem Sie auch wirklich etwas zu sagen haben.

Und was? Mark Twain hat das einmal ganz passend ausgedrückt, als er meinte: »Schreiben ist leicht. Man muss nur die falschen Wörter weglassen.«

Die falschen Wörter sind die, mit denen Sie den anderen angreifen oder verletzen wollen. Die richtigen sind die, die Dank, Freude, Zuneigung, schöne Erinnerungen oder Humor zum Ausdruck bringen. Zwar können Sie Briefe auch nutzen, um sich Feinde zu machen, aber wir wollen einmal davon ausgehen, dass eher das Gegenteil Ihr Ziel ist. Inso-

fern könnte das Thema für Ihren Brief ganz allgemein lauten: »Was ich dir schon immer sagen wollte und mich nie zu
schreiben getraut habe.«

Schreiben Sie über Ihre Gefühle, Ihre Sorgen oder Ihre
Einsichten. Schreiben Sie etwas über Ihr Leben. Oft reicht
schon eine Postkarte mit einigen netten Zeilen. Manche Familien verschicken an Weihnachten oder Silvester kleine
»Jahreszusammenfassungen« – mit oder ohne Foto –, in denen sie das vergangene Jahr für sich selbst und ihre Freunde
Revue passieren lassen.

Auch eine Einladung oder der Wunsch, in Zukunft mehr
Kontakt zu wahren, kann zum Inhalt eines Briefs werden.
Und natürlich gibt es klärende Briefe, die dazu beitragen, einen Konflikt aus dem Weg zu räumen. Dabei ist es jedoch
wichtig, keine Schuldsprüche oder private »Urteilsverkün-
digungen« zu verschicken, sondern konstruktiv mit dem
Problem umzugehen (siehe das Kapitel über die »Gewaltfreie Kommunikation« auf Seite 200).

Machen Sie sich nicht zu viele Gedanken über Stil oder
Wortwahl. Grübeln Sie am besten nicht zu lange nach, sondern schreiben Sie einfach, wie Ihnen der »Schnabel« gewachsen ist. Oder um es mit Goethe zu sagen: »Schreibe
nur, wie du reden würdest, und so wirst du einen guten Brief
schreiben.«

FÜR WEN?
Für alle, die sich mehr Austausch und Verbundenheit wünschen.

WAS BRAUCHT MAN?
Füller, Papier, Briefumschlag und eine Briefmarke.

WAS SOLLTE MAN VERMEIDEN?
Schuldzuweisungen, Anklageschriften.

WIE LANGE DAUERT ES?
Mindestens zehn Minuten fürs Schreiben und höchstens fünf Minuten für den Spaziergang zum Briefkasten.

Üben Sie die Yogaatmung »Sonne und Mond«

Atemübungen sind gesund, da sie den Körper (vor allem das Gehirn) mit frischem Sauerstoff versorgen und das Abwehrsystem kräftigen. Darüber hinaus helfen sie aber auch dabei, mentale Energie zu sammeln oder Belastungen und Stress abzubauen.

Kaum eine andere Methode hat so viele verschiedene wirkungsvolle Atemtechniken anzubieten wie Yoga. Da die Übungen teilweise sehr aktivierend beziehungsweise stark entgiftend wirken, sollten sie nie ohne fachkundige Anleitung ausgeführt werden. Eine Ausnahme bilden jedoch ein paar einfache Einsteigerübungen, zu denen auch die folgende »Sonne-und-Mond-Atmung« gehört, die ebenso als »Wechselatmung« oder unter dem Sanskritbegriff *Anuloma viloma* bekannt ist.

Die Übung harmonisiert unser Nerven- oder, genauer gesagt, unser Energiesystem. Der Yogalehre zufolge versorgen Tausende von feinsten Energiebahnen unseren ganzen Körper. Die zwei wichtigsten heißen »Ida« und »Pingala«. »Ida« entspricht dabei der Mondenergie und dem weiblichen Aspekt und endet im rechten Nasenloch. Hingegen endet Pingala, der positiv geladene Energiestrom, der die Sonnenenergie und den männlichen Aspekt repräsentiert, im linken Nasenloch.

Die Wirkungen der »Sonne-und-Mond-Atmung« können die meisten Menschen schon nach wenigen Minuten erfahren: Die sehr sanfte Atemweise hilft, seelische und körperliche Spannungen abzubauen, sie verbessert die Konzentration und bringt Ruhe und Klarheit in die Gedanken.

Und so wird's gemacht

Setzen Sie sich bequem, aber aufrecht hin – am besten im Schneider- oder Yogasitz auf den Boden, ansonsten auf einen Stuhl. Lehnen Sie sich nicht an und schließen Sie die Augen. Die Schultern sollten entspannt sein, ebenso Gesicht und Kiefer. Die Hände ruhen auf den Oberschenkeln.

Versuchen Sie, innerlich zur Ruhe zu kommen, indem Sie Ihre Aufmerksamkeit auf Ihren Körper und die Geräusche im Raum lenken. Atmen Sie ein paar Mal entspannt durch.

Um zu beginnen, atmen Sie vorbereitend tief aus. Winkeln Sie den rechten Arm an und legen Sie den rechten Daumen an den rechten Nasenflügel. Schließen Sie Ihr rechtes Nasenloch, indem Sie behutsam mit dem Daumen gegen den Nasenflügel drücken. Während das rechte Nasenloch verschlossen ist, atmen Sie langsam und tief durch das linke Nasenloch ein. Achten Sie darauf, den Luftstrom möglichst leise und gleichmäßig einströmen zu lassen. Zählen Sie innerlich langsam bis vier.

Verschließen Sie nun das linke Nasenloch. Dazu legen Sie Ihren Ring- und den kleinen Finger aneinander und drücken sie sanft gegen das linke Nasenloch. Gleichzeitig lösen Sie den Daumen und öffnen das rechte Nasenloch wieder. Atmen Sie jetzt sanft durch das rechte Nasenloch aus und zählen Sie dabei innerlich langsam bis acht.

Nachdem die Luft ganz ausgeatmet ist, atmen Sie sogleich über das rechte Nasenloch wieder ein, ohne die Handhaltung zu verändern. Zählen Sie innerlich langsam bis vier.

Ist die Einatmung beendet, wechseln Sie die Fingerstellung – Sie verschließen den rechten Nasenflügel also wieder mit dem Daumen, lösen Ring- und kleinen Finger und atmen durch das linke Nasenloch aus. Zählen Sie dabei bis acht und lassen Sie den Atem anschließend links wieder einströmen, während Sie bis vier zählen.

Dann wechseln Sie die Fingerstellung wieder: rechts ausatmen (auf acht), rechts einatmen (auf vier). – Zu kompliziert? Dann noch zwei Merkhilfen:

⤳ Sie atmen immer doppelt so lange aus wie ein.

⤳ Sie beginnen innerhalb des Zyklus immer mit dem Ausatmen, dann folgt sogleich das Einatmen. Erst dann wird die Seite gewechselt.

Und in der Zusammenfassung:

⤳ Atmen Sie vorbereitend tief aus, rechtes Nasenloch mit dem Daumen schließen, links einatmen (bis vier zählen).

⤳ Schließen Sie das linke Nasenloch mit kleinem und Ringfinger, den Daumen lösen und rechts ausatmen (bis acht zählen), dann rechts einatmen (bis vier zählen).

⤳ Schließen Sie das rechte Nasenloch, links ausatmen (acht), links einatmen (vier).

⤳ Schließen Sie das linke Nasenloch, rechts ausatmen (acht), rechts einatmen (vier) – und so weiter.

Wiederholen Sie die »Sonne-und-Mond-Atmung« auf jeder Seite mindestens zehnmal und achten Sie darauf, dabei immer sanft und entspannt zu atmen.

FÜR WEN?
Für Gestresste, Erschöpfte, Nervöse oder Unkonzentrierte.

WAS BRAUCHT MAN?
Ein Schild mit der Aufschrift »Bitte nicht stören«.

WAS SOLLTE MAN VERMEIDEN?
Sich anzustrengen, geräuschvoll zu atmen oder die Luft während der Übung anzuhalten.

WIE LANGE DAUERT ES?
Höchstens fünf Minuten.

Organisieren Sie ein »No-Cent-Picknick«

Picknicks scheinen heute nur noch von einigen wenigen Individualisten gepflegt zu werden. Eher denken wir beim Thema »Picknick« an Jane-Austen-Verfilmungen wie »Emma«, an elegante Damen, die im Reifrock und mit Sonnenschirm durch die Blumenwiese schreiten und dabei von Gentlemen mit Taschenuhren, Zylindern und Gehrock gestützt werden.

Obwohl schon die alten Griechen den gepflegten Imbiss im Grünen kannten, liegt der Vorläufer des heutigen Picknicks eher im neunzehnten Jahrhundert. Viele bekannte Gemälde geben Zeugnis von seiner »Blütezeit« – allen voran »Das Frühstück im Grünen« (»Le Déjeuner sur l'herbe«), das Édouard Manet 1863 malte. Ein Jahr darauf entstand »Das Picknick« von Carl Spitzweg, und 1865 malte auch Claude Monet ein Bild mit dem Titel »Le Déjeuner sur l'herbe«.

Vor allem die Briten haben seit jeher einen Hang zur Open-Air-Verköstigung. Auch heute noch gehört das Essen im Freien bei gesellschaftlichen Ereignissen zum guten Ton – ob beim Tennisturnier in Wimbledon, beim Kricket oder beim sonntäglichen Frühstück auf dem englischen Rasen.

Picknick zum Nulltarif?

Die Zeiten, als das klassische Picknick Adel und Jagdgesellschaft vorbehalten war, sind heute glücklicherweise vorbei: Ob romantisch zu zweit, als Familienausflug ins Grüne oder Picknick mit Freunden – Geld braucht man dafür kaum noch. Und was Sie betrifft: Sie können es sogar zum Nulltarif bekommen, denn schließlich geht es ja darum, ein »No-Cent-Picknick« zu veranstalten.

Wie aber können Sie es verantworten, sich selbst den Bauch vollzuschlagen, während die anderen den Korb füllen? Ganz einfach – Sie leisten den entscheidenden Beitrag, denn: Sie organisieren das Ganze! Ihre Leistung besteht nicht darin, ein paar Flaschen Saft zu kaufen oder Brote mit Leberwurst zu bestreichen, sondern darin, sich um den Termin, die Location und die Einladungen zu kümmern. Sie geben den Impuls und übernehmen die Koordination. Wichtig ist dabei, dass Sie klar die Regie innehaben und sich auch trauen, zu delegieren. Wer soll welche Getränke mitbringen? Wer den Salat, wer die Brettspiele und wer die Süßspeisen? Es reicht, dass Sie die Planung übernehmen – gehen Sie also nicht auch noch zum Einkaufen.

Gestaltung des Picknicks

Für ein Picknick muss viel arrangiert werden. Und da Sie der Hauptverantwortliche sind, dürfen Sie nichts vergessen. Die folgende Checkliste hilft Ihnen, den Überblick zu bewahren und planvoll zu delegieren. Organisieren Sie:

- mehrere Decken, nach Möglichkeit auch Iso- oder spezielle Picknickmatten, damit die feuchte Wiese nicht zum Problem wird,

- große oder Picknickkörbe sowie Kühltaschen,

- Brot, Aufschnitt, Käse, Butter, Marmelade, Obst, Rohkost, Salate, Kuchen, Schokolade, Tiramisu und was immer das Herz begehrt (beziehungsweise die Picknicker mitzubringen bereit sind),

◡· Wasser, Wein, Saft, Bier, eventuell auch Heißgetränke aus der Thermoskanne,

◡· bruchfestes Geschirr, ausreichend Teller, Besteck und Gläser (Pappbecher und -teller sind praktisch, aber nicht besonders stilvoll),

◡· Flaschenöffner, Korkenzieher, Taschen-, Brotmesser, Brettchen, Müllbeutel und ein paar Servietten und

◡· für das Abendpicknick Teelichter oder Fackeln.

Als perfekter Picknickmanager weisen Sie die Teilnehmer natürlich noch darauf hin, dass sie vermutlich warme Kleidung (wenn es kühl wird), Sonnenhut, -schirm und -milch (wenn es sonnig wird) und Insektenspray brauchen werden.

Und das Programm?

Na, hören Sie mal – ein Picknick ist ein gemütliches Zusammentreffen von Freunden, das sollte doch genügen. Aber es stimmt schon: Gerade für lange Picknicks können ein paar Programmpunkte nicht schaden.

Eine schöne Idee: Lesen Sie sich gegenseitig aus Ihren Lieblingsbüchern vor. Auch gemeinsames Singen macht Spaß – besonders wenn Sie dazu vielleicht noch ein Liederbuch, eine Gitarre und (nicht unwichtig) jemanden organisieren, der Gitarre spielen kann.

Natürlich können Sie Ihr Pickinick auch durch etwas Bewegung auflockern. Ein Spaziergang, eine Runde Federball, Boccia oder Frisbee helfen dabei, zwischendurch wieder in Schwung zu kommen.

Zuletzt stellt sich noch die Frage der Location, und da geben ja schon die Gemälde von Manet, Monet, Spitzweg und so weiter zahlreiche Anregungen. Ein Picknick gelingt am besten auf der Blumenwiese, auf der Alm, am Flussufer, am See, auf der Lichtung eines Waldes oder am Waldrand. Notfalls können Sie aber auch im Park (der dann jedoch groß genug sein sollte) oder in einem schönen Garten Ihre Decke ausbreiten und den Wein entkorken.

FÜR WEN?
Für Nostalgiker und alle, die hungrig sind und/oder Lust auf Gesellschaft und frische Luft haben.

WAS BRAUCHT MAN?
Mindestens fünf Telefonnummern oder Mail-Adressen von Freunden. Eventuell auch (selbstgemachte) Einladungskarten.

WAS SOLLTE MAN VERMEIDEN?
Ameisen- und Hundehaufen.

WIE LANGE DAUERT ES?
Mit Federballset, Buch und/oder anregenden Freunden kann ein Picknick schon mal einen ganzen Tag dauern – ansonsten reichen oft zwei bis drei Stunden.

Konzentrieren Sie sich heute auf das Wesentliche

Wenn sie auf dem Sterbebett liegen, grämen sich viele Menschen, aber nicht etwa, weil sie zu kurz gelebt hätten, sondern weil sie viel zu viel Zeit mit Unwesentlichem verbracht haben. Gäbe es eine zweite Chance, und das sollte man ja nie ausschließen, würde man intensiver leben und mehr sein Glück als sein Tagesgeschäft im Auge haben.

Auch wenn Sie noch viele Jahre vom Sterbebett trennen mögen, die Frage, ob wir nicht anders, beispielsweise wild und unersättlich oder zumindest begeistert und voller Freude leben sollten, stellt sich trotzdem. Und auch Goethe meinte: »Wichtige Dinge dürfen nie den unwichtigen untergeordnet werden.«

Was aber ist das Wesentliche? Umfragen unter ehemaligen Lottogewinnern zeigen, dass Geld für unser Glück so gut wie keine Rolle spielt. Wer denkt, dass finanzieller Wohlstand das Wesentliche sei, fällt auf eine Illusion herein, die mit Sicherheit zu Unzufriedenheit und mit etwas Pech gar mitten ins Unglück führt.

Natürlich könnte man allgemein sagen, dass eine gute Gesundheit, warmherzige Beziehungen oder Erfolg wesentliche Voraussetzungen für ein Leben sind, das uns Zufriedenheit schenkt. Doch letztlich muss jeder für sich selbst entdecken, was ihm wirklich wichtig ist.

Auf Seite 86 finden Sie als Anregung eine Tabelle mit verschiedenen Werten. Schauen Sie sich die Begriffe an und überlegen Sie, worauf Sie wirklich großen Wert legen. Gehen Sie dabei wie folgt vor:

﹏· *Der erste Schritt:* Werte definieren. Kreuzen Sie in dieser Tabelle fünf bis höchstens zehn Begriffe an, die »Ihre Werte« sind. Diese sollten die Richtung in Ihrem Leben vorgeben und Ihre Entscheidungen prägen.

﹏· *Der zweite Schritt:* To-do-Listen schreiben. Fertigen Sie eine Agenda an für alles, was Sie heute erledigen müssen oder wollen. Erstellen Sie zusätzlich eine solche Liste für die nächsten fünf Tage. Alternativ können Sie auch eine Liste Ihres gestrigen Tagesablaufs schreiben – überlegen Sie im Detail, was Sie wann gemacht haben und wie viel Zeit es Sie gekostet hat.

﹏· *Der dritte Schritt:* Wie wesentlich sind die Dinge, die Ihren Terminplan oder Tagesablauf dominieren? Der Unternehmensberater Stephen Covey hat ein System für eine ganzheitliche Zeitplanung entwickelt. Versuchen Sie, das, was auf Ihrer To-do-Liste steht oder mit dem Sie täglich Ihre Zeit verbringen, jeweils in einen von vier Quadranten einzuordnen (siehe Tabelle).
Sich auf das Wesentliche zu konzentrieren bedeutet, dass Sie sich heute (um anzufangen) möglichst wenig in den Quadranten III und IV aufhalten sollten. Verzettelungen, Nebensächlichkeiten und Zeitfresser halten Sie von dem ab, was wirklich wichtig ist. Die Gegenmittel: Sagen Sie öfter nein, delegieren Sie so viel wie möglich oder schließen Sie häufiger die Tür, um in Ruhe arbeiten zu können. Vor allem aber: Treffen Sie gute Entscheidungen. Eine effiziente Terminplanung ist nicht immer das Entscheidende. Statt Überstunden zu machen oder Mails zu beantworten, könnte es wichtiger sein, mit den Kindern in den Zoo zu gehen, zu joggen oder zu meditieren.

	DRINGEND	NICHT DRINGEND
WICHTIG	*Quadrant I:* Angelegenheiten, die dringend und wichtig sind. Dazu gehören akute Probleme, Projekte mit nahendem Abgabetermin, aber auch Krisen. Wann immer es irgendwo brennt, muss sofort gelöscht werden. Manches duldet eben keinen Aufschub.	*Quadrant II:* Angelegenheiten, die zwar wichtig sind, jedoch nicht drängen. Dieser Quadrant ist für eine sinnvolle Lebensführung besonders interessant. Er betrifft unsere Ressourcen, den inneren Raum, den wir brauchen, um neue Möglichkeiten zu erkennen, Ideen und Ziele zu entwickeln, zu träumen, Beziehungen zu intensivieren und etwas für unsere Gesundheit zu tun. Die meisten unserer Werte gehören in diesen Quadranten – all die Dinge, die wünschenswert sind.
NICHT WICHTIG	*Quadrant III:* Angelegenheiten, die zwar drängen, ohne jedoch wirklich wichtig zu sein, etwa das klingelnde Telefon oder die Beantwortung von E-Mails. Aber auch Beschäftigungen, denen wir gern nachgehen, die wir aber vielleicht besser lassen oder zumindest delegieren sollten, wie Botengänge, Einkäufe und dergleichen.	*Quadrant IV:* Angelegenheiten, die weder wichtig noch dringend sind. Hier finden wir die meisten Zeitfresser – Triviales, Fernsehen, Internetsurfen, unnötige oder unnötig lange Telefonate, belanglose Post und so weiter. Die Aktivitäten, die in diesen Quadranten gehören, halten uns von dem ab, was uns wirklich wichtig ist – und die meisten können ohne weiteres ignoriert werden.

FÜR WEN?
Für alle, die ihre Zeit nicht verschwenden wollen.

WAS BRAUCHT MAN?
Ein gutes Gespür für das, was einem wirklich wichtig ist.

WAS SOLLTE MAN VERMEIDEN?
Seine Zeit mit Nebensächlichkeiten zu vergeuden.

WIE LANGE DAUERT ES?
24 Stunden (für den Anfang).

Machen Sie eine Fantasiereise auf dem Sofa

Wissen Sie, was das Handy, Bungeespringen und der Hybridmotor mit Bruckners Neunter Sinfonie, Goethes *Faust* und Einsteins Relativitätstheorie gemeinsam haben? Ganz einfach: Ohne Fantasie gäbe es all dies nicht. Erst in der Fantasie kommen die kreativen und produktiven Fähigkeiten des Menschen zum Ausdruck und können Ideen entstehen, die schließlich einmal die Wirklichkeit prägen werden.

Arthur Schopenhauer schrieb: »Alles Urdenken geschieht in Bildern; darum ist die Fantasie ein so notwendiges Werkzeug desselben und werden fantasielose Köpfe nie etwas Großes leisten ...« In der Glücksforschung konnte man unlängst nachweisen, dass Menschen, die über eine starke Einbildungskraft verfügen, nicht nur besonders kreativ sind, sondern auch überdurchschnittlich gut mit dem Alltag zurechtkommen und zufriedener sind. Viele gute Gründe also, der eigenen Vorstellungskraft Flügel zu verleihen.

Wir können unsere Fantasie ebenso gezielt entwickeln wie unsere Muskulatur. Dazu brauchen wir jedoch keine Hanteln, sondern Visualisierungs- beziehungsweise Imaginationsübungen. Da jeder Mensch die Gabe hat, sich etwas »einzubilden«, lassen sich diese Techniken leicht erlernen.

Gerade dann, wenn Ihr Alltag allzu grau zu werden droht, sollten Sie die Perspektive wechseln und »bewusst tagträumen«, indem Sie sich schöne und farbenfrohe Bilder vor Ihr inneres Auge holen. Sofern die Intensität dieser Bilder stark genug ist, kann das Unterbewusstsein nicht mehr zwischen »wirklicher« und »eingebildeter« Erfahrung unterscheiden. Daher können Fantasiereisen genutzt werden, um die Stim-

mung positiv zu verändern, sich zu entspannen, Stress zu mindern oder um schöpferische Fähigkeiten auszubauen.

Eine Reise an den Strand

Für die folgende Fantasiereise brauchen Sie weder Autobahnvignette noch Sonnenhut. Die Erinnerung an Ihren letzten Strandurlaub reicht vollkommen aus – sogar dann, wenn der schon sehr lange zurückliegen mag.

Schalten Sie zunächst Störquellen wie Handy und Telefon aus. Dunkeln Sie dann Ihr Zimmer ein wenig ab. Machen Sie es sich auf dem Sofa oder Bett bequem, legen Sie sich auf den Rücken und decken Sie sich zu, wenn nötig. Wichtig ist vor allem, dass Sie sich wohl und geborgen fühlen.

Schließen Sie die Augen und nehmen Sie sich einige Minuten Zeit, um zur Ruhe zu kommen. Spüren Sie die Schwere Ihres Körpers, den Atem, der sanft ein- und ausströmt, und lassen Sie die Alltagsgedanken dann allmählich los.

Stellen Sie sich nun eine Strandszene vor. Je mehr sinnliche Details Sie dabei einbauen, desto besser. Stellen Sie sich alle Gefühle, Empfindungen und Geräusche möglichst ausführlich vor. Sie liegen am Strand, Ihr Körper ruht im warmen Sand. Es ist ein sonniger, angenehm warmer Tag. Ab und zu ziehen einige Wolken über den Himmel.

Stellen Sie sich vor, wie der laue Wind vom Meer her sanft über Ihre Haut streicht. Wie fühlt sich Ihr Körper an? Spüren Sie, wie Ihre Beine und Arme, Ihr Po, Ihr Rücken und Ihr Kopf im warmen, weichen Sand liegen. Die Sonne scheint auf Ihre Haut, und Sie genießen die Wärme und die Ruhe.

Stellen Sie sich nicht nur Bilder, sondern auch Klänge vor – etwa das Rauschen der Wellen oder den Schrei der Möwen in der Ferne. Sie können sich sogar vorstellen, wie Sie durch Ihre geschlossenen Lider das gelborangefarbene Licht der Sonne sehen. Lassen Sie alle Gedanken los, die Sie belasten, und kehren Sie innerlich immer wieder an den Strand zurück – tauchen Sie ganz in die Bilder und Klänge Ihrer Vorstellung ein. Um die Übung zu beenden, vertiefen Sie den Atem, strecken sich gründlich durch und öffnen erst dann wieder die Augen.

Alternative Reiseziele

Sie können Ihre Vorstellungskraft besonders gut entwickeln, wenn Sie immer wieder einmal andere Bilder vor Ihrem inneren Auge erscheinen lassen. Dazu können Sie Erinnerungen an angenehme Situationen und Orte nutzen. Wichtig ist nur, möglichst plastische, detaillierte Bilder und andere sinnliche Wahrnehmungen zu erzeugen. Hier einige Anhaltspunkte:

- *Wie fühlt sich Ihr Körper an?* Sie können visualisieren, wie Sie entspannt liegen, spazieren gehen, Wärme, Wind oder Regen spüren, barfuß durch die Wiese gehen oder in einem Segelboot geschaukelt werden und so weiter.

◡· *Was sehen Sie?* Hier eignen sich zum Beispiel Sonnen-
auf- oder -untergang, Wald, Blumenwiesen, Berge, Meer
und Strand, ein altes Kloster oder Wolken am Himmel.

◡· *Was hören Sie?* Wind- oder Wellengeräusche, Vogelzwit-
schern, summende Bienen, das Plätschern eines Bachs ...

◡· *Vielleicht gelingt es Ihnen, zusätzlich Geruchsempfin-
dungen einzubauen:* den Duft einer Bergwiese, das Aroma von Jasmin, Meeresluft oder auch von Kaffee.

Und: Das Sofa verbrennt kein Gramm Kerosin, selbst wenn
Sie noch so weit reisen.

FÜR WEN?
Für alle, die abtauchen, sich tief entspannen und dabei
noch ihre Fantasie entwickeln wollen.

WAS BRAUCHT MAN?
Eine Sofa, eine Decke, etwas Ruhe und ein wenig Geduld.
Wer möchte, kann auch ruhige Musik im Hintergrund lau-
fen lassen.

WAS SOLLTE MAN VERMEIDEN?
Manche Menschen können sehr schnell deutliche Visuali-
sierungen erzeugen, bei anderen dauert es etwas länger –
verlieren Sie also nicht die Geduld und beschränken Sie
sich anfangs auf einige wenige Bilder.

WIE LANGE DAUERT ES?
Zehn bis fünfzehn Minuten.

Schmuggeln Sie sich in Vernissagen oder kostenlose Generalproben

Am kulturellen Leben teilhaben, ohne etwas dafür zu bezahlen: Geht das überhaupt? Na klar geht das, und es lohnt sich. Eine Konzertkarte der oberen Kategorie kann schon mal um die hundert Euro kosten. Und auch für Kunstausstellungen muss man oft tief in die Tasche greifen. Doch es gibt nicht nur finanzielle Gründe: Wer es schafft, sich in eine Generalprobe oder Vernissage zu schmuggeln, wird mit einem spannenden Blick hinter die Kulissen belohnt, der dem offiziellen Besucher verwehrt bleibt.

Vernissagen

Als »Vernissagen« werden Eröffnungen von Kunstausstellungen im privaten Kreis bezeichnet. Künstler laden Freunde, mögliche Auftraggeber und Presseleute ein. Wenn Sie sich in eine Vernissage schmuggeln wollen, sollten Sie pünktlich sein und den Anschein erwecken, zur Bohème zu gehören – Hauptsache cool und leger. Herren kommen in Schwarz, mit Rollkragenpullover, Jeans und stark mitgenommenem Sakko. Die Damen wählen ebenfalls Schwarz, aber bitte keinesfalls das spießige Kostüm, sondern die eng anliegende Garderobe. Eine Packung Gitanes oder Roth-Händle in der Tasche und eine Nickelbrille auf der Nase – und schon ist das »Intellektueller-Künstler-Styling« perfekt.

Für Abenteurer: Versuchen Sie, sich vorher auf die Gästeliste setzen zu lassen, wann immer Sie von einer Vernissage hören. Behaupten Sie entweder, Sie wären Redakteur(in) eines neuen In-Magazins oder einer Zeitung, die kurz vor der

Neugründung steht. Wichtig ist nur, dass es das Blatt nicht gibt und dass es irgendwie realistisch klingt. (Wie wär's mit *Art4U* oder *Regensburger Abendblatt*?) Andere Möglichkeit: Machen Sie einen auf Galerist. Erzählen Sie, dass Sie eine Galerie in Hilversum eröffnen (oder – wenn Sie nicht holländisch sprechen – vielleicht doch lieber in Hilpoltstein).

Beim Sektempfang und am Buffet wird ohnehin niemand mehr danach fragen. Noch ein Tipp: Nehmen Sie Bändchen in allen Farben mit. Diese können Ihnen mit etwas Glück als »All-inclusive-Bändchen« die Tür zum anschließenden Festmahl öffnen.

Generalproben

Wie gesagt: Konzertkarten können gut und gern hundert Euro kosten, und in der Staatsoper kann Musik sogar doppelt so teuer werden. In vielen bekannten Häusern werden jedoch öffentliche Generalproben veranstaltet, für die meist Tickets von unter zehn Euro zu haben sind. Ganz umsonst geht es oft auch – nicht nur bei den Wernigeröder Schlossfestspielen, auch bei vielen bekannten Orchestern, ob in Berlin, Bamberg, Dresden, Stuttgart oder München.

Noch einfacher ist es bei Jugend- und Laienorchestern, deren Generalproben fast immer kostenlos sind. Sofern Sie keinen Musiker oder Sänger unter Ihren Bekannten haben, besteht der offizielle Weg darin, auf der Homepage des jeweiligen Orchesters zu suchen oder direkt beim Theater oder Orchester anzufragen, ob es möglich ist, in die Generalprobe zu kommen. Der weniger offizielle: Kleiden Sie sich schwarz, klemmen Sie sich einen leeren Geigenkasten (oder notfalls eine schwarze Aktentasche – man könnte ja schließlich Dirigent oder Komponist sein) unter den Arm und spazieren

Sie munter pfeifend durch den Künstlereingang. Dann wird es allerdings spannend, denn nun müssen Sie noch den Durchgang vom Künstlerbereich in den Saal finden.

Ob Konzert, Operette oder Musical: Sich zur Generalprobe in den Saal einzuschleusen ist gar nicht so verwerflich, wie es scheint. Tatsächlich brauchen Künstler schon vor der Aufführung ein Publikum, um die Reaktionen einschätzen zu können. Doch Vorsicht: Einem alten Künstleraberglauben zufolge führt eine gute Generalprobe zu einer schlechten Aufführung. Applaudieren Sie daher nach der Aufführung besser nicht und zeigen Sie auch sonst nicht, dass es Ihnen gefallen hat.

Noch ein Tipp: Vor Konzerten, Musicals und Theateraufführungen findet die Generalprobe fast immer am Vortag statt, in der Oper meist schon zwei Tage vor der Premiere.

FÜR WEN?
Für alle, die finden, dass Kunst auch ohne Geld zu haben sein sollte.

WAS BRAUCHT MAN?
Die Zeit, um nach passenden Veranstaltungen zu recherchieren, und den Mut, dort selbstbewusst aufzutreten.

WAS SOLLTE MAN VERMEIDEN?
Enttäuscht zu sein, wenn es nicht klappt.

WIE LANGE DAUERT ES?
Bei Vernissagen können Sie gehen, wann Sie wollen. Bei Generalproben sollten Sie mindestens bis zur Pause bleiben.

Wohnen Sie weltweit umsonst

Reisen macht Spaß und erweitert den Horizont, ist aber leider nicht ganz billig. Andererseits ... das Teuerste an einer Reise sind meist die Hotels, denn Billigflüge sind oft schon so günstig zu haben, dass die Airportgebühr häufig mehr kostet als der Flug. Und wer bereit ist, auf drei oder vier Sterne und Minibar zu verzichten und sich stattdessen auf ein Abenteuer der etwas anderen Art einzulassen, der kann sogar ganz umsonst übernachten – und das weltweit.

Im Gegensatz zur Fremdenfeindlichkeit ist Gastfreundschaft heute vom Aussterben bedroht. Doch gibt es einen Gegentrend: ein globales Netz aus gastfreundlichen Menschen, die Sofa- beziehungsweise Couchsurfing betreiben.

Das Procedere
Auf der Seite www.couchsurfing.com können Sie sich registrieren lassen und kostenlos Mitglied werden. Geben Sie möglichst viele Details und, wenn es geht, noch ein paar Fotos in Ihr Profil ein. Auf diese Weise werden Sie für die anderen Mitglieder, deren Profile Sie sich umgekehrt natürlich auch anschauen können, greifbarer.

Sobald Sie registriert sind, ist alles ganz einfach. Loggen Sie sich bei www.couchsurfing.com ein und suchen Sie nach Übernachtungsmöglichkeiten, ganz egal, ob in Paris, Los Angeles, Berlin, Oslo oder Sydney. Wählen Sie aus einer Liste von passenden Angeboten die richtigen heraus, indem Sie sich über die Interessen möglicher Gastgeber informieren. Anschließend müssen Sie nur noch die Details klären.

Umgekehrt können Sie natürlich auch Ihr Sofa für eine

oder mehrere Nächte anbieten – und wenn Sie möchten, können Sie Ihren Gast dann in die besten Cafés oder Museen Ihrer Stadt führen.

Ziele und Zahlen

Das Ziel der Couchsurfer ist nicht nur, Durchreisenden eine Schlafmöglichkeit zu bieten. Letztlich geht es um idealistischere Ziele: darum, Toleranz und weltweite Beziehungen zu fördern und Menschen einander näherzubringen.

Dass das Ganze funktioniert, zeigen ein paar Zahlen – www.couchsurfing.com hat heute über eine Million Mitglieder in 232 Ländern und mehr als 56 000 Städten. Knapp zwei Millionen Sofasurfer berichten über positive Erfahrungen und mehr als eine Million von neuen Freundschaften, die durch die Reisen entstanden sind. Täglich kommen rund zweitausend Mitglieder dazu – und wer weiß: Vielleicht werden Sie ja bald schon eines von ihnen sein…

Und die Sicherheit?

Die häufigste Sorge gilt der Sicherheit: Woher weiß ich, bei wem ich lande beziehungsweise wen ich da auf mein Sofa einlade? Zum einen beruht die Sofasurferphilosophie auf gegenseitigem Vertrauen. Zum anderen gibt es aber auch Sicherheitsoptionen, die nicht nur Gastgeber, sondern auch Gäste und die Gemeinschaft schützen. Detaillierte Nutzerprofile, Identitätsprüfung über die Kreditkarte und die gegenseitige Bewertung der Mitglieder trägt dazu bei, dass schwarze Schafe sich nicht auf Ihrem Sofa breitmachen.

Zusätzlich gibt es die Möglichkeit, sich freiwillig und einmalig verifizieren zu lassen. Die Korrektheit Ihres Namens und Ihrer Adresse wird dann durch www.couchsurfing.com

überprüft. Der Nachteil ist, dass Sie die Kosten für die Prüfung (rund zwanzig Euro) bezahlen müssen. Der Vorteil, dass Sie als identitätsgeprüftes Mitglied für andere besonders vertrauenswürdig sind (einige Couchsurfer kommunizieren grundsätzlich nur mit verifizierten Mitgliedern).

Tipp für den Aktivurlaub

Falls es Sie nicht aufs Sofa, sondern eher aufs Land, in den Stall und zur Mistgabel zieht, sollten Sie lieber die Seite www.wwoof.de *(world-wide opportunities on organic farms)* besuchen. Hier können Sie zwei Tage oder mehr auf ökologischen Höfen mithelfen und bekommen im Gegenzug Kost und Logis. Gärtnerische Vorkenntnisse sind nicht erforderlich, und Sie können beispielsweise auch Bauernhöfe in Australien, Kanada, Israel, Japan und in den USA besuchen.

FÜR WEN?
Für alle, die das Fernweh packt und die aus Fremden Freunde machen wollen.

WAS BRAUCHT MAN?
Vertrauen, eine lockere Einstellung und die Initiative, Kontakte zu knüpfen.

WAS SOLLTE MAN VERMEIDEN?
Unrealistische Ansprüche.

WIE LANGE DAUERT ES?
Kommt ganz drauf an, wie gut Sie sich mit Ihrem Gastgeber verstehen.

Lernen Sie die Progressive Muskelentspannug nach Jacobson

»Entspann dich doch mal!« Das ist leichter gesagt als getan, denn Verspannungen stecken oft tief und lassen sich nicht so leicht auflösen. Oder doch?

Es gibt eine einfache Methode, um Anspannungen in kürzester Zeit zu lösen. Sie heißt »PMR« oder genauer »Progressive Muskelrelaxation« und wurde vor über siebzig Jahren von dem amerikanischen Physiologen Edmund Jacobson entwickelt.

PMR eignet sich nicht nur, um den Körper zu entspannen, sondern auch, um Stress und Ängste abzubauen, Schmerzen zu lindern, das Immunsystem anzuregen und psychosomatische Beschwerden in den Griff zu bekommen. Die Methode ist einfach und gefahrlos zu erlernen.

Die Grundregeln

Die Technik besteht darin, dass Sie auf dem Rücken liegend jede Muskelgruppe anspannen und dann wieder tief entspannen. Jede Übung verläuft dabei in drei Stufen:

- Spannen Sie den jeweiligen Muskel so fest wie möglich an.

- Halten Sie die Spannung etwa sieben Sekunden lang – dabei müssen Sie unbedingt weiteratmen.

- Lassen Sie die Spannung dann schlagartig los. Entspannen Sie den Muskel vollkommen. Spüren Sie den Entspannungsvorgang so bewusst wie möglich.

PMR in acht Schritten

Die folgende Übung ist eine verkürzte PMR-Variante, die sich gut für Anfänger eignet und deutlich weniger Zeit in Anspruch nimmt als die »Vollversion«. Statt jeden Muskel einzeln anzuspannen, fassen Sie jeweils mehrere Muskelgruppen zusammen:

- *Rechter Arm:* Ballen Sie die rechte Hand zur Faust, beugen Sie den Arm und spannen Sie den Bizeps an. Halten Sie die Spannung sieben Sekunden lang – atmen Sie dabei weiter.
  Lassen Sie die Muskelspannung dann blitzartig los und entspannen Sie die Armmuskeln etwa eine Minute lang. Wiederholen Sie das Ganze noch zweimal.

- *Linker Arm:* Führen Sie dieselbe Technik dann mit dem linken Arm durch.

- *Gesicht:* Ziehen Sie alle Gesichtsmuskeln zur Nase. Stellen Sie sich vor, Sie beißen in eine Zitrone. Kneifen Sie die Augen zusammen und pressen Sie die Lippen aufeinander. Halten Sie die Spannung sieben Sekunden lang, ohne den Atem anzuhalten.
  Entspannen Sie das Gesicht dann schlagartig und spüren Sie rund eine Minute lang nach. Wiederholen Sie die Übung zweimal.

- *Nacken:* Heben Sie Ihren Kopf minimal vom Boden ab (ein Zentimeter genügt) und spannen Sie Ihre Hals- und Nackenmuskulatur fest an. Halten Sie die Spannung sieben Sekunden lang – dabei sollten Sie locker weiteratmen.
  Lassen Sie den Kopf dann weich zu Boden sinken und

lassen Sie alle Spannungen los. Nehmen Sie sich etwa eine Minute Zeit, um die Muskeln tief zu entspannen, bevor Sie das Ganze noch zweimal wiederholen.

◡· *Brust, Schultern und Bauch:* Ziehen Sie die Schultern bewusst nach unten und hinten, um die Schulter- und oberen Rückenmuskeln anzuspannen. Dabei hebt sich der obere Rücken minimal vom Boden ab. Gleichzeitig drücken Sie die Lendenwirbelsäule gegen die Unterlage und spannen die Bauchmuskeln an. Halten Sie die gesamte Spannung sieben Sekunden lang.
Lassen Sie jetzt schlagartig alle Muskeln wieder los und spüren Sie etwa eine Minute lang nach, damit die Muskeln sich tief entspannen können. Dann wiederholen Sie dies zweimal.

◡· *Rechtes Bein:* Spannen Sie das rechte Bein an, indem Sie mit der Ferse gegen den Boden drücken und die Zehen anziehen. Oberschenkel und Wade sollten kräftig angespannt werden. Halten Sie die Spannung sieben Sekunden lang – dabei atmen Sie weiter.
Jetzt können Sie schlagartig loslassen und etwa eine Minute lang tief entspannen. Wiederholen Sie das noch zweimal.

◡· *Linkes Bein:* Wiederholen Sie die gleiche Technik auch mit dem linken Bein.

◡· *Noch einmal der ganze Körper:* Abschließend werden nochmals alle Muskeln gleichzeitig angespannt: Sie ballen die Fäuste und winkeln die Arme an. Spannen Sie das Gesicht an, heben Sie den Kopf ein kleines Stück vom Boden ab, um den Nacken anzuspannen, strecken Sie zugleich Füße und Zehen und drücken Sie die Fersen gegen den Boden, spannen Sie auch Bauch- und Pomuskeln fest an.

Halten Sie die Spannung sieben Sekunden lang und entspannen Sie dann alle Muskeln gleichzeitig schlagartig. Spüren Sie der Wirkung noch eine Weile nach.

FÜR WEN?
Für alle, die einmal richtig tief entspannen wollen.

WAS BRAUCHT MAN?
Eine gute Unterlage – am besten eine dicke Decke, die auf dem Teppich ausgebreitet wird.

WAS SOLLTE MAN VERMEIDEN?
Zu kurze Entspannungsphasen zwischen den einzelnen Muskelanspannungen.

WIE LANGE DAUERT ES?
Für das Kurzprogramm benötigt man knapp fünfzehn Minuten.

Besuchen Sie www.ehrenamtlich.de im Internet

Ohne Menschen, die sich ehrenamtlich engagieren, würde das öffentliche und soziale Leben bei uns schnell zusammenbrechen. In Deutschland gibt es rund 23 Millionen ehrenamtliche Helfer. Sie organisieren Konzerte im Altenheim, betreuen Kindergruppen oder Hausaufgaben, helfen bei der freiwilligen Feuerwehr, organisieren Bürger- und Straßenfeste, pflanzen Bäume für den Bund Naturschutz, beraten Menschen in Not, versorgen heimatlose Hunde und Katzen oder setzen sich in Sozialverbänden und Sportvereinen ein.

Wenn Sie etwas Zeit erübrigen können und Lust haben, diese zu einem guten Zweck einzusetzen, gibt es viele Möglichkeiten. Auch an triftigen Gründen mangelt es nicht: Wer ehrenamtlich aktiv wird, trägt nicht nur dazu bei, die Welt in seinem Umfeld ein kleines bisschen besser zu machen, sondern tut auch etwas für sein eigenes Glück. Ehrenamtliche Tätigkeiten verleihen neuen Sinn, denn wer seine Aufmerksamkeit darauf richtet, anderen zu helfen, hat kaum noch Zeit für eigene Sorgen.

Im Ehrenamt werden zudem neue Kontakte geknüpft und soziale Kompetenzen entwickelt. Nicht umsonst werten viele Arbeitgeber ehrenamtliche Aktivitäten im Lebenslauf als großen Pluspunkt: Da außerberufliches Engagement sogenannte »Soft Skills« wie Team-, Kommunikations- und Organisationsfähigkeit ausbildet, kann das Ehrenamt daher sogar zum Jobvorteil gereichen.

Doch wo beginnen? Im Folgenden finden Sie ein kleine Orientierungshilfe beziehungsweise erste Anlaufstellen.

Falls Sie interessiert sind, brauchen Sie jeweils nur kurz »anzuklopfen« – jede Organisation wird sich über Ihre tatkräftige Unterstützung freuen und Ihnen den Einstieg leicht machen:

www.bagfa.de: In der »Bundesarbeitsgemeinschaft der Freiwilligen-Agenturen e.V.« (bagfa) sind kommunale und regionale Freiwilligenagenturen zusammengeschlossen. Schirmherr ist Bundespräsident Horst Köhler. Der Verein ist Dachverband von mehr als dreihundert Freiwilligenagenturen respektive Ehrenamtbörsen. Die Agenturen (samt Adressen und Telefonnummern) finden Sie unter dem Menüpunkt »Liste der Agenturen«, und zwar nach Bundesländern geordnet.

www.spendenwelt.de: Spenden? Aber das ist doch nicht gerade kostenlos, oder? Doch! Zumindest dann, wenn Sie bereit sind, etwas Zeit zu spenden. Und genau das können Sie auf der Seite www.spendenwelt.de tun, und zwar im Menüpunkt »Sonstige Spenden« unter der Rubrik »Zeitspenden«. Nach Postleitzahlen gegliedert, finden Sie hier jede Menge Freiwilligenagenturen. Eine Suchmaske hilft Ihnen beim Finden einer passenden ehrenamtlichen Tätigkeit, etwa im Bereich Umweltschutz, Tierschutz, Gefängnisse, Jugendarbeit oder Pflege.

www.ehrenamtlich.de: Auf dieser Seite können Sie Ihre Wunschstadt einfach auf einer Landkarte anklicken und bekommen konkrete Angebote in Form von jeweils aktuellen Ausschreibungen. Die Angebote sind kunterbunt gemischt und reichen von »Gastfamilie werden« über »Helfer für den

Umbau von Montessori-Schulen« bis hin zur »evangelischen Straffälligenhilfe«, der »Kinderhilfe Kaliningrad« oder der »Pflege von Websites« für Jugendzentren und Seniorenheime.

www.caritas-ehrenamt.de: Das freiwillige Engagement bei der Caritas, der sozialen Hilfsorganisation der römisch-katholischen Kirche, ist enorm vielfältig. Daher werden Sie auf der Homepage auch Schritt für Schritt weitergeleitet: zum richtigen Ort, zur richtigen Organisation und natürlich auch zur richtigen Telefonnummer. Je nach Interesse können Sie Hausaufgaben betreuen, Schuldner beraten, Singkreise leiten, Kochkurse für Senioren anbieten, Migranten beim Einkaufen begleiten, Krankenhausbesuche abstatten – oder auch eine der vielen Weiterbildungsangebote rund ums freiwillige Engagement nutzen.

www.ehrenamt.de: Hier finden Sie die Seite der Akademie für Ehrenamtlichkeit – Deutschland. Die Akademie ist eine Einrichtung im Förderverein für Jugend und Sozialarbeit e.V. Durch (leider meist kostenpflichtige) Qualifizierung, Fortbildung, Beratung und Organisationsentwicklung soll die Freiwilligenkultur bei uns nachhaltig gestärkt werden. Die Seite eignet sich vor allem für Menschen, die bereits ehrenamtlich tätig sind und sich mit anderen austauschen oder ihre Kompetenzen erweitern wollen.

www.tierschutzverein.de: Auf dieser Seite finden Sie eine Liste mit Tierschutzvereinen und Tierheimen in ganz Deutschland, in denen Sie sich auf Anfrage engagieren können.

www.wwf.de: Der World Wide Fund for Nature gehört weltweit zu den größten Natur- und Tierschutzorganisationen und verfolgt das Ziel, die biologische Vielfalt der Erde zu erhalten. Vielleicht wollen Sie sich den inzwischen mehr als fünf Millionen Förderern anschließen, wobei sich der WWF über Ihren persönlichen Einsatz mindestens ebenso freut wie über Geldspenden. Unter dem Menüpunkt »Spenden & Helfen« finden Sie die Kategorie »Ehrenamtliche Mitarbeit«. Hier können Sie Informationsmaterial online beantragen und anschließend im In- oder Ausland tätig werden.

www.ehrenamt-im-sport.de: Für alle, die es eher sportlich mögen, hat der Deutsche Olympische Sportbund gemeinsam mit der Commerzbank eine große Initiative rund um das Engagement im Sport inklusive Weiterbildungen ins Leben gerufen.

www.schoeffen.de: Ehrenamtlich Richter sein, das geht auch ohne Jurastudium. Allerdings ist der Weg hart, und Sie brauchen Geduld: Für die Amtsperiode 2009 bis 2013 sind die Schöffenwahlen bereits abgeschlossen. Die nächste Wahl findet 2013 statt – genug Zeit, sich über Wahlverfahren und das Procedere der Bewerbung zu informieren.

www.telefonseelsorge.de: Können Sie gut zuhören? Würden Sie sich als offen und geistig beweglich bezeichnen? Haben Sie die Fähigkeit, Probleme zu erkennen, und können Sie sich sprachlich gut ausdrücken? Sind Sie konfliktfähig und haben Sie eine stabile Persönlichkeit? Dann weisen Sie die besten Voraussetzungen auf, um ehrenamtlich bei der Telefonseelsorge einzusteigen, dem seelsorgerlich-diakonischen

Dienst der evangelischen und katholischen Kirche. Unter der Rubrik »Ehrenamtlich« finden Sie alle wichtigen Infos. Eine mindestens einjährige (kostenlose) Ausbildung sollten Sie allerdings einplanen, da das Gespräch mit Menschen in schweren Krisen natürlich nur Sinn macht, wenn Sie entsprechend geschult sind.

FÜR WEN?
Für Menschen, die ein wenig Zeit und ein großes Herz haben.

WAS BRAUCHT MAN?
Einen Internetanschluss und eine klare Entscheidung.

WAS SOLLTE MAN VERMEIDEN?
Zu viel auf einmal zu wollen oder sich in Feldern zu engagieren, die sich nicht mit dem eigenen Interessengebiet decken.

WIE LANGE DAUERT ES?
Mindestens eine Stunde pro Monat, höchstens zwanzig Stunden am Tag.

Verkaufen Sie Überflüssiges auf dem Flohmarkt

Wohin mit Omas Bernsteinkette? Natürlich könnte man sie seiner kleinen Tochter schenken – doch wer weiß, ob sie sie im Kindergarten nicht gegen einen Flummi eintauschen wird? Viele Gegenstände sind einfach zu kostbar, um sie zu verschenken oder gar wegzuwerfen. Aber doch wieder überflüssig genug, als dass man sie im Haus behalten wollte.

Für alle Sachen, die für einen selbst zum Ballast geworden sind, für andere aber noch einen Wert haben könnten, ist der Flohmarkt ideal. Die Bücher, die noch zu gut in Schuss sind, um ins Altpapier zu wandern, die ausgedienten Klamotten, die für die Kleidersammlung zu schade sind, oder die CDs, die wir längst auf den MP3-Player überspielt haben… wer richtig ausmistet, befreit sich nicht nur von Belastendem, sondern kann nebenbei auch noch ein paar Euro verdienen.

Doch wie wird man zu einem erfolgreichen Flohmarktverkäufer? Schnell ein paar Kisten füllen, einen Klapptisch in den Kofferraum packen und auf zum nächsten Flohmarkt: Das klingt nach einem einfachen Rezept, führt aber hundertprozentig zu schlechter Laune und miesen Geschäften. Erfahrene Flohmarktverkäufer sind gut vorbereitet, denn sie wissen, was sie erwarten könnte: unvorhergesehene Wetterbedingungen, reizüberflutete Käufer und jede Menge Konkurrenz. Daher ist die richtige Planung das A und O. Hier folgen einige Tipps, die sich insbesondere Anfänger zu Herzen nehmen sollten:

Das Wetter ist manchmal schön, manchmal schlecht, aber meistens einfach nur unberechenbar. Stundenlang in der prallen Sonne zu sitzen gehört eher zu dem, was Eidechsen Spaß macht. Ein Sonnenschirm ist daher an sonnigen Tagen die Rettung. Und wenn plötzlich Regenschauer kommen, kann eine simple Plastikplane Ihr Hab und Gut schützen.

Wer zuletzt kommt, den bestraft das Schicksal. Wenn Ihr Stand weitab vom Schuss ist, werden Sie nichts verkaufen. Und da Sie unter Umständen keinen Standplatz reservieren können, sollten Sie früh aus den Federn kommen. Viele Flohmärkte beginnen bereits um 7.00 Uhr, Schnäppchenjäger sind dann schon vor Ort, und Standplatzjäger tauchen schon ab 4.00 oder 5.00 Uhr auf. Wenn Sie im Dunkeln aufbauen, brauchen Sie eine Taschenlampe. Wo es möglich ist, seinen Platz zu buchen, sollten Sie die Location vorher abchecken. Wichtig ist auch, dass Sie mit Ihrem Auto möglichst nah an Ihren Standplatz heranfahren können.

Zum Thema Geld: Natürlich wollen Sie Geld verdienen, aber zunächst einmal müssen Sie etwas bezahlen. Die Standgebühren sind sehr unterschiedlich. Pauschalgebühren liegen oft zwischen fünf und fünfzehn Euro. Manchmal muss man aber auch pro Meter (Tapezier-)Tisch bezahlen, meist zwischen zwei und vier Euro. Darüber hinaus gibt es Flohmärkte ohne Standgebühr sowie solche, an denen nur Gemeindeeinwohner ausstellen dürfen. Fragen Sie also vorher nach. Außerdem sollten Sie genügend Wechselgeld und eine Kasse oder Keksdose für das Geld dabeihaben.

Je größer die Verkaufsfläche, desto größer die Erfolgschancen. Zahlen Sie im Zweifelsfall lieber ein paar Euro mehr Standgebühr. Und das Wichtigste: Werden Sie zum »Schaufensterdekorateur«. Legen Sie ein Tischtuch auf das Sperrholz. Arrangieren Sie Ihre Sachen übersichtlich, vielleicht sogar farblich zueinander passend: Geschirr zu Geschirr, Stofftiere zu Stofftieren, Bücher zu Büchern und Kleider an die Stange. Für Flohmarktbesucher gibt es so viel zu sehen, dass Sie es ihnen nicht unnötig schwer machen sollten.

Überfüllen Sie Ihren Tisch nicht. Bewahren Sie ein paar Schätze in der Kiste auf, damit Sie den Käufern noch Entdeckungsmöglichkeiten bieten. Apropos Schätze: Ramsch und völlig Wertfreies brauchen Sie gar nicht erst mitzuschleppen, da es ohnehin nicht gekauft wird.

Denken Sie an die Win-win-Lösung. Sie sollten Ihr unterstes Preislimit im Kopf haben, die Ware aber mit so hohen Preisen versehen (Aufkleber benutzen), dass es noch Spielraum zum Handeln gibt und der Kunde ebenso zufrieden nach Hause gehen kann wie Sie. Erwarten Sie nicht, dass Ihre Käufer ein Angebot machen – besser ist es, wenn Sie klare Vorstellungen haben, aber natürlich durchaus mit sich handeln lassen.

Ein paar Annehmlichkeiten können auch nicht schaden. Ein Klappstuhl, etwas Proviant, eine Thermoskanne mit Kaffee, vielleicht ein Buch und, wenn möglich, der eine oder andere Smalltalk mit den Leuten an den Nachbartischen stellen sicher, dass die wichtigste Fähigkeit, die ein Flohmarktverkäufer braucht, nicht zu kurz kommt: die Gelassenheit.

FÜR WEN?

Für Leute, die gern Menschen treffen, Ballast loswerden, Geld verdienen und Spaß haben – und das alles gleichzeitig.

WAS BRAUCHT MAN?

Gute Nerven und einen lauten Wecker.

WAS SOLLTE MAN VERMEIDEN?

Ramsch anzubieten.

WIE LANGE DAUERT ES?

Sehr unterschiedlich – zum Beispiel von 7.00 bis 16.00 Uhr, von 8.00 bis 14.00 Uhr, von 13.00 bis 17.00 Uhr oder von 6.00 bis 18.00 Uhr.

Machen Sie eine Siesta

Sich mittags einfach mal kurz aufs Ohr zu legen – das ist ein Privileg, welches Urlaubern, Südseeinsulanern, Rentnern, Kindern und Katzen vorbehalten zu sein scheint. Hat einer hingegen einen »anständigen Job«, so darf er nicht schlafen. Das dachte man jedenfalls bis vor kurzem. Inzwischen konnten Mediziner aber nachweisen, dass kurze Schlafperioden Aufmerksamkeitsausfälle im Job um über ein Drittel verringern.

Neben der nächtlichen Schlafphase entspricht auch das Energietief am Mittag dem menschlichen Biorhythmus. In dieser Zeit geht es mit dem Konzentrations- und Reaktionsvermögen bergab. Das haben auch Unternehmer erkannt, zumindest im Ausland: In den USA und Japan werden Arbeitnehmern »Relax Center« für das kleine Nickerchen zwischendurch angeboten. Eine Siesta hilft nicht nur, die Leistung zu steigern, sie schützt auch vor dem Burn-out-Syndrom und einem Herzinfarkt, zudem wird ein lebensverlängernder Effekt vermutet.

Ob zwischen Ihren Arbeitsphasen, im Urlaub, am Wochenende oder einfach so: Wann immer es sich anbietet, sollten Sie eine Siesta halten, und zwar je regelmäßiger, desto besser. Natürlich wäre ein Sofa oder eine Hängematte schön, aber ein Nickerchen kriegen die meisten Menschen auch im Sitzen hin. Doch Vorsicht: Weniger ist mehr. Die optimale Dauer für eine Siesta liegt bei zwanzig Minuten. Wenn Sie länger als eine halbe Stunde schlafen, braucht der Körper viel Zeit, um wieder in Schwung zu kommen. Und dann werden Sie sich nicht erholt, sondern eher gerädert fühlen.

Und noch ein Tipp: Falls Sie Ihren Mittagsschlaf zu Hause abhalten, dann schlüpfen Sie nicht in Ihren Schlafanzug und legen Sie sich auch nicht ins Bett, da Ihr Unterbewusstsein sonst auf Tiefschlaf schaltet und aus der halben dann leicht mehrere Stunden werden.

FÜR WEN?
Für alle, die zwischendurch mal auftanken und langfristig fit bleiben wollen.

WAS BRAUCHT MAN?
Ein Sofa wäre gut. Aber eigentlich braucht man gar nichts – Japaner halten ihre Siesta sogar in der U-Bahn und im Taxi oder betten ihr müdes Haupt gleich auf dem Schreibtisch.

WAS SOLLTE MAN VERMEIDEN?
Ein schlechtes Gewissen.

WIE LANGE DAUERT ES?
Zwanzig Minuten.

Beobachten Sie Kommunikationsmuster

Jeder weiß, dass Kommunikation irgendwie »wichtig« ist. Man muss »mehr miteinander sprechen«. Möglichst sollte man dabei erstens sachlich, zweitens freundlich sein. Vielleicht sogar ein Lächeln aufsetzen und eventuell auch noch seine »Bedürfnisse anmelden«.

Zwischen Menschen gibt es oft Missverständnisse. Und die lassen sich nicht so leicht abstellen. Auch nicht durch Sachlichkeit, Höflichkeit oder einfache »Kommunikationstechniken«.

Kommunikations-Chaos

Die »naive« Vorstellung von Kommunikation sieht in etwa so aus: Es gibt zwei Menschen, einen »Sender« und einen »Empfänger«. Wenn man nur genau zuhört, was einer sagt, kann man ihn auch verstehen. Versteht man es nicht, hat man eben nicht genau zugehört.

Es scheint so einfach – doch selbst in dem simplen Beispiel von Abbildung 1 will Direktor Kalm wohl mehr, als seine Sekretärin Frau Loos nur informieren. Wenn sie ant-

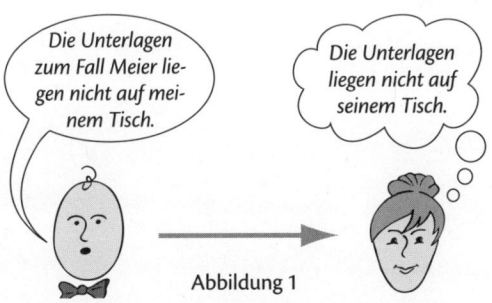

Abbildung 1

worten würde: »Aha«, würde er das wahrscheinlich ziemlich frech finden. Oder extrem unverschämt. Vielleicht aber auch witzig. Er hat eine Aussage gemacht, erwartet jedoch, dass sie darin seine Aufforderung hört, nämlich: »Bringen Sie mir bitte die Akten.«

In vielen alltäglichen Situationen fällt das gar nicht weiter auf. Doch wenn die Umstände nicht ganz klar machen, was eigentlich gemeint ist, gibt es Kommunikationsprobleme. Und das ist häufiger der Fall, als man denkt. Denn das, was nicht gesagt wird, sondern »zwischen den Zeilen« steht, ist meist ziemlich mehrdeutig, wie Abbildung 2 zeigt.

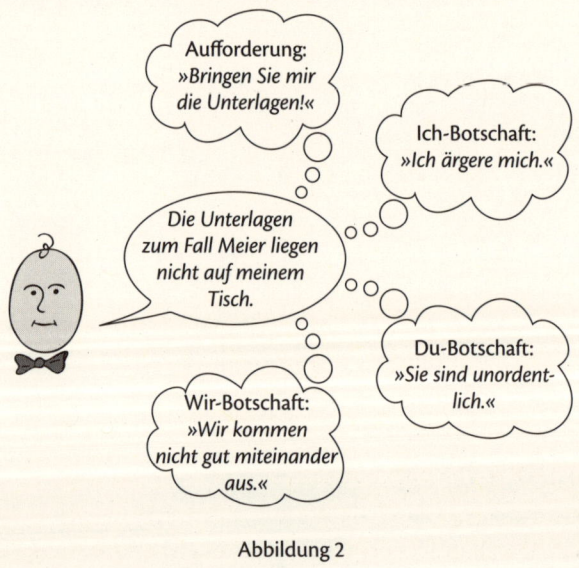

Abbildung 2

Es gibt also nicht nur Sachbotschaften, sondern eine Aufforderungs-, Ich-, Du- und Wir-Botschaft. Und dies hier ist nur ein Beispiel – es könnte auch ganz anders aussehen. Die

Aufforderung könnte ebenso gut lauten: »Helfen Sie mir, mich in meinem Chaos zurechtzufinden«, die Ich-Botschaft: »Ich bin überfordert«, die Du-Botschaft: »Sie sind kompetent« – und die Wir-Botschaft: »Wir sind ein gutes Team.«

Und jeder »gesendeten« Botschaft auf der Sprecherseite entspricht eine »empfangene« Botschaft auf der Hörerseite, wie Abbildung 3 zeigt.

Abbildung 3

Bewusst kommunizieren

Nun sind aber weder dem Sprecher noch dem Hörer alle diese Botschaften bewusst. Wenn der Direktor sagt: »Die Unterlagen liegen nicht auf meinem Tisch«, meint er möglicherweise, eine ganz unmissverständliche, einfache Botschaft zu senden: »Frau Loos, bringen Sie mir die Akten.« In seinem Tonfall, seiner Mimik und Körpersprache wird er (oft gegen seinen Willen) weiteren Konnotationen Raum geben. Aber auch die sind in der Regel alles andere als eindeutig.

Der Hörer ist also gezwungen, zu »raten«, was gemeint ist. Und auch dieses Raten ist kaum bewusst. Wer denkt schon über die verschiedenen Ebenen der Kommunikation nach? Doch wenn Sie es tun: Wie viele Missverständnisse können Sie vermeiden! Und wie viel irritierende Reaktionen können Sie verstehen!

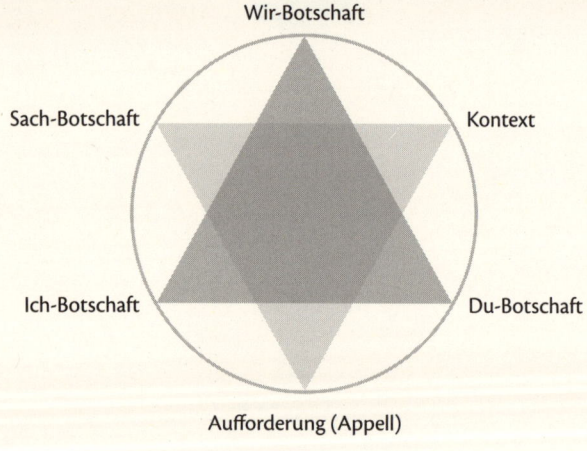

Der Kommunikationsball

Werden Sie Experte im Kommunikationsspiel – werfen und fangen Sie die richtigen Bälle! Beobachten Sie die Gespräche, die Sie mit anderen führen. Beobachten Sie, wie sie kommunizieren. Und werden Sie sich immer bewusster, wie Kommunikation funktioniert: wie ein spannendes Spiel eben ...

FÜR WEN?
. Für jeden, der Menschen wirklich verstehen und effektiver kommunizieren will.

WAS BRAUCHT MAN?
Aufmerksamkeit.

WAS SOLLTE MAN VERMEIDEN?
Interpretieren.

WIE LANGE DAUERT ES?
Solange Sie wollen.

Nutzen Sie das kostenlose Angebot
Ihrer Bücherei

Zugegeben, nicht alle Büchereien sind kostenlos: Je nach Stadt und Träger kostet der Ausweis teils gar nichts, meist unter fünf Euro und manchmal leider auch mehr. Auf der anderen Seite zahlen Sie für ein hochwertiges Buch im Handel leicht um die zwanzig Euro. Und wenn Sie bedenken, wie viele hundert Bücher pro Jahr Sie in der Bücherei ausleihen können, lohnt sich der Büchereiausweis allemal.

Bibliotheken eignen sich aber nicht nur, um Romane, Koch- oder Sachbücher auszuleihen. Mit der Entwicklung neuer Technologien wächst die Auswahl stetig. Neben den Schmökern und Zeitschriften haben Sie dort inzwischen auch Zugang zu CDs, DVDs oder Hörbüchern. Nachdem die Zettelkataloge langsam ausgedient haben und sich die Medien problemlos über den PC (zum Beispiel über OPAC [»Online Public Access Catalogue«]) auffinden lassen, ist die Benutzung der Büchereien immer leichter geworden.

Und Büchereien bieten sogar noch ganz anderes: Sie interessieren sich für bestimmte Themen wie Gesundheit, Kindererziehung oder Fitness? Dann liegen jede Menge Broschüren kostenlos zum Mitnehmen für Sie bereit. Büchereien sind Dreh- und Angelpunkt des kulturellen und sozialen Lebens. Wenn Sie die Augen offen halten, werden Sie interessante Live-Angebote entdecken – kostenlose Vorträge oder Diashows, Computereinführungen zu Google, Wikipedia oder zu verschiedener Software, Kochtipps, Reiseberichte oder auch mal konkrete Hilfe bei der Facharbeit.

In Zusammenarbeit mit Volkshochschulen und/oder Bürgernetzen werden in vielen Büchereien Kulturtreffs organisiert – besonders beliebt sind dabei Bildungsveranstaltungen oder Lesungen. Aber man findet auch Sprach- und Grammatikkurse, Vorträge zur Medienwissenschaft oder zur Rolle des Buddhismus in der japanischen Kultur.

Allein im Jahr 2007 fanden in den Bibliotheken Deutschlands knapp 300 000 Veranstaltungen statt. Besonders beliebt war 2008 die in Kooperation mit dem Deutschen Bibliotheksverband e.V. gestartete Aktionswoche »Deutschland liest. Treffpunkt Bibliothek« mit zahlreichen künstlerischen Rahmenveranstaltungen und einem Großaufgebot an Prominenz. Intention der Aktion »Lesen bewegt – Gemeinsam 3000 Schritte extra« im Jahr 2009 mit bundesweiter Beteiligung von Bibliotheken war, auf den Zusammenhang zwischen geistiger und körperlicher Beweglichkeit hinzuweisen – mit begleitenden Ausstellungen oder Lesungen zum Thema »Gesundheit und Bewegung«.

Das kostenlose Angebot rund um Kultur und Bildung hängt natürlich sehr vom Engagement der jeweiligen Bücherei ab. Doch zumindest über einen Lesesaal verfügt jede solche Einrichtung. Hier haben Sie einen Ort, an dem Sie vollkommen ungestört sind, wo Sie Bücher, Zeitungen oder Zeitschriften lesen, sich Notizen machen oder auch einfach einmal die Stille genießen können. Die meisten Lesesäle sind gemütlich eingerichtet, hell und ruhig und bieten eine kleine Fluchtmöglichkeit vor dem Lärm des Alltags.

Sicher wissen Sie selbst, wo die nächste und vielleicht auch noch übernächste Bücherei ist. Falls Sie jedoch einmal unterwegs sind oder sich einen Überblick über die immerhin mehr als elftausend Büchereien in Deutschland verschaffen wollen, sollten Sie im Internet die Seite www.bibliotheksportal.de besuchen: Im Menüpunkt »Bibliotheken« finden Sie die Kategorie »Bibliotheken in Deutschland« mit allgemeinen Infos sowie Links, Bibliotheksadressen, eine Übersichtskarte oder den Service »Deutsche Bibliotheken online auffinden«.

FÜR WEN?
Für alle, die gern lesen, DVDs sehen, sich für spannende oder entspannende Bücher interessieren, ihren Horizont erweitern und Gleichgesinnte treffen wollen.

WAS BRAUCHT MAN?
Einen Büchereiausweis.

WAS SOLLTE MAN VERMEIDEN?
Ausgeliehene Medien zu spät zurückzubringen.

WIE LANGE DAUERT ES?
Sie können zwischendurch einmal eine halbe Stunde in der Bücherei verbringen, sich eine Lesung anhören oder sich natürlich auch Stapel von Büchern und DVDs holen, die Sie viele Wochen lang beschäftigen werden.

Basteln Sie ein Möbiusband

Bestimmt haben Sie schon einmal irgendwo ein Möbiusband gesehen. Es ist ein beliebter Bestandteil von Logos. Auf den ersten Blick ist das Ding nichts Besonderes. Aber auf den zweiten. Dazu müssen Sie es aber erst einmal wirklich in der Hand halten und damit herumexperimentieren können.

Und so bauen Sie ein Möbiusband: Schneiden Sie einen Papierstreifen zirka drei Zentimeter breit und zehn Zentimeter lang. Kleben Sie nun die kurzen Kanten zusammen, doch drehen Sie dabei eine Kante, sodass die Punkte A und D sowie die Punkte B und C aufeinanderliegen. Das Ergebnis ist eine Art Acht (siehe Abbildung Seite 122).

Dieses Gebilde hat es in sich. Mathematisch gesehen ist es eine zweidimensionale Oberfläche mit einer eindimensionalen Begrenzung, die im dreidimensionalen Raum eingebettet werden kann, aber keine Orientierung (oben/unten) hat. Wenn Sie das nicht verstehen, machen Sie sich keine Sorgen: Das ist ganz normal.

Das Faszinierende ist, wie gesagt, nicht auf den ersten Blick zu sehen. Schauen wir also mal genauer hin.

Ein Blatt Papier hat zwei Seiten. Oder? Erste Zweifel könnten Ihnen kommen, wenn Sie jetzt versuchen, eine Seite des Möbiusbands farbig anzumalen und die andere unbemalt zu lassen.

Wenn Sie das hier nur lesen, werden Sie nicht verstehen, was gemeint ist. Sie müssen es tatsächlich tun. Also los: Malen Sie eine Seite an ...

So, nun wissen Sie, was gemeint ist. Es geht nicht. Aber

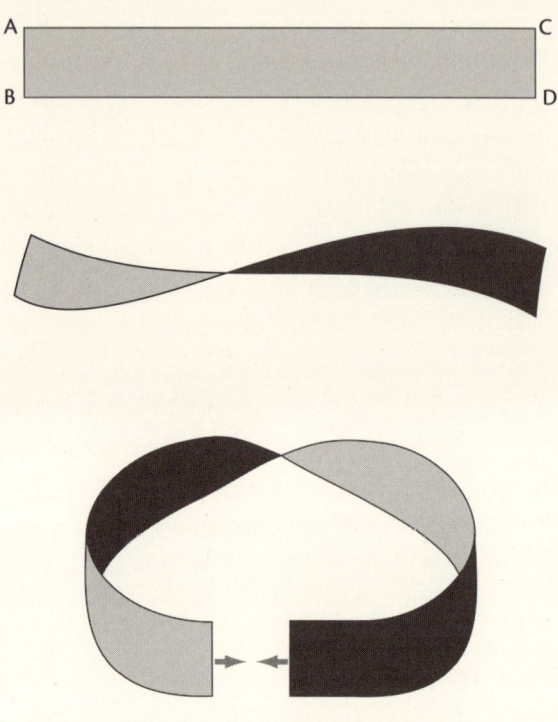

das ist noch nicht alles. Das Band hat nicht nur keine zwei Seiten. Es hat nicht einmal zwei Kanten. Das klingt ja beinahe noch fantastischer. Sie meinen sicherlich, die zwei Kanten deutlich zu sehen!

Alles Nachdenken hilft nichts: Sie müssen es ausprobieren. Nehmen Sie einen Stift und fahren Sie dicht an einer Kante entlang. Überrascht? Nun, was, meinen Sie, passiert, wenn Sie längs in der Mitte des Bandes, parallel zur Kante schneiden – bis Sie wieder an den Ausgangspunkt zurückkommen? Zwei Möbiusbänder? Oder etwas anderes? Entstehen neue Eigenschaften? Versuchen Sie, es herauszufinden, bevor Sie es ausprobieren. Und dann probieren Sie es aus.

Ein Experiment haben wir noch. Natürlich brauchen Sie nun ein neues Möbiusband, da Sie das alte zerschnippelt haben. Und dieses schneiden Sie dann wieder parallel zum Rand des Bands. Diesmal jedoch beginnen Sie nicht ganz in der Mitte, sondern ein kleines Stück näher zum Rand. Macht das einen Unterschied zum vorigen Experiment?

Sie können nicht nur allein darüber staunen. Es ist auch im Kreis von Freunden immer wieder eine Überraschung, wenn Sie nicht gerade in Topologenkreisen verkehren ...

FÜR WEN?
Für jeden, der sich kein Blatt mit einer Seite vorstellen kann.

WAS BRAUCHT MAN?
Papier, Schere, Kleber.

WAS SOLLTE MAN VERMEIDEN?
Zu versuchen, die Kanten von zwei Möbiusbändern zusammenzukleben.

WIE LANGE DAUERT ES?
Das Basteln eine Minute, das Staunen Stunden.

■ Üben Sie eine Rede ein

Sie sind kein Politiker, Vereinsvorsitzender oder Wichtigtuer? Das macht gar nichts: Eine gute Rede halten zu können ist für jeden eine Bereicherung.

Eine Rede dient dazu, andere von Ihrer Aussage zu überzeugen, sie zu einer Handlung zu bewegen, Ihre Ansicht angemessen darzustellen – und um Ihre eigenen Gedanken zu klären. Und es gibt immer wieder Gelegenheiten, »Reden« zu halten. Selbst wenn es nur eine kurze Ansprache auf einem Fest ist, beispielsweise bei der Hochzeit oder dem Geburtstag eines Freundes.

Die Rhetorik, die Kunst der Rede, gehörte früher zum »Trivium«, den unabdingbaren drei Künsten, die jeder Gebildete beherrschen musste. (Die beiden anderen waren Logik und Grammatik.) Nun können wir Ihnen hier natürlich keinen ausführlichen Rhetorikkurs geben. Aber vielleicht eine Anregung, sich etwas mehr damit zu beschäftigen. Und ein paar erste Hinweise.

Die klassischen Rhetoriker hatten ja ganz genaue Vorstellungen davon, wie eine gute Rede zustande kommt: von der Idee über die Konzeption bis zum Vortrag. Diese Vorstellungen gelten heute noch genauso:

- *Die Grundidee:* Zuerst sollten die Argumente zusammengestellt werden. Was spricht für sie, was dagegen?

- *Die Gliederung der Rede:* Legen Sie die Reihenfolge fest, in der Sie Ihre Argumente, mögliche Einwände und Einwände gegen die Einwände vorbringen, um dann zu einem überzeugenden Schluss zu kommen.

⌣· *Der Stil:* Es ist nicht gleichgültig, welche Worte Sie verwenden. Berücksichtigen Sie auch rhetorische Mittel (beispielsweise Phrasen, die sich wiederholen) sowie die Kommunikation mit dem Hörer (Sie sprechen ja mit Menschen). Und auch ganz wichtig: Setzen Sie gezielt Sprechpausen ein.

⌣· *Das Einprägen der Rede:* Eine abgelesene Rede ist niemals so wirksam wie eine frei gehaltene. Also lernen Sie Ihre Rede auswendig. Auch wenn es Ihnen erst einmal nicht leichtfällt. Mit bildlichen Vorstellungen funktioniert es einfacher.

⌣· *Der Vortrag:* Jetzt geht es um die Ausführung. Sie können am Ausdruck Ihrer Stimme, an Ihrer Körpersprache und Ihrem Blickkontakt mit den Zuhörern arbeiten.

Wie Sie sehen, gehört schon ganz schön viel dazu, eine gute Rede zu halten. Aber immerhin: Länge ist nicht erforderlich. Ihr Vortrag kann ganz kurz sein. Schreiben Sie doch einmal eine kurze Rede auf, vielleicht vier, fünf Sätze, und überraschen Sie Ihre Freunde und Bekannten an einem Geburtstagsfest damit. Möglicherweise wollen Sie aber erst einmal üben, eine Rede vorzutragen (ohne Publikum). Probieren Sie es mal mit Shakespeare, der berühmten Rede des Brutus in »Julius Cäsar«:

Römer! Mitbürger! Freunde! Hört mich an.
Glaubt mir um meiner Ehre willen und fällt das Urteil
nach eurer Weisheit.
Ist jemand in dieser Versammlung, irgendein herzlicher
Freund Cäsars?

*Dem sage ich: Die Liebe von Brutus zu Cäsar war nicht
geringer als die seine.*

*Wenn dieser Freund dann fragt, warum sich Brutus
gegen Cäsar wandte, ist meine Antwort: »Nicht weil ich
Cäsar weniger liebte, sondern weil ich Rom mehr liebte!«
Wolltet ihr lieber, Cäsar lebte und ihr würdet alle als
Sklaven sterben, als dass Cäsar tot ist und ihr alle als
freie Männer lebt? Weil Cäsar mich liebte, weine ich um
ihn; weil er glücklich war, freue ich mich; weil er tapfer
war, ehre ich ihn – aber weil er herrschsüchtig war,
brachte ich ihn um.*

*Also: Tränen für seine Liebe, Freude für sein Glück, Ehre
für seine Tapferkeit und Tod für seine Herrschsucht.*

*Wer ist hier so niedrig gesinnt, dass er ein Knecht sein
möchte? Gibt es so jemand, so möge er sprechen, denn
ihn habe ich beleidigt. Wer ist hier so roh, dass er nicht
Römer sein möchte? Gibt es so jemand, so möge er
sprechen, denn ihn habe ich beleidigt. Wer ist hier so
schlecht, dass er sein Vaterland nicht liebte? Gibt es so
jemand, so möge er sprechen, denn ihn habe ich
beleidigt. Ich warte auf eine Antwort!*

(Shakespeare-Kenner mögen uns die leichte Bearbeitung
vergeben...)

Probieren Sie alles Mögliche aus: Betonungen, Sprechpausen und Gestik... Wenn Sie eine Videokamera oder einen Camcorder besitzen, nehmen Sie sich auf. Sie werden dabei viel über sich selbst erfahren.

Falls Sie eine stilistisch hervorragende Rede hören möchten, lauschen Sie doch zum Beispiel einmal Thomas Mann. Ja, das geht tatsächlich, und zwar im Internet auf www.youtube.com. Im Zweiten Weltkrieg war Thomas Mann im Exil in den USA und zeichnete dort monatliche Folgen der Radiosendung »Deutsche Hörer!« auf. Diese Reden wurden in Kalifornien auf Platte gebracht, per Luftpost nach New York transportiert und dann über Kabel nach London geschickt und von der BBC ausgestrahlt – über Langwelle konnte man diese Reden dann in Deutschland hören. Bei Youtube finden Sie beispielsweise die Rede vom 18. Januar 1943: www.youtube.com/watch?v=T5t83t6ahHc.

FÜR WEN?
Für jeden, der sich klarer ausdrücken können will.

WAS BRAUCHT MAN?
Papier, Stift und ein Thema.

WAS SOLLTE MAN VERMEIDEN?
Schüchternheit.

WIE LANGE DAUERT ES?
Sie können sich immer verbessern.

Retten Sie die Welt

Wie fast jeder weiß, ist unser Planet in keinem guten Zustand. Kaminschlote, Autoabgase, Insektenvernichtungsmittel, Radioaktivität, Lebensmittelskandale, Chemikalien sowie einige Milliarden Menschen zu viel haben dafür gesorgt, dass kein Stein mehr auf dem anderen steht und wir uns Problemen gegenübersehen, die die Menschheit bisher so nicht kannte. Alles gute Gründe, die Welt zu retten – aber eines sollte klar sein: Allein schaffen Sie das nicht!

Einige große Nichtregierungsorganisationen (Non-Governmental Organizations, NGOs) kämpfen rund um die Uhr und teilweise auch rund um den Erdball dafür, unseren Nachkommen einen Planeten zu hinterlassen, auf dem man auch ohne Gasmaske überleben kann. Im Folgenden finden Sie einige interessante Organisationen, in denen Sie Gleichgesinnte finden werden und sich aktiv einsetzen können.

Greenpeace

Mit Schlauchbooten in die Abschusslinie von Walfängern zu fahren oder sich an Gleise zu ketten ist nicht jedermanns Sache, doch derartige Aktionen haben Greenpeace bekannt gemacht. Die Organisation wurde Anfang der siebziger Jahre von Friedensaktivisten gegründet. Inzwischen hat Greenpeace dafür gesorgt, dass der kommerzielle Walfang verboten ist, viele Atombombentests ausgesetzt und Naturschutzgebiete – vor allem in der Antarktis – eingerichtet wurden.

Im Mittelpunkt der Arbeit steht der Umweltschutz. Greenpeace redet dabei nicht lange, sondern handelt – die Aktionen sind oft sehr medienwirksam und bringen Greenpeace regelmäßig in die Schlagzeilen. Zu den wichtigsten Themen gehören die globale Erwärmung, die Atomkraft, die grüne Gentechnik, die Auswirkungen der Chemie sowie der Artenschutz und der Schutz der Meere und Wälder.

Greenpeace ist heute die größte deutsche Umweltorganisation. Wenn Sie sich anschließen wollen, erfahren Sie die Details unter www.greenpeace.de. Im Menüpunkt »Über uns« sind beim Unterpunkt »Mitmachen« alle Greenpeace-Gruppen bundesweit aufgelistet. Oder Sie wenden sich an:

Greenpeace e.V.
Große Elbstraße 39
22767 Hamburg
Tel. +49 40 30618-0

Attac

Attac (*Association pour une Taxation des Transactions financières pour l'Aide aux Citoyens*, deutsch »Vereinigung für eine Besteuerung von Finanztransaktionen zum Nutzen der Bürger«) wurde 1998 in Frankreich gegründet, gehört also zu den jüngsten der großen NGOs. Mit über 90 000 Mitgliedern ist Attac in rund fünfzig Ländern, vor allem aber in Europa aktiv.

Attac ist ein globalisierungskritisches Netzwerk zur demokratischen Kontrolle der internationalen Finanzmärkte. Was hier etwas abstrakt klingt, umfasst doch so wichtige Bereiche wie die Handelspolitik der World Trade Union (WTO), die Privatisierung der öffentlichen Dienste oder die Verschuldung der Dritten Welt. Nicht nur Einzelkämpfer, auch Organisationen wie der Bund Naturschutz oder die Gewerkschaft ver.di gehören dem Attac-Netzwerk an.

Zu Attacs wichtigsten Anliegen gehören der faire Handel, die Einführung von Mindestlöhnen, die demokratische Kontrolle der Finanzmärkte, die Verhinderung von Privatisierung im Bereich Wasser, Strom, Bildung oder Energieversorgung sowie die Sicherung der Sozialsysteme. Auch eine gerechtere Globalisierung, in denen Manager nicht Millionengewinne einfahren, während auf der anderen Seite Tausende von Mitarbeitern entlassen werden, hat Attac sich auf die Fahnen geschrieben. Wenn Sie wollen, können Sie sofort aktiv werden, zum Beispiel auf der Website www.attac.de einfach den Menüpunkt »Mitmachen« anklicken oder über das

Attac Bundesbüro
Münchener Straße 48
60329 Frankfurt am Main
Tel. +49 69 900281-10

Foodwatch

Foodwatch wurde 2002 von Thilo Bode gegründet, ehemals Geschäftsführer bei Greenpeace. Alle Themen rund um unsere Lebensmittel liegen Foodwatch am Herzen – ob es dabei um Rechtliches, um Qualität oder die Beratung und Information von Verbrauchern geht. Seit einigen Jahren macht Foodwatch auf sich aufmerksam, indem die Organisation Lebensmittelskandale an die Öffentlichkeit bringt (denken Sie etwa an krebserregendes Acrylamid in Kartoffelchips oder die irreführende Werbung von McDonald's). Durch die Aktivitäten von Foodwatch konnte beispielsweise der illegale Handel mit Tiermehl, die Uranbelastung im Trinkwasser oder die Dioxinbelastung in Milch, Fleisch und Eiern mehrfach aufgedeckt werden.

Unter www.foodwatch.de bekommen Sie alle weiteren Informationen. Und aktiv werden können Sie im Menüpunkt
»Mitmach-Aktionen«, wobei Sie hier vor allem aufgefordert
werden, Aufrufe zu unterschreiben und Protestmails oder
Briefe zu schreiben. Die Adresse:

> Foodwatch e.V.
> Brunnenstraße 181
> 10119 Berlin
> Tel. +49 30 240476-0

We are what we do

Natürlich kann auch jeder für sich seinen kleinen Beitrag
leisten, um die Umwelt zu schützen. »We are what we do«
ist eine Bewegung, die Menschen kleine (oder auch größere)
Impulse zu positiven Veränderungen im alltäglichen Verhalten geben möchte. Ansonsten antwortet die Organisation
auf die Frage »Wer sind wir?«: »We are what we do« – »Wir
sind das, was wir tun«, und zwar jeder von uns.

Die kleinen Ideen mit großer Wirkung lauten beispielsweise »Bade mit jemandem, den du liebst«, »Fahr Bus und
Bahn, wenn es geht«, »Kauf da ein, wo du wohnst« oder
»Recycle deine Brille«. Details sowie jede Menge Links finden Sie unter www.wearewhatwedo.de. Und falls Sie englisch sprechen, können Sie Anfragen direkt richten an:

> We Are What We Do
> 15–17 Lincoln's Inn Fields
> London WC2A 3ED
> United Kingdom
> Tel. +44 207 3967463

FÜR WEN?
Für alle, die mithelfen wollen, unseren Planeten zu retten.

WAS BRAUCHT MAN?
Motivation und die richtigen Kontakte.

WAS SOLLTE MAN VERMEIDEN?
Zum Fanatiker zu werden und andere zu verurteilen.

WIE LANGE DAUERT ES?
Von einer Stunde bis zu hundert Jahren ist alles möglich.

Lassen Sie heute eine Mahlzeit ausfallen

Im Gegensatz zum Essen kostet Fasten keinen Cent. Und im Gegensatz zum Essen macht Fasten auch nicht dick – ganz im Gegenteil. Fastenfreunde wissen das, und sie wissen auch, warum der zeitlich begrenzte Verzicht auf feste Nahrung so gesund ist: Überernährung führt nicht nur zu Übergewicht, sondern öffnet auch Stoffwechselstörungen, Diabetes oder Verdauungsproblemen Tür und Tor. Fasten bietet hier ein einfaches Gegenmittel.

Wer regelmäßig fastet, unterstützt seinen Körper bei der Entgiftung, entlastet die Verdauungsorgane und tut sogar etwas gegen das Altern, denn Wissenschaftler haben eine einfache Formel entdeckt: Wer weniger isst, lebt länger.

Das Geheimnis des Kurzfastens

Fasten ist ideal, um Körper, Seele und auch den Geist zu entlasten. Nicht umsonst ist Fasten fester Bestandteil religiöser Zeremonien, etwa beim islamischen Fastenmonat Ramadan oder an Karfreitag und Aschermittwoch, den Fastentagen der katholischen Kirche. In Indien verzichten Yogaanhänger einen Tag in der Woche auf feste Nahrung, während es in Zen-Klöstern üblich ist, überhaupt nur ein bis zwei Mahlzeiten pro Tag zu sich zu nehmen.

Dass Fasten gut tut, ist allgemein bekannt. Doch nur wenige wissen, dass es auch einfache Formen des Kurzfastens gibt. Im Gegensatz zu langen Fastenperioden, bei denen Nebenwirkungen wie Kopfschmerzen oder Erschöpfung auftreten können (und eine ärztliche Überwachung ratsam ist), ist Kurzfasten völlig ungefährlich. Um kleine »Sünden« auszugleichen, sich von Ballast zu befreien oder Magen und Darm zu entlasten, ist es dennoch sehr wirkungsvoll. Und die einfachste Möglichkeit besteht darin, zwischendurch eine Mahlzeit ausfallen zu lassen.

Beispiel »Dinner Cancelling«

Eine beliebte Form des Kurzfastens bietet das Dinner Cancelling. Bei dieser Form des Abendfastens wird das »Dinner« (Abendessen) »gecancelt« (gestrichen). Dinner Cancelling folgt dem Motto: »Morgens wie ein Kaiser, mittags wie ein König und abends wie ein Bettler« – oder etwas drastischer ausgedrückt: »Das Abendessen überlasse deinen Feinden.«

Dinner Cancelling ist sehr einfach: Essen Sie nach 17.00 Uhr keine feste Nahrung mehr. Wasser, (ungesüßte) Tees oder auch Molke dürfen Sie trinken – aber essen Sie nichts.

Durch das kurze Fasten durchbrechen Sie schädliche Essgewohnheiten und bieten Ihrem Körper die Gelegenheit, Aufräumarbeiten zu erledigen. Meist schenkt schon der kurze Nahrungsentzug viel Energie und verbessert die Stimmung.

Alternativ zum Dinner Cancelling können Sie auch auf das Frühstück oder das Mittagessen verzichten. Für den gelungenen Start in den Tag ist ein ausgewogenes, vitalstoffreiches Frühstück jedoch besonders wichtig, weshalb Sie es besser nicht auslassen sollten. Wenn Sie das Mittagessen streichen, bleiben Sie zwischen Frühstück und Abendessen nüchtern, was Vorteile für die oft überlastete Bauchspeicheldrüse hat. Die Gefahr besteht allerdings darin, dass Sie dann am Abend die doppelte Portion essen. Am unkompliziertesten ist es daher, das Abendessen ausfallen zu lassen.

FÜR WEN?

Für alle, die Ihre Essgewohnheiten durchbrechen oder mit Kurzfasten experimentieren wollen. Und für alle, die sich auf die Schnelle etwas leichter und unbeschwerter fühlen möchten.

WAS BRAUCHT MAN?

Zucker- und alkoholfreie Getränke wie Grüntee, Kräutertees oder stilles Wasser.

WAS SOLLTE MAN VERMEIDEN?

Das Frühstück ausfallen zu lassen.

WIE LANGE DAUERT ES?

Keine Sekunde, im Gegenteil: Durch Kurzfasten sparen Sie sogar Zeit – beim Einkaufen, in der Küche und beim Spülen.

Schreiben Sie Ihren Nachruf

Im Grunde hält sich jeder für unsterblich. Das ist nicht so dumm, wie es klingt. Denn natürlich können wir uns gar nicht vorstellen, dass wir nicht da sind. Selbstverständlich »weiß« jeder, dass auch sein Leben irgendwann einmal zu Ende sein wird. Dieses Wissen ist aber eine reine Kopfgeburt. Und warum sollten wir uns so etwas wie unseren Tod überhaupt vorstellen? Da gibt's doch wirklich Schöneres!

Der »Optimismus«, die gefühlte Unsterblichkeit, hat allerdings schon auch negative Folgen. Wenn wir unsterblich sind, brauchen wir uns nicht auf die wesentlichen Dinge in unserem Leben zu konzentrieren. »Irgendwann« werden wir schon das tun, was wir eigentlich tun sollten, wollten, müssten...

Wenn wir jedoch tatsächlich begreifen, dass unsere Zeit begrenzt ist, können wir deutlicher erkennen, was *wirklich* Bedeutung in unserem Leben hat. Dann können wir damit beginnen, nach dem Sinn zu suchen.

Doch müssen wir unbedingt nach Sinn suchen? Können wir nicht einfach weiterleben – es wird ja ohnehin kommen, wie es kommt? Klar, das geht. Auch ein Leben ohne jeden Gedanken an einen Sinn kann erträglich sein, aber eben nicht erfüllt.

Über den Tod mag man viel spekulieren: Werden wir ins Paradies kommen, wiedergeboren werden und, wenn ja, als Mensch oder als Ente? Oder kommt da gar nichts weiter? Alles Nachdenken ist hier ziemlicher Quatsch. Das führt zu nichts, denn letztlich geht es ja um Gefühle, und zwar um die, die Sie jetzt haben.

Was würden Sie gern in Ihrem Nachruf lesen? Vielleicht meinen Sie, dass es eigentlich keine Rolle spielt, weil Sie ja dann nicht mehr da sind. Mag sein. Aber ist es Ihnen jetzt egal? Vielleicht erscheint Ihnen dieses Gedankenexperiment auf den ersten Blick makaber. Und doch ist es die beste Methode, um herauszufinden, was Ihnen wirklich wichtig ist.

Schreiben Sie Ihren Nachruf. Denken Sie nicht nur kurz daran, sondern nehmen Sie den Stift in die Hand und entwerfen Sie den Nachruf, so als ob Sie eine Rede für einen verstorbenen guten Freund hielten. Und dann überlegen Sie, was in Ihrem Leben noch fehlt, um es voll und rund zu machen.

FÜR WEN?
Für jeden, der sich noch keine Gedanken über sein Ende gemacht hat.

WAS BRAUCHT MAN?
Papier, Stift und Urteilskraft.

WAS SOLLTE MAN VERMEIDEN?
Sich selbst zu belügen und Zynismus.

WIE LANGE DAUERT ES?
Etwa eine halbe Stunde.

Machen Sie eine Wanderung

Wandern kann ganz schön teuer werden: Mit Light-Hiker-Schuhen, Carbon-Teleskopstöcken, Fleece- und Goretex-Jacken, Hightech-Rucksack und Kuppelzelt können Sie schon locker mal zweitausend Euro ausgeben. Warum heißt es aber dann, dass das Wandern des Müllers Lust sei? Weil in Grimms Märchen nie ein Müller mit Mikrofaser-Unterhemden, Thermosocken oder konisch gepolstertem Hüftgurt am Rucksack durch die Gegend gelaufen wäre!

Tatsächlich ist Wandern ein sehr günstiges Hobby, sofern man auf eine trendige Ausstattung verzichtet. Oder anders gesagt: Gehen Sie wandern, vergessen Sie »Trekking«. Trekking ist eher etwas für Freunde von weiten Strecken, abgelegenen Wegen und persönlichen Rekorden.

Wer wandern will, sollte hingegen eher romantische Vorstellungen hegen: Schöne Landschaften und zweckfreies Laufen durch mitunter auch ganz nahe liegende Gegenden und gern auch auf angelegten Wegen fördern die Selbstreflexion, und das ganz ohne Nordic-Walking-, Fern- oder Marathontouren.

Wandertipps
Der vielleicht wichtigste Tipp ist weit über hundert Jahre alt und stammt von dem deutschen Lyriker Emanuel Geibel: »Wer recht in Freude wandern will, der geh der Sonn' entgegen.« Gute Laune, ein sonniges Gemüt und schönes Wetter sind schon einmal die besten Voraussetzungen.

Hier noch ein paar weitere Regeln für die perfekte Planung:

◟· Informieren Sie sich vor der Wanderung, denn nicht nur die Distanz, sondern auch eventuell zu überwindende Höhenmeter sollten Ihrem Leistungsvermögen entsprechen. Wenn Sie mit Kindern wandern, werden Sie deutlich mehr Zeit brauchen. Nehmen Sie sich also nicht zu viel vor.

◟· Werfen Sie einen Blick in den Wetterbericht und erkundigen Sie sich nach Einkehrmöglichkeiten oder nehmen Sie genügend Proviant mit.

◟· Falls Sie allein wandern und Verrückteres planen, informieren Sie Freunde über Route und Ziel der Tour und verabreden Sie, dass Sie sich abends melden werden.

◟· Auch bei minimaler Ausrüstung sollten Sie sich schon gegen Sonne beziehungsweise Regen schützen können. Ihren Rucksack und Ihr Handy sollten Sie ebenfalls dabeihaben.

Und die Route?

Wer nur kurz zum Briefkasten geht, unternimmt natürlich noch keine Wanderung. Das ist mehr als nur Spazierengehen: Erst die richtige Route macht eine Wanderung interessant und spannend.

Natürlich können Sie sich dem Deutschen Wanderverband (genauer: Verband Deutscher Gebirgs- und Wandervereine e.V.), dem Deutschen Alpenverein (DVA) oder dem Deutschen Volkssportverband anschließen, dessen Vereine regelmäßig Volkswanderungen organisieren, aber es geht natürlich auch kostenlos. In Ihrer Bücherei finden Sie ein reichhaltiges Angebot an Wanderführern für das In- und Ausland.

Und natürlich können Sie mit zwei bis drei Klicks auch im Internet die richtige Route für sich herausfinden. Besonders interessant ist, dass Sie dort nicht nur Strecken aus aller Welt, sondern zusätzlich auch noch jede Menge Kommentare von Wanderern finden, die ihre Erfahrungen mitteilen. Den schnellsten Überblick bekommen Sie unter www.wanderkompass.de, www.wanderbares-deutschland.de und www.fernwege.de.

FÜR WEN?
Naturliebhaber, Menschen, die sich gern bewegen und die Landschaft lieber zu Fuß als aus dem Autofenster erkunden.

WAS BRAUCHT MAN?
Feste Schuhe, bequeme Kleidung und eine gute Route.

WAS SOLLTE MAN VERMEIDEN?
Blasen an den Füßen, also langsam einsteigen und nicht gleich auf Trekkingtour gehen.

WIE LANGE DAUERT ES?
Zwei bis drei Stunden sollten es schon sein, damit es nicht nur ein Spaziergang wird. Was jedoch ein wahrer Wanderer ist, der kann auch Tag um Tag gehenderweise verbringen.

Nutzen Sie den »Tag der offenen Tür«

Blasmusik, Freibier, Führungen, Springburgen, Verlosungen: All das und noch viel mehr bieten Rahmenprogramme beim »Tag der offenen Tür«. Es gibt kaum Institutionen, soziale Einrichtungen, Städte oder Unternehmen, die nicht gelegentlich einen »Tag der offenen Tür« veranstalten – sei es, um über ihre Arbeit zu informieren, sei es, um potenzielle Interessenten, Kunden oder auch mal den Nachwuchs auf sich aufmerksam zu machen. Gerade zu Jubiläen, bei Neugründungen oder im Rahmen alljährlicher Events werden die Tore für Besucher weit geöffnet und Einblicke in Bereiche gewährt, die der Öffentlichkeit sonst verborgen bleiben.

Interessieren Sie sich für die Arbeit der Polizei? Wollen Sie an einem Stadtfest teilnehmen und die Gelegenheit nutzen, einen Blick ins Rathaus zu werfen? Oder wollten Sie immer schon einmal mehr über Ausstellungen im Völkerkundemuseum wissen? Natürlich könnten wir Ihnen jetzt eine ellenlange Liste mit Links zum »Tag der offenen Tür« präsentieren. Das wäre freilich wenig sinnvoll, da die Aktionen jeweils ortsgebunden sowie zeitnah sind und die Termine ständig aktualisiert werden.

Da hilft nur eins: Studieren Sie den Aushang in Ihrer Gemeinde, werfen Sie regelmäßig einen Blick in die Anzeigen von Tageszeitungen oder Regionalanzeigern. Oder noch besser: Bemühen Sie das Internet. Suchen Sie nach »Tag der offenen Tür« und geben Sie die Stadt oder den Landkreis ein, die für Sie infrage kommen.

Zur Orientierung folgt ein kleiner, aber keinesfalls vollständiger Überblick über die verschiedenen Türöffner:

Politik: Warum nicht einmal das Bundeskanzleramt besuchen (nur mit Pass!), Angela Merkel begegnen, einen Blick hinter die Kulissen werfen, Konferenzräume besichtigen, sich über den politischen Arbeitsalltag informieren oder den »Tag der offenen Tür« in den einzelnen Bundesministerien nutzen? Das Bundesministerium für Wirtschaft und Technologie bietet am »Tag der offenen Tür« beispielsweise Wissen rund um Wirtschaft, Technologie und Politik zum Anfassen an, Rahmenprogramme für Kinder inklusive.

Städte: Vor allem Großstädte laden regelmäßig zum Stadtfest. Aus dem »Tag der offenen Tür« werden da leicht mal zwei oder drei Tage. Bei Aktionen wie »Ihre Stadt live« öffnen öffentliche und private Einrichtungen ihre Pforten. Infostände informieren über die Arbeit von Vereinen, Naturschutzorganisationen und so weiter. Dazu gibt's Bands und Würstel sowie Clowns und Springburgen für die Kleinen.

Polizei: Als »Freunde und Helfer« bieten natürlich auch die Polizeistationen Tage zum Anfassen an. Hier können Sie einen Blick hinter die Kulissen des Polizeiberufs werfen, Vorführungen des SEK (Spezialeinsatzkommandos) oder der Diensthundestaffel bewundern, historische Fahrzeugausstellungen besuchen oder zuweilen schon auch einmal beim Schnuppertauchen aktiv werden.

Feuerwehr: Die freiwilligen Feuerwehren zeigen am »Tag der offenen Tür« so ziemlich alles rund ums Feuerlöschen: von Fahrzeug- und Geräteschauen über Filmvorführungen, Rundfahrten, Spritzwände für Kinder bis hin zu Live-Darbietungen wie kleinen Gasexplosionen.

Schulen: Kindergärten und »gewöhnliche« Schulen wollen normalerweise nur künftigen Kindergartenkindern beziehungsweise Schülern zeigen, was auf sie zukommt. Interessanter sind da Musikschulen, denn hier können Interessierte erfahren, wie man Trommelstöcke hält, einer Trompete einen Ton entlockt oder einen Bogen über die Cellosaiten führt. Ferner gibt es Einblicke in Gruppenunterricht, in die musikalische Früherziehung sowie Fragestunden mit Dozenten oder musikalische Demonstrationen von Klavier-, Geigen- oder Blockflötenklassen.

Wer kulturell etwas höhere Ansprüche stellt, sollte einmal den »Tag der offenen Tür« der Musikhochschulen besuchen. Workshops und Schnupperkurse zu Fächern wie Gehörbildung oder Musiktheorie sowie Podiumsdiskussion und, mit etwas Glück, auch hochkarätige musikalische Darbietungen gehören zum Programm. Interessant ist ebenso der Besuch staatlicher Ballettschulen: Hier können Sie am praktischen Unterrichtsgeschehen teilhaben, den Kostümfundus besuchen oder sich die Aufführung von Kindertanzklassen ansehen.

Natürlich organisieren auch alle anderen Hochschulen kostenlose Infotage, die allerdings meist nur für potenzielle Studenten interessant sind. Doch neben Studienmöglichkeiten, Studienwahl, Probevorlesungen und Infoständen ist auch hier oft ein interessantes Rahmenprogramm vom Sektempfang bis zur Popband geboten. Darüber hinaus veranstalten Hochschulen Aktionen wie beispielsweise den »Tag der Wissenschaft«, wo man sich ein Bild von Autos, die mit Windenergie fahren, oder aufblasbaren Schallschutzwänden machen kann. Für die kleinen Forscher wird begleitend meist ein »Kinder-Campus« angeboten.

Forschungseinrichtungen und Wissenschaftsstandorte laden ebenfalls zum Tag der offenen Tür ein. Beispielsweise in der »Langen Nacht der Wissenschaft(en)« mit zahlreichen Aktionen und Vorträgen rund um das Thema »Forschung«. Besonders in Berlin, Stuttgart, Leipzig, Dresden und Tübingen ist die »Lange Nacht der Wissenschaft« inzwischen ähnlich beliebt wie die »Lange Nacht der Museen« in Berlin, Hamburg oder München.

Apropos Museen: Leider ist die »Lange Nacht der Museen« selten kostenlos. Mit dem Einheitsticket stehen einem allerdings die Türen zu sämtlichen Museen der Stadt offen. Doch manchmal bekommt man auch kostenlosen Einblick, etwa bei der Neueröffnung von Museumshallen, wo oft auch Führungen, Workshops, Puppenspiele und vieles mehr angeboten wird. Auch der »Internationale Museumstag« bietet Gelegenheiten, sich Kultur zum Nulltarif zu gönnen.

Auch *Kirchen* (ganz gleich, ob römisch-katholische, evangelische oder freie) bieten meist einmal jährlich einen »Tag der offenen Tür«. Im Mittelpunkt steht die Begegnung mit Mitarbeitern, die Information über die Tätigkeiten der jeweiligen Kirche, aber natürlich auch die Besichtigung von Kirchengebäuden.

Eine Besonderheit bildet der vom Zentralrat der Muslime ins Leben gerufene »Tag der offenen Moschee«: An die tausend Moscheen öffnen ihre Pforten, um Gäste einzuladen, zu informieren und zu verköstigen. Führungen, Podiumsdiskussionen, Büchertische und folkloristische Darbietungen sowie Gespräche bei Tee und Mokka laden dazu ein, sich mit anderen Kulturen zu beschäftigen.

Soziale Einrichtungen wie Krankenhäuser, Psychiatrien und Seniorenheime öffnen regelmäßig ihre Pforten und gewähren Einblick in neue Therapierichtungen, die Arbeit von Pflegern, Physiotherapeuten, Sozialpädagogen und Ärzten und bieten neben Besichtigungen ebenfalls meist Kaffee und Kuchen.

Zu guter Letzt veranstalten natürlich auch *Firmen und Unternehmen* »Tage der offenen Tür«, nicht nur auf dem Werksgelände von Siemens oder BASF, sondern auch im Mercedes-Benz- oder BMW-Museum oder (für alle, die sich lieber mit Naturkosmetik und biologischem Landbau als mit Motoren beschäftigen) im Kräutergarten der Demeter-Gärtnereien sowie bei Führungen durch die Weleda-Produktionsstätten.

FÜR WEN?
Für alle, die ihren Horizont erweitern wollen.

WAS BRAUCHT MAN?
Geduld, um im Internet oder in Regionalanzeigern nach »Tagen der offenen Tür« zu suchen.

WAS SOLLTE MAN VERMEIDEN?
Berührungsängste.

WIE LANGE DAUERT ES?
Mindestens eine bis zwei Stunden.

Drücken Sie Schmerzen einfach weg

Ebenso wie die Akupunktur basiert auch die Akupressur auf der jahrtausendealten chinesischen Medizin. Durch die einfache Druckmassage können Sie viele Beschwerden lindern oder sogar ganz loswerden. Alles, was Sie dazu brauchen, sind Ihre Fingerkuppen, die Sie auf bestimmten Punkten auf den Meridianen kreisen lassen. Der chinesischen Medizin zufolge strömt die Lebensenergie »Qi« durch feinste Energiebahnen: die Meridiane. Beschwerden sind immer ein Anzeichen für Störungen im Energiefluss.

Die Weltgesundheitsorganisation (World Health Organization, WHO) empfiehlt die Akupressur zur Behandlung von Allergien, Erkältungskrankheiten, Verdauungsproblemen oder Depressionen, vor allem aber für die Behandlung von Schmerzen. Im Folgenden finden Sie eine Auswahl von Anwendungsmöglichkeiten:

Die Grundtechnik: Drücken Sie mit der Fingerkuppe von Daumen, Mittel- oder Zeigefinger auf die beschriebenen Akupressurpunkte. Beginnen Sie mit sanftem Druck, den Sie dann allmählich steigern, solange es noch angenehm ist (ein leichter »therapeutischer« Schmerz darf dabei ruhig auftreten). Zusätzlich können Sie die Fingerkuppe kreisen lassen. Die Dauer liegt bei etwa einer Minute pro Punkt.

Kopfschmerzen: Behandeln Sie die beiden Punkte, die genau am äußeren Ende der Augenbrauen in einer kleinen Vertiefung liegen, und zwar gleichzeitig den rechten mit der rechten Daumenkuppe, den linken mit der linken. Kreisen Sie

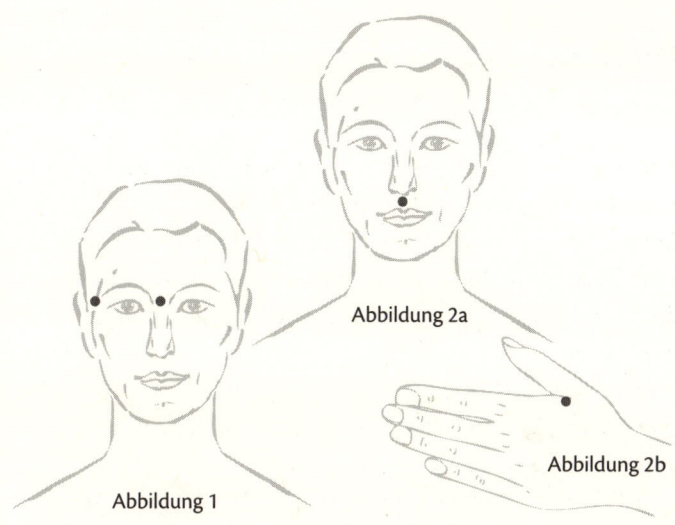

Abbildung 2a

Abbildung 2b

Abbildung 1

mit den Fingerkuppen von Mittel- und Zeigefinger auf dem Punkt, der sich genau zwischen den Augenbrauen etwas oberhalb der Nase befindet (siehe Abbildung 1).

Zahnschmerzen: Der erste Punkt liegt in der Mittellinie des Gesichts, und zwar genau zwischen Nase und Oberlippe. Kreisen Sie mindestens eine Minute lang sanft mit der Kuppe des Mittelfingers auf diesem Punkt (siehe Abbildung 2a).

Um den zweiten Punkt zu behandeln, pressen Sie den Daumen der linken Hand fest gegen den linken Zeigefinger. Auf der höchsten Stelle des Muskels, der sich dabei wölbt, beziehungsweise an der Stelle, wo die Hautfalte beginnt, liegt der richtige Punkt. Öffnen Sie die Hand wieder, und drücken Sie mit dem Daumen der rechten Hand von oben und mit dem Mittelfinger gleichzeitig von unten gegen den Punkt (den Sie quasi in die Zange nehmen). Wiederholen Sie die Technik auch an der anderen Hand (siehe Abbildung 2b).

Halsschmerzen: Der erste Punkt liegt an der Außenseite des Daumennagels, im unteren äußeren Winkel am Nagelfalz. Behandeln Sie ihn mit der Daumenkuppe der anderen Hand. Wechseln Sie dann die Seiten (siehe Abbildung 3a).

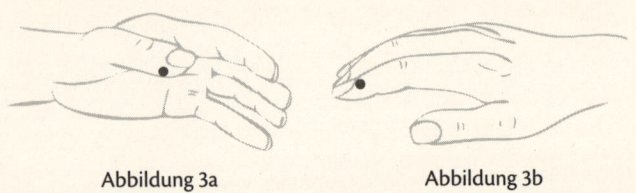

Abbildung 3a   Abbildung 3b

Der zweite Punkt befindet sich am Nagelfalz des Zeigefingers, und zwar im unteren, daumenseitigen Winkel. Auch dieser Punkt wird mit der Daumenkuppe der jeweils anderen Hand stimuliert (siehe Abbildung 3b).

Kreuzschmerzen: Der erste Punkt liegt am Handrücken. Strecken Sie die geschlossenen Finger. Im Zwischenraum hinter den Grundgelenken von kleinem Finger und Ringfinger liegt der Punkt etwas oberhalb der Fingerknöchel in einer kleinen Vertiefung. Massieren Sie ihn mit dem Daumen der jeweils anderen Hand mit kreisenden Bewegungen (siehe Abbildung 4a).

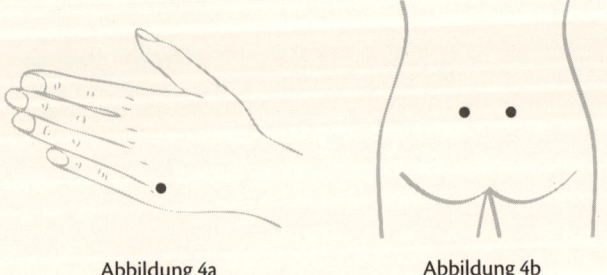

Abbildung 4a   Abbildung 4b

Die anderen Punkte befinden sich links und rechts am unteren Rücken, und zwar jeweils am höchsten Punkt der oberen Rundung der Pobacke. Sie können sie auch bei der Selbstbehandlung gut erreichen. Legen Sie die Hände in die Taille – spreizen Sie die Daumen ab, und kreisen Sie mit beiden Daumenkuppen gleichzeitig den linken und rechten Punkt mindestens eine Minute lang (siehe Abbildung 4b).

FÜR WEN?
Für alle, die sich selbst, ihrem Partner oder Freunden etwas Gutes tun wollen.

WAS BRAUCHT MAN?
Kurzgeschnittene Fingernägel.

WAS SOLLTE MAN VERMEIDEN?
Die Punkte öfter als zweimal täglich zu behandeln.

WIE LANGE DAUERT ES?
Selten mehr als fünf Minuten.

Erleben Sie die Welt wie ein Blinder
oder Gehörloser

Ist es nicht schrecklich, blind oder taub zu sein? Wie vieles einem da entgeht! Das stimmt schon. Doch wie vieles entgeht uns, obwohl wir nicht blind oder taub sind! Oder sogar *weil* wir nicht blind oder taub sind? In den folgenden beiden Experimenten geht es genau darum: die Welt Blinder oder Gehörloser zu erkunden.

Welt ohne Licht
Die Augen sind für die meisten das Tor zur Welt. Kaum etwas scheint so unmittelbar wie das, was wir sehen. Wenn Sie jemanden bitten, seine Wohnung zu beschreiben, werden Sie kaum hören: »Die Wände sind rau und klingen warm. Der Boden ist glatt und warm mit kleinen Spalten, die die nackten Zehen fühlen. Das Badezimmer ist anders. Es hat mehr Obertöne und Hall. Der Boden und die Wände sind härter und kälter. In der Küche riecht man die vielen Mahlzeiten, die gekocht wurden ...« Sie merken sofort, dass in dieser Beschreibung etwas Wesentliches vollkommen fehlt: das Visuelle. Wir können das Gesagte zunächst einmal nur verstehen, indem wir es ins Sichtbare »übersetzen«.

Neben dem, was in der Beschreibung fehlt, merken wir jedoch auch, dass andererseits mehr darin ist, als wir normalerweise wahrnehmen. Normalerweise.

Dem wollen wir aber nun einmal (natürlich nur kurzfristig) abhelfen. Bereiten Sie Ihre Wohnung darauf vor: Legen Sie sich alles, was Sie brauchen, zurecht und räumen Sie Hindernisse aus dem Weg. Verbinden Sie sich die Augen, sodass Sie wirklich nichts mehr sehen. Sehr gut geeignet ist eine UV-Schutzbrille, wie man sie auf der Sonnenbank trägt. Und jetzt verbringen Sie mindestens eine, am besten aber mehrere Stunden ohne visuelle Reize.

Und dann gehen Sie auf Entdeckungsreise. Wenn Sie ganz mutig sind, können Sie versuchen, mit einem Blindenstock oder einem Freund, der Sie führt, zum Einkaufen zu gehen.

Das scheint zunächst einmal nahezu unmöglich. Wo Sie doch nichts sehen? Wenn Sie allerdings eine Weile dabeibleiben, verändert sich die Welt. Sobald Ihr Gehirn die Abwesenheit von Licht akzeptiert hat, werden Ihre anderen Sinne schärfer. Die inneren Bilder werden blasser und die Geräusche, Gerüche und Tastempfindungen farbiger. Vielleicht lernen Sie sogar, ein kleines bisschen mit den Ohren zu »sehen«. Jedes Geräusch löst kleine Echos aus, und wir erkennen Gegenstände und Formen aus gewisser Entfernung. Dieses »Sehen« ist sehr verschwommen, aber dafür viel aktiver als das Sehen mit den Augen. Wenn wir uns bewegen, den Kopf drehen und mit den Füßen Geräusche auf dem Boden machen, »sehen« wir besser.

Erkunden Sie diese neue Welt. Und dann: Wie viel bunter erscheint Ihnen danach die Welt des Lichts, wenn Sie Ihre Augenbinde wieder abnehmen?

Welt ohne Klang

Wenn man die Leute fragt, was sie schlimmer fänden, blind oder gehörlos zu sein, antworten die allermeisten, dass blind zu sein wohl das schlimmere Übel wäre. Blinden ist unser Mitleid gewiss, während wir Gehörlosen meist nur mit Unsicherheit begegnen.

Und manchmal wären wir ja sogar froh, wenn wir nicht

alles hören müssten: Auf die Streitereien der Nachbarn, die entnervenden Versuche der sechsjährigen Violinschülerin oder die Technoparty nebenan können wir gern verzichten. Aber wie ist es eigentlich wirklich, nichts zu hören?

Dieses Experiment ist schwieriger als das vorige. Denn es ist nicht so leicht, zu bewerkstelligen, dass man wirklich gar nichts mehr hört: Zumindest brauchen Sie Ohrstöpsel aus Wachs, die Sie in der Apotheke bekommen. Und selbst dann werden Sie noch etwas hören können. Taubheit zu simulieren klappt kaum, Sie müssen sich schon mit einer Gehörschwäche zufriedengeben. Es zeigt sich nämlich, dass unser Gehör sehr empfindlich und anpassungsfähig ist. Mit Wachs geht es zunächst ganz gut. Es wird erst einmal still. Sie werden dann vor allem die Geräusche Ihres eigenen Körpers wahrnehmen: Atmen, Schlucken, das Rauschen des Bluts und Ihren Herzschlag. Doch schon nach kurzer Zeit kommen, wenn auch dumpf und leise, die Geräusche aus der Außenwelt zurück. Wenn es Ihnen gelingt, Ihre Ohren so gut zu verschließen, dass Sie auch mit viel Aufmerksamkeit nicht mehr verstehen können, was jemand im Fernseher spricht (auf Zimmerlautstärke gestellt), dann sind Sie bereit.

Versuchen Sie, einen ganzen oder wenigstens halben Tag ohne Ihr normales Hörvermögen zurechtzukommen. Das wird nicht leicht. Sie schaffen sich so zwar eine Welt ohne nervigen Lärm, sinnloses Blabla und Straßen- oder Maschinengeräusche, aber auch eine Welt ohne Gespräche und Musik.

Im Gegensatz zum Blinden können Sie ohne weiteres nach draußen gehen. Doch Sie müssen sehr vorsichtig sein: Sie hören nicht mehr, wenn sich ein Auto oder Fahrrad außerhalb Ihres Blickfelds nähert, auch nicht, wenn jemand

Ihnen eine Warnung zuruft. Passen Sie also auf und werden Sie nicht leichtsinnig!

Vermutlich werden Sie sich in der geräuscharmen Welt nicht besonders wohl fühlen. Sie sind, im Gegensatz zu dem Blindenversuch, nicht mehr in der Lage, mit anderen Menschen auf die übliche Art und Weise zu kommunizieren. Mit dem Gehör haben Sie einen wichtigen Teil Ihres Menschseins ausgeschaltet. Sie stehen in gewisser Weise mehr außerhalb der Gesellschaft als ein Blinder. Wenn Sie dann, nach einigen Stunden, die Ohrstöpsel wieder entfernen, wird Ihnen der Lärm der Welt vielleicht wie Musik vorkommen...

Machen Sie die zwei Experimente. Vergleichen Sie. Sie werden in beiden Selbstversuchen viel lernen können!

FÜR WEN?
Für jeden, der seine Sinne verfeinern und dabei nebenbei ein wenig erfahren möchte, wie sich die Welt für einen Seh- oder Hörbehinderten anfühlt.

WAS BRAUCHT MAN?
UV-Schutzbrille, Ohrstöpsel aus Wachs, Mut.

WAS SOLLTE MAN VERMEIDEN?
Die Versuche zu früh abzubrechen.

WIE LANGE DAUERT ES?
Einen Tag für beide Experimente.

Joggen Sie dem Glück entgegen

Die Welt teilt sich in zwei Lager: Die einen sind die »Jogger«, die anderen die »Couchpotatoes«. Wenn Sie zur Gruppe der sportlich Aktiven gehören, können Sie dieses Kapitel getrost überspringen. Untersuchungen der Weltgesundheitsorganisation WHO haben jedoch gezeigt, dass rund neunzig Prozent der Erwachsenen bei uns eher zur zweiten Gruppe gehören und sich viel zu wenig bewegen.

Sich wenig zu bewegen ist zwar bequem, hat aber unschöne Folgen. Das weiß schon der Volksmund, denn da heißt es so treffend: »Wer rastet, der rostet.« Laut WHO ist Bewegungsmangel die wichtigste Ursache für Zivilisationserkrankungen wie Übergewicht, Arteriosklerose, Diabetes, Herz-Kreislauf-Beschwerden und sogar viele Krebserkrankungen. Das allein wäre schon ein guter Grund, öfter mal die Beine in die Hand zu nehmen und um den Block zu laufen. Inzwischen weiß man jedoch, dass regelmäßiges moderates Joggen darüber hinaus die Hirnzellen vor degenerativen Erkrankungen inklusive Alzheimer schützt und, vielleicht am wichtigsten, uns glücklich macht. Dass Sport die Laune hebt, ist schon lange bekannt, doch erst vor relativ kurzer Zeit konnten US-Forscher herausfinden, woher denn das Hochgefühl rührt: Durch körperliches Training produziert das Gehirn eine Substanz namens VGF, die als natürliches Antidepressivum wirkt.

Laufen ist eine einfache und dazu noch kostenlose Methode, um in Bewegung zu kommen. Die Frage ist nur: Macht Jogging Spaß? Ja und nein. Wer erst einmal in Gang gekommen ist, wird meist schon bald so begeistert sein, dass er regelrecht laufsüchtig werden kann. Der Einstieg hingegen ist oft anstrengend. Hier liegt die größte Hürde – die Hürde, die viele Bewegungswillige bald wieder frustriert auf dem Sofa landen lässt. Doch es gibt ein paar Tricks, um den Anfangswiderstand ein für alle Mal zu überwinden.

Die äußeren Umstände vereinfachen

Das Wichtigste: Steigen Sie langsam ein. Nehmen Sie sich gerade anfangs nicht zu viel vor. Laufen Sie so langsam, dass Sie sich noch locker mit einem Laufpartner unterhalten könnten. Machen Sie kleine Schritte und laufen Sie nicht zu lange – für Einsteiger genügen zehn Minuten.

Falls Ihre Kondition miserabel ist und Sie sehr leicht aus der Puste kommen, ist das kein Grund zur Sorge. So geht es vielen Anfängern. Die Lösung ist einfach: Wechseln Sie Phasen des lockeren Laufens mit Phasen schnellen Gehens ab. Zum Beispiel so: Laufen Sie zwei Minuten lang, dann gehen Sie vier Minuten in flottem Tempo und wiederholen den Zyklus dreimal – und schon haben Sie sich knapp zwanzig Minuten lang bewegt.

Atmen Sie möglichst immer durch die Nase oder, falls das zu anstrengend wird, durch die Nase ein und durch den Mund aus.

Halten Sie den Rücken aufrecht. Laufen Sie weder im Hohlkreuz noch mit hängenden Schultern. Rollen Sie den Fuß über den ganzen Ballen ab und achten Sie darauf, dass die Zehen beim Laufen gerade nach vorn (und nicht nach außen) zeigen.

Erweitern Sie zuerst die Laufstrecke und dann erst das Tempo. Wenn Sie schneller laufen wollen, müssen Sie die Strecke dazu anfangs wieder etwas verkürzen.

Die inneren Umstände vereinfachen

Nur wenn die Motivation stimmt, werden Sie durchhalten. Und der beste Trick besteht darin, alle Gedanken darüber, dass Jogging »anstrengend und mühsam« ist, zu verbannen. Klar: Für den Körper darf und soll das Laufen ruhig fordernd sein, doch Ihr Geist sollte entspannt bleiben. Wer verbissen läuft, bringt sich um viele gesundheitliche Wirkungen. Und nur wer sich locker, entspannt und heiter bewegt, läuft dem Glück entgegen.

Denken Sie immer wieder daran: Es ist Ihr Entschluss! Wenn Sie sich für mehr Bewegung entscheiden, *müssen* Sie nicht, dann *wollen* Sie laufen.

Machen Sie Ihr Training zu einer Gewohnheit. Joggen Sie möglichst immer an den gleichen Wochentagen oder stets zur selben Tageszeit. Sobald ein neues Verhalten zur Gewohnheit wird, scheint alles mühelos und leicht.

Verwandeln Sie Ihr Lauftraining in eine Meditation. Konzentrieren Sie sich auf Ihren Körper, den Atem, die Umgebung – vergessen Sie alle Sorgen und To-do-Listen. Auf diese Weise werden Sie mit jedem Schritt raus aus der schlechten Laune und mitten ins Glück hineinlaufen.

■ FÜR WEN?

Für alle, die spüren, dass sie mehr Bewegung oder bessere Laune brauchen.

■ WAS BRAUCHT MAN?

Gute (stabile) Schuhe.

■ WAS SOLLTE MAN VERMEIDEN?

Die eigenen Grenzen zu missachten, zu schnell einzusteigen und/oder bei Fieber oder schweren Erkältungen zu laufen.

■ WIE LANGE DAUERT ES?

Je nach Fitnessgrad zwei- bis viermal wöchentlich je zehn bis vierzig Minuten.

Verschenken Sie ein Lächeln

Lächeln kostet nichts und bereichert – nicht nur die anderen, sondern auch uns selbst. Denn während wir lächeln, verändert sich unser Gehirn: Endorphine werden produziert, das Wohlbefinden steigt und das Schmerzempfinden wird gedämpft.

Wer lächelt, signalisiert seinem Gegenüber Offenheit und Interesse. Einem aufrichtigen Lächeln kann sich niemand entziehen. Es wirkt ansteckend. Durch ein kurzes Lächeln können Menschen sich daher näherkommen als durch viele Worte, und das vor allem wesentlich schneller.

Lächeln im Alltag

Charlie Chaplin schrieb: »Jeder Tag, an dem du nicht lächelst, ist ein verlorener Tag.« Tatsächlich kann Ihr Lächeln die Welt verändern (zumindest einen kleinen Teil davon). Normalerweise begrüßen wir nur Freunde und Bekannte mit einem Lächeln, während wir Fremden gegenüber weniger großzügig sind. Das ist schade, denn gerade Menschen anzulächeln, die wir nicht kennen, sorgt oft für die größten Überraschungen.

Mit Ihrem Lächeln können Sie Brücken bauen. Muffig und verbissen durch die Welt zu gehen wird hingegen das Gegenteil bewirken: Die Menschen, denen Sie begegnen, werden sich von Ihnen fernhalten, und Sie selbst werden sich auch nicht gerade wohl fühlen. Denn ob Sie's glauben oder nicht: Wer lächelnd durchs Leben schreitet, verändert nicht nur seine Stimmung, sondern zieht auch Positives an. Gehen Sie also ruhig großzügig mit Ihrem kleinen Geschenk um. Gelegenheiten gibt es viele, ob beim Einkaufen, in der Straßenbahn, im Job oder zu Hause.

Lächeln als Meditation

Lächeln verbessert die Stimmung und schenkt Gelassenheit und Leichtigkeit. Ein entspannter, heiterer Gesichtsausdruck wirkt sich auch auf die Psyche aus. Versuchen Sie einmal, sich Sorgen zu machen, während Sie zugleich entspannt lächeln – leicht ist das nicht!

Sie können aus dem Lächeln sogar eine Meditation machen: Setzen Sie sich aufrecht und entspannt hin ... lassen Sie Ihren Atem und die Gedanken zur Ruhe kommen und entspannen Sie Schultern und Gesicht. Setzen Sie ein sanftes Lächeln auf und lächeln Sie sich innerlich zu. In Indien sagt man, dass jedes Lächeln, das man aussendet, zu einem zurückkehrt. Stellen Sie sich vor, wie Sie Ihr Lächeln mit jedem Atemzug in die Welt senden, und bleiben Sie einige Minuten bei dieser Meditation, bevor Sie die Augen wieder öffnen.

Lächeln als Risiko?

Doch Vorsicht: Ganz ungefährlich ist Lächeln nicht. Psychologen konnten das Gefahrenpotenzial vor allem bei Dienstleistungsberufen nachweisen. Der Zwang zum »Dauerlächeln« führt bei Mitarbeitern in Call-Centern, Stewardessen oder Verkäufern dazu, dass ihre wahren Gefühle unterdrückt werden. Wer seine Emotionen jedoch aufstaut, reagiert kurzfristig mit Kreislaufveränderungen, langfristig mit Depressionen oder dem Burn-out-Syndrom. Werden Gefühle nach außen präsentiert, die man innerlich gar nicht empfindet, bleibt das Lächeln an der Oberfläche. Ein aufmerksamer Beobachter kann das nicht nur spüren, sondern auch sehen: Beim gespielten Lächeln werden die Gesichtsmuskeln in der Augenregion nicht aktiviert. Das Lächeln wirkt künstlich.

Wenn Sie anderen daher Ihr Lächeln schenken wollen, sollte die Verpackung natürlich auch einen Inhalt haben. Am besten lächeln Sie wie ein Baby: mitten aus dem Bauch. Oder aber wie der Dalai Lama: aus vollem Herzen.

FÜR WEN?
Für alle, die guten Willens sind.

WAS BRAUCHT MAN?
Menschen (wenn man anderen zulächeln will) oder einen Spiegel (wenn man sich selbst anlächeln will).

WAS SOLLTE MAN VERMEIDEN?
Künstlich zu lächeln oder übertrieben vor sich hin zu grinsen.

WIE LANGE DAUERT ES?
Drei Sekunden.

Tauchen Sie mit Ihrem Partner in die Welt des Tantra ein

Die Wurzeln des Tantra, der Liebeskunst aus dem alten Indien, gründen in der Yogaphilosophie. Im Tantra geht es daher auch nicht um Sexgymnastik, sondern um Bewusstseinserweiterung. Lange Zeit war Tantra bei uns bestenfalls durch die »anstößigen« Abbildungen auf indischen Tempelruinen bekannt. Inzwischen ist es aber zu einer beliebten Methode für aufgeschlossene Paare geworden, die Sinnlichkeit und Erotik neu entdecken wollen.

Nur vordergründig geht es beim Tantra um Sex. Genauer betrachtet, steht ganz anderes im Mittelpunkt – Achtsamkeit, Spiritualität, Nähe, Vertrauen oder ein neues, intensiveres Gefühl der Verbundenheit zwischen Mann und Frau. Wer Tantra praktiziert, befreit sich aus der sexuellen Routine, die heute in so vielen Schlafzimmern für Langeweile und Frustration sorgt. Statt um bloße Triebbefriedigung geht es hier darum, seinen Partner wieder mit Haut, Haar und Seele wahrzunehmen. Und es geht um Energieaustausch – um den Ausgleich männlicher und weiblicher Urkräfte.

Viele Bücher und Kurse führen in die Welt des Tantra ein. Doch Sie können auch sofort einsteigen, denn im Prinzip ist es unkompliziert, wenn Sie einige »Rahmenbedingungen« beachten:

- *Vergessen Sie die Jagd nach dem Orgasmus und sehen Sie Sex nicht als Leistungssport an.* Beim Tantra geht es nicht um Wollen oder Müssen, sondern um Spüren und Erleben. Öffnen Sie sich ganz für Ihren Partner.

⤚· *Tantra ist die Kunst, die Erotik in ein Ritual für alle Sinne zu verwandeln.* Kerzenlicht, Blumen, etwas Wein, schöne Decken und Kissen oder auch ein Räucherstäbchen: All das hilft, die Sinnlichkeit anzuregen.

⤚· *Vermeiden Sie Einseitigkeit.* Nicht umsonst ist Tantra für die Vielfalt seiner Liebesstellungen bekannt. Probieren Sie Neues aus und experimentieren Sie mit verschiedenen Positionen.

⤚· *Last but not least: Lassen Sie sich sehr viel Zeit.* Tantra ist Meditation zu zweit und somit nichts, was Sie »auf die Schnelle« erledigen können.

Die folgende Übung des Synchronatmens bietet einen guten Einstieg. Über den Atemrhythmus werden das gemeinsame Erleben und die Verbundenheit vertieft. Ganz ohne Worte können Sie dabei viel über Flexibilität und Kommunikation lernen.

Legen Sie sich zusammen auf ein großes Bett. Beide Partner sind nackt und liegen auf der Seite. Der Mann umarmt die Frau von hinten in der »Löffelchenstellung«. Dabei legt er seinen unteren Arm unter den Nacken seiner Geliebten und die Hand auf ihre Brust. Die andere legt er auf Höhe des Bauchnabels auf ihren Bauch. Wichtig ist, dass er die Atembewegung seiner Partnerin möglichst intensiv spüren kann. Die Frau schmiegt sich an ihren Partner – Brust und Bauch des Mannes liegen eng an ihrem Rücken. Die Beine sind leicht angewinkelt und geschlossen und berühren sich ebenfalls.

Machen Sie es sich möglichst bequem. Beide Partner beobachten ihre Atmung. Lassen Sie den Atem zur Ruhe kommen und immer sanfter ein- und ausströmen. Dann beginnt die eigentliche Übung: Der Mann versucht, sich langsam immer mehr auf den Atemrhythmus seiner Partnerin einzustellen. Er beobachtet ihn und versucht, ihn zu übernehmen, indem er gleichzeitig mit der Partnerin ein- und ausatmet.

Führen Sie die Übung ohne Stress aus, mit der Zeit klappt es ganz von selbst. Lenken Sie die Aufmerksamkeit abwechselnd auf Ihren eigenen Körper und dann auf den Ihres Partners. Bleiben Sie ganz im Spüren. Nach einer Weile können Sie Ihr Becken leicht im Atemrhythmus vor- und zurückwiegen. Die Bewegung sollte dabei minimal sein. Führen Sie das Synchronatmen mindestens zehn Minuten lang durch und beenden Sie die Übung dann langsam und sanft.

Beim nächsten Mal tauschen Sie die Stellung – dann liegt die Frau hinten, der Mann vorn.

FÜR WEN?
Für alle, die sich nach mehr Erfüllung und Nähe in der Partnerschaft sehnen.

WAS BRAUCHT MAN?
Offenheit, Geduld und den Mut, sich ganz auf seinen Partner einzulassen.

WAS SOLLTE MAN VERMEIDEN?
Zu viel zu wollen oder etwas zu erzwingen.

WIE LANGE DAUERT ES?
Anfangs eine viertel Stunde – doch mit Tantra kann man schon auch mal ganze Nächte verbringen.

Lernen Sie drei Vertreter der deutschen Gegenwartsliteratur kennen

Hochkarätige Schriftsteller gibt es auf der ganzen Welt, erst recht natürlich im Land der Dichter und Denker. Schon Lessing, Goethe, Schiller, Heine oder Annette von Droste-Hülshoff wussten, wie man die Feder führt. Wer jedoch mit Literatur aus Sturm-und-Drang-, Romantik- oder Biedermeierzeiten nicht viel anzufangen weiß, muss nicht gleich die Lesebrille wegpacken. Schließlich gibt es auch heute noch hervorragende Autoren, und das mitten unter uns.

Seit Anfang der neunziger Jahre erfuhr die deutschsprachige Literatur einen richtiggehenden Boom. Ob Popliteraten wie Benjamin von Stuckrad-Barre, postmoderne Romanautoren wie Oswald Wieners oder Walter Moers, deutsche Science-Fiction-Autoren wie Frank Schätzing oder Lyriker wie Marcel Beyer und Thomas Kling – auf dem deutschen Buchmarkt wird auch heute noch einiges geboten. Wir wollen Ihnen exemplarisch drei Schriftsteller ans Herz legen, von denen jeder auf seine Weise beachtliche Erfolge erzielt hat.

Judith Hermann

Im Jahr 1970 in Berlin geboren, studierte Judith Hermann Germanistik und Philosophie, bevor sie in New York eine Journalistenschule besuchte. 1997 erhielt sie das Alfred-Döblin-Stipendium der Akademie der Künste in Berlin. Für ihren Erzählband *Nichts als Gespenster* bekam sie den Hugo-Ball-Förderpreis sowie den Kleist-Preis. Ihr Genre ist die Kurzgeschichte, die Erzählung, die alltägliche Situationen aufgreift und daraus zauberhafte Momente der Poesie schafft. Nicht zuletzt durch Judith Hermann ist die Kurzgeschichte in Deutschland wieder eine ernst zu nehmende Literaturgattung geworden. – Und das sollten Sie lesen (beide bei S. Fischer erschienen)

～· *Sommerhaus, später* und

～· *Nichts als Gespenster.*

Daniel Kehlmann

Als Sohn einer Künstlerfamilie wurde Daniel Kehlmann 1975 in München geboren. In Wien studierte er Literaturwissenschaft und Philosophie. Mit seinem Buch *Ich und Kaminski* gelang ihm 2003 der internationale Durchbruch als Schriftsteller. Daniel Kehlmann ist Mitglied der Mainzer Akademie der Wissenschaften und Literatur; er gewann zahlreiche Preise, darunter den Förderpreis des Österreichischen Bundeskanzleramtes, den Kleist-Preis, den Literaturpreis der Konrad-Adenauer-Stiftung und den Thomas-Mann-Preis. Literaturkritiker sehen Kehlmann als »Magischen Realisten« und in einer Linie mit Autoren wie Alfred Kubin, Leo Perutz oder Gabriel García Márquez. Mit rund 1,5 Millionen verkauften Exemplaren war *Die Vermessung der Welt* sein bisher erfolgreichster Roman, der auf einer Bestsellerliste der *New York Times* 2006 gar auf dem zweiten Platz der weltweit am besten verkauften Bücher landete. – Und das sollten Sie lesen:

～· *Mahlers Zeit* (Suhrkamp),

～· *Ich und Kaminski* (Suhrkamp),

～· *Die Vermessung der Welt* (Rowohlt) und

～· *Ruhm. Ein Roman in neun Geschichten* (Rowohlt).

Ingo Schulze

Als Sohn einer Ärztin und eines Physikprofessors wurde Ingo Schulze 1962 in Dresden geboren. Nach seinem Studium der klassischen Philologie an der Universität Jena war er zunächst als Dramaturg und später als Journalist tätig. Schulze, der seit Mitte der neunziger Jahre mit Frau und Kindern in Berlin lebt, erhielt zahlreiche Auszeichnungen, darunter den Alfred-Döblin-Förderpreis, den Ernst-Willner-Preis beim Ingeborg-Bachmann-Wettbewerb oder den Preis der Leipziger Buchmesse. Nicht zuletzt würdigte auch Günter Grass Schulze als einen der »großartigen Erzähler«. – Und das sollten Sie lesen (alle im Berlin Verlag erschienen):

- *33 Augenblicke des Glücks. Aus den abenteuerlichen Aufzeichnungen der Deutschen in Piter,*

- *Simple Storys. Ein Roman aus der ostdeutschen Provinz,*

- *Neue Leben. Die Jugend Enrico Türmers in Briefen und Prosa,*

- *Handy. Dreizehn Geschichten in alter Manier* und

- *Adam und Evelyn.*

FÜR WEN?

Für alle, die auf literarische Entdeckungsreise gehen wollen.

WAS BRAUCHT MAN?

Eine Bücherei oder Freunde, die gern lesen (und viele Bücher zu Hause haben).

WAS SOLLTE MAN VERMEIDEN?

Sich zum Lesen zu zwingen. Literatur ist Geschmackssache, und nicht alles passt zu jedem.

WIE LANGE DAUERT ES?

Eine Kurzgeschichte von Judith Hermann schaffen Sie locker in fünfzehn Minuten. Für Kehlmanns *Vermessung der Welt* brauchen Sie deutlich länger (von Werksammlungen ganz zu schweigen).

Lernen Sie die fünf wichtigsten Yogastellungen

Böse Zungen behaupten, Yoga sei etwas für Leute, denen Sport zu anstrengend und Schwitzen zuwider ist. Das ist natürlich unfair, denn im Yoga geht es gar nicht darum, stramme Waden oder eine gute Kondition zu entwickeln: Yoga ist keine Gymnastik, sondern ein Weg zu mehr Gelassenheit, innerer Ruhe und Entspannung. Yoga verbessert das Körpergefühl, die Erlebensfähigkeit und das Konzentrationsvermögen.

Die meisten Wirkungen sind nicht körperlicher, sondern seelischer und geistiger Natur. Das ist interessant, da Hatha-Yoga (so heißt die hierzulande bekannteste Yoga-Variante) diese Wirkungen immerhin über den Körper erzielt. Im Mittelpunkt des Übens stehen die Asanas – die Körperstellungen. Klassischen Schriften zufolge soll es 84 000 dieser Haltungen geben, von denen heute üblicherweise jedoch selten mehr als dreißig praktiziert werden.

Die folgenden fünf Übungen bilden die wichtigsten Grundstellungen und zugleich die Basis für die meisten Varianten.

Die Schrägstellung
Sie liegen auf dem Rücken, die Beine sind geschlossen, und die Arme liegen neben dem Körper. Nach einigen entspannten Atemzügen heben Sie das Becken und die Beine gestreckt über den Kopf, jedoch nicht senkrecht (wie bei der Kerze), sondern leicht schräg nach oben und hinten – Sie sollten Ihre Zehen gerade noch sehen können (siehe Abbildung 1).

168

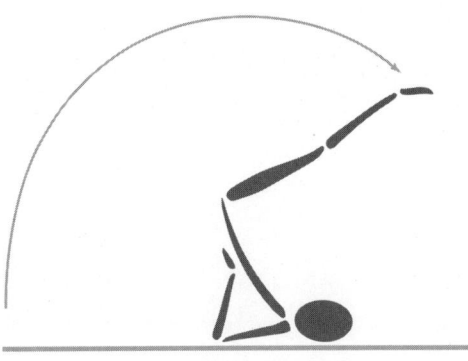

Abbildung 1

Stützen Sie den unteren Rücken mit den Händen ab, um die Stellung zu stabilisieren. Atmen Sie in der Haltung einige Male tief und entspannt durch. Um die Stellung zu lösen, legen Sie den unteren Rücken und die Beine dann wieder auf dem Boden ab und entspannen sich.

Die Kobra

Ausgangsstellung ist die Bauchlage. Die Beine sind geschlossen, die Zehen ausgestreckt, und die Hände werden unter die Schultern gelegt – die Handflächen berühren den Boden, ebenso die Stirn. Spannen Sie die Bein- und Pomuskeln an, drücken Sie mit den Händen leicht gegen den Boden und heben Sie mit dem Einatmen Kopf, Schultern und den oberen Teil der Brust vom Boden ab (siehe Abbildung 2).

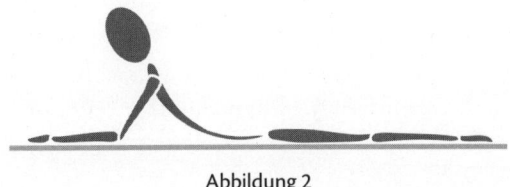

Abbildung 2

Gehen Sie nicht zu weit ins Hohlkreuz, es genügen schon wenige Zentimeter. Der Blick geht nach vorn. Atmen Sie in der Kobra einige Male tief durch, bevor Sie die Stellung wieder lösen. Sie sollten die Übung dann noch zweimal wiederholen.

Der Kniekuss

Setzen Sie sich mit nach vorn ausgestreckten Beinen und aufrechtem Rücken auf den Boden. Die Beine sind geschlossen. Beim Einatmen heben Sie die Hände senkrecht über den Kopf. Dann atmen Sie aus und beugen Arme und Oberkörper dabei langsam nach vorn (siehe Abbildung 3).

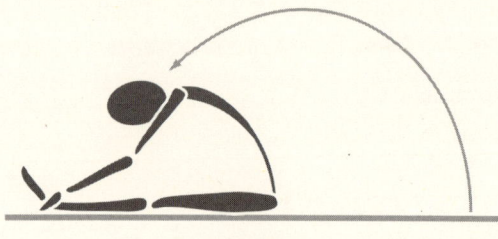

Abbildung 3

In der Zielstellung fassen die Hände idealerweise die Zehen oder Knöchel, doch wenige Menschen sind anfangs flexibel genug – daher genügt es, die Hände auf die Unterschenkel zu legen. Der Kopf wird möglichst nah an die Knie gebracht, jedoch nur so weit, wie es ohne Schmerzen möglich ist. Spannen Sie beim Beugen des Körpers die Bauchmuskeln an, indem Sie den Nabel nach innen und oben ziehen. Die Beine bleiben möglichst gestreckt. Nach einigen Atemzügen lösen Sie die Stellung, die Sie dann noch zweimal wiederholen können.

Das Krokodil

Sie liegen auf dem Rücken – die Arme sind waagerecht zur Seite gestreckt, und die Handflächen zeigen in Richtung Decke. Stellen Sie die Füße auf und bewegen Sie die angewinkelten Beine langsam nach links, während Sie den Kopf nach rechts drehen. Gehen Sie bis zu Ihrer Dehngrenze und atmen Sie in der Endstellung tief durch (siehe Abbildung 4).

Abbildung 4

Dann drehen Sie Kopf und Beine langsam wieder zur Mitte zurück und in die andere Richtung weiter: die Beine nach rechts, den Kopf nach links.

Wiederholen Sie diese Gegendrehbewegung zwei- bis dreimal sanft und fließend. Füße und Knie bleiben immer geschlossen.

Der Baum

Sie stehen aufrecht, der Rücken ist gerade, die Arme hängen locker zur Seite. Verlagern Sie das Gewicht langsam auf den rechten Fuß. Sobald Sie stabil stehen, heben Sie den linken Fuß langsam an. Ziehen Sie den Fuß mithilfe der Hände an die Innenseite des rechten Oberschenkels, bis Sie die Fußsohle etwa in Kniehöhe an den Oberschenkel legen können. Das Knie weist dabei nach außen. Um die Balance besser halten zu können, fixieren Sie einen Punkt auf dem Boden, etwa zwei Meter entfernt. Bilden Sie mit Daumen und Zeigefinger jeder Hand einen Ring, drehen Sie die Handflächen nach vorn und heben Sie die gestreckten Arme ein wenig zur Seite (siehe Abbildung 5).

Abbildung 5

Stehen Sie möglichst aufrecht und entspannt. Atmen Sie einige Male tief durch. Dann lösen Sie den linken Fuß wieder und setzen ihn auf den Boden zurück. Nach einer kurzen Pause wiederholen Sie die Übung auch auf der anderen Seite.

FÜR WEN?

Für alle, die die harmonisierenden Wirkungen von Yoga am eigenen Leib erfahren wollen.

WAS BRAUCHT MAN?

Eine weiche Unterlage, bequeme Kleidung und einen nüchternen Magen.

WAS SOLLTE MAN VERMEIDEN?

Die eigenen Grenzen zu überschreiten. Beim Yoga geht es nie um äußere Leistung, sondern immer um das innere Erleben.

WIE LANGE DAUERT ES?

Wenn Sie nur einzelne Stellungen durchführen, ein bis zwei Minuten. Wenn Sie die fünf Stellungen als Kurzprogramm üben, rund zehn Minuten inklusive abschließender Entspannung in Rückenlage.

Übernehmen Sie die Kinderbetreuung für die Nachbarschaftshilfe

Seinen Nachbarn zu helfen ist eine gute Sache. Nachbarschaftshilfe verbindet und ist praktizierte Nächstenliebe. Sie können ganz spontan helfen – etwa indem Sie während der Urlaubszeit eine Wohnung hüten, einer kranken Nachbarin den Rasen mähen oder sie auch mal auf eine Tasse Tee einladen (siehe »Laden Sie mal Ihre Nachbarn ein«, Seite 237). Doch natürlich gibt es darüber hinaus auch organisierte Formen, seinen Nachbarn unter die Arme zu greifen.

Nachbarschaftshilfe ist Ausdruck sozialer Intelligenz. Das zeigt sich vor allem in Krisenzeiten oder Notlagen, in denen Menschen sich ganz automatisch gegenseitig sehr viel stärker beistehen als sonst. Während die Nachbarschaftshilfe in Dorfgemeinschaften meist noch gut funktioniert, kommt sie in der Anonymität der Großstädte oft zu kurz. Bundesweit sorgen Kirchen, Kommunen und Vereine dafür, dass die Solidarität innerhalb der Gemeinschaft nicht ganz auf der Strecke bleibt. Wenn auch Sie der Meinung sind, dass es nicht einzig Sache des Staates sein kann, soziale Hilfe zu leisten, sollten Sie sich der Nachbarschaftshilfe anschließen – ganz egal, ob die über die Kirche, Ihre Gemeinde oder private Verbände organisiert wird.

Die Nachbarschaftshilfe hat viele Gesichter: Sie können Senioren unterstützen (Seniorenstüberl, -fasching, -weihnachtsfeier, Einkäufe erledigen und so weiter), Kleider- und Kinderbasare durchführen helfen, stundenweise Haushaltshilfe in Notzeiten anbieten oder sich auch im Rahmen der Hospizhilfe einsetzen.

Oder wie wäre es, Kinder zu betreuen? An überlasteten Müttern mangelt es nicht. Und leider auch nicht an Familien, die durch Krankheit, Trennung oder andere Krisen aus der Bahn geworfen wurden. Bieten Sie Ihre Hilfe an – als Babysitter, Leih-Oma oder vielleicht sogar als Tagesmutter.

Sie können das beispielsweise »ganz offiziell« über regionale Nachbarschaftshilfeorganisationen tun – oder aber Sie nutzen das Schwarze Brett im Supermarkt und bieten Ihre Dienste privat an. Am besten geben Sie dabei gleich an, wie viel Zeit Sie wöchentlich spenden könnten.

FÜR WEN?
Für alle, die gern helfen.

WAS BRAUCHT MAN?
Den Impuls, den Telefonhörer in die Hand zu nehmen oder einen Zettel aufzuhängen.

WAS SOLLTE MAN VERMEIDEN?
Sich ausnutzen zu lassen: Prüfen Sie, ob Ihre Hilfe auch wirklich notwendig ist.

WIE LANGE DAUERT ES?
Das können Sie selbst (und auch immer wieder neu) entscheiden.

Verbessern Sie Ihre Flirtkünste

Flirten ist »in«. Haufenweise laden Singlebörsen zum heißen Chat im Internet ein, bei dem man ganz ohne Körpersprache aus- und mitunter dennoch recht weit kommt. Diskotheken und Kneipen werben mit Single- oder Flirtpartys: Aufgereiht wie die Hühner auf der Stange sitzen die Besucher(innen) dann mit Schild samt Nummer in der Hand und hoffen darauf, dass das Spiel – denn nichts anderes ist ein Flirt (zumindest anfangs) – bald beginnen möge.

Doch wozu viel Geld ausgeben für ein Verhalten, das uns die Natur ohnehin in die Wiege (oder sollte man besser sagen: in den Schoß?) gelegt hat? Zu zeigen, dass wir jemanden interessant finden, erotische Blicke und Gesten austauschen und die eigene Anziehungskraft austesten – all das müssen wir nicht wirklich lernen, denn Balzverhalten ist genetisch garantiert. Vielmehr geht es darum, *sich* zu trauen. Dass trotzdem so viele Menschen Probleme mit dem Anbändeln haben, liegt an der mangelnden Erfahrung. Wer sich nicht traut, macht es nicht. Und wer es nicht macht, gewinnt kein Selbstvertrauen.

Wenn Sie Ihre Flirtkünste verbessern oder, besser gesagt, zum Leben erwecken wollen, sollten Sie sich an Julius Cäsars *veni, vidi, vici* (»Ich kam, ich sah, ich siegte«) halten:

- *An erster Stelle steht »Ich kam…«:* Zu Hause vor dem Fernseher haben Sie keine Chance. Suchen Sie also Plätze auf, wo Sie Menschen treffen. Gehen Sie unter Leute. Am leichtesten fällt ein kleiner (oder großer) Flirt auf Partys und Festen, doch auch der Supermarkt, die Bücherei, die Vernissage, das Café, die Fortbildung oder die Busfahrt bieten mehr Gelegenheiten, als man denkt.

◡· *Und schon sind wir bei Punkt zwei, »... ich sah...«:* Schauen Sie sich um, denn schöne Augen können Sie jemandem nur dann machen, wenn Sie die Augen offen halten. Gute Flirter sind vor allem gute Beobachter. Sie erkennen auch da noch günstige Situationen, wo andere auf beiden Augen blind sind. Ein Flirt lohnt sich übrigens oft gerade mit Menschen, die einem erst auf den zweiten Blick auffallen.

◡· *Bliebe noch »... ich siegte«:* Der dritte Punkt ist der schwierigste. Siegen können Sie allerdings ohnehin nicht, da es nichts zu verlieren gibt. Signalisiert der andere: »Nein, danke«, gibt es ja noch jede Menge Alternativen. Wie gesagt: Die Hauptsache ist, in Übung zu bleiben (beziehungsweise zu kommen).

Anbei ein paar Tipps, die den Erfolgsfaktor erhöhen: Setzen Sie anfangs vor allem auf Körpersprache. Allein durch eine aufrechte, sichere Haltung können Sie Unsicherheiten überspielen. Verschränkte Arme und Beine wirken ähnlich abweisend wie ein grimmiger Blick. Wenden Sie sich dem »Objekt« Ihrer Begierde auch körperlich zu: Signalisieren Sie Interesse.

Am wichtigsten: lächeln und Blickkontakt aufnehmen. Rund siebzig Prozent der Frauen gaben bei Umfragen an, dass diese beiden Faktoren entscheidend sind. Zeigen Sie Ihre Neugier erst einmal ohne Worte. Nutzen Sie die Magie des »Augen-Blicks«: erst kurz hinschauen (dabei natürlich lächeln), dann wieder wegschauen ... länger hinschauen, wegschauen, lächeln und so weiter. Vermeiden Sie es jedoch, Ihren Flirtpartner anzustarren. In Westeuropa sollte ein erster Blickkontakt nie länger als drei bis vier Sekunden dauern. Wichtig ist jedoch, dem anderen unmittelbar in die Augen zu sehen.

Nach dem »Lieb-Äugeln« kommt das Ansprechen. Hierbei kann man die peinlichsten Fehler machen – aber selbst dann gilt: lieber probieren als studieren und notfalls eben aus den Fehlern lernen. Dennoch gibt es effektive Strategien. Die beste besteht darin, man selbst zu bleiben und auf billige, auswendig gelernte Anmachsprüche zu verzichten. Suchen Sie nach einem lockeren Einstieg. Sprechen Sie ruhig und vermeiden Sie hektische Wortsalven. Selbst ganz banale Themen wie das Wetter, ein gemeinsamer Bekannter, das Lokal oder der Wein des Hauses können gute Anknüpfungspunkte sein. Letztlich kommt es nicht so sehr auf das »Was« als vielmehr auf das »Wie« an. Das Ziel beim Ansprechen besteht vor allem darin, Nähe und Vertrauen herzustellen und das Eis zu brechen.

Der Smalltalk ist (zunächst einmal) das Ziel beim Flirten. Wenn Sie es schaffen, in eine lockere Unterhaltung hineinzusteuern, haben Sie fürs Erste gewonnen. Gerade Frauen wollen, dass es beim ersten Treffen beim Smalltalk bleibt. Und auch Männer sind oft weit weniger draufgängerisch, als es scheint. Konzentrieren Sie sich beim Flirten auf Blicke, Gesten und Worte und heben Sie sich noch ein paar Überraschungen für die Zukunft auf (sofern Sie überhaupt planen, dass aus dem Flirt mehr wird, was ja gar nicht gesagt ist). Die häufigsten Fehler beim Smalltalk: angeben und schauspielern sowie zu viel und zu schnell reden. Die größten Erfolgsaussichten haben meist jene Flirter, die vor allem eines gut können: zuhören (siehe das Kapitel »Üben Sie, zuzuhören«, Seite 193).

FÜR WEN?
Für alle, die erotische Abenteuer erleben wollen, ohne gleich ihre Beziehung, ihre Gesundheit oder ihre Zukunft als Single aufs Spiel zu setzen.

WAS BRAUCHT MAN?
Viele Gelegenheiten.

WAS SOLLTE MAN VERMEIDEN?
Sich zu verstellen, sich zu verkrampfen oder Aufreißsprüche zu pauken.

WIE LANGE DAUERT ES?
Zwei Haltestellen, ein Glas Wein, einen Abend oder manchmal eben auch nur einen Augenblick.

Laden Sie Freunde zu einer Tauschparty ein oder tauschen Sie online

Tauschen ist menschlich: Schon die Neandertaler haben Felle gegen Keulen getauscht; und wenn man bedenkt, wie es derzeit um unser Wirtschaftssystem bestellt ist, fragt man sich, ob sie uns da nicht voraus waren. Kleine Kinder fragen sich das allerdings gar nicht: Schon im Kindergarten tauschen sie untereinander nach Herzenslust Schätze aus, oft sehr zum Entsetzen ihrer Eltern, wie gesagt beispielsweise dann, wenn Omas Bernsteinkette gegen einen Flummi eingetauscht wird. Doch was hilft es: Rechtlich gesehen kann jeder Eigentümer frei über sein Hab und Gut verfügen, darf es verkaufen, verlieren oder dann vielleicht doch besser tauschen.

Auch bei Teenagern ist Tauschen beliebt, zumindest bei weiblichen. Die eröffnen gern private Wühltische, wo die eigenen alten Klamotten dann gegen neue alte der Freundin getauscht werden. Warum soll man auch ständig etwas kaufen, wo man doch genauso gut tauschen kann? Ein »Kauf« ist schließlich auch nichts anderes als ein »Tausch gegen Geld«. Durch Tauschen kann man hingegen Geld sparen und Spaß haben.

Die private Tombola

Laden Sie viele Gäste ein – Freunde, Bekannte und Nachbarn. Jeder soll fünf Gegenstände mitbringen, die er nicht mehr braucht. Einzige Voraussetzung: Es darf kein Schrott sein. Alle Teile sollten gut erhalten und prinzipiell brauchbar sein. Ganz egal, ob Bücher, CDs, Geschirr, Tischdecken,

Kosmetika, Spiele oder anderes: Es sollte nichts dabei sein, was Sie auch in die Mülltonne werfen würden.

Als Nächstes werden die Gegenstände eingepackt (es muss natürlich kein Geschenkpapier sein, Sie können auch Zeitungen nehmen). Alle Päckchen bekommen dann einen Zettel mit einer Nummer aufgeklebt. Und schon kann die Tombola beginnen: Sie brauchen dazu nur einen Korb mit zusammengefalteten Zettelchen, auf denen die den Geschenken zugeordneten Nummern stehen. Dann darf jeder fünf Zettelchen ziehen und sich die entsprechenden Pakete aussuchen. (Falls Sie eine Nummer ziehen, die zu einem Ihrer eigenen Pakete gehört, falten Sie den Zettel eben wieder zusammen, werfen ihn in den Korb zurück und ziehen erneut.)

Das gemeinsame Auspacken, Staunen, Freuen oder Freudevorspielen ist Teil der Party und gibt ihr den Reiz eines Geburtstagsfests – nur dass eben nicht lediglich einer, sondern alle Geburtstag haben ...

Rufen Sie einen Tauschring ins Leben

Auch diese Art des Tauschens ist einfach, macht Spaß und kann zu interessanten neuen Bekanntschaften führen: Alles, was Sie brauchen, ist das Schwarze Brett im Supermarkt. Bieten Sie eine Dienstleistung gegen eine andere an – schreiben Sie beispielsweise: »Tausche eine Stunde Rasenmähen gegen eine Stunde Englischkonversation.« Oder: »Wer kann mir meine Hosen kürzen? Übernehme dafür Babysitting oder Ähnliches.« Der Austausch von Dienstleistungen funktioniert vor allem in unmittelbarer Nachbarschaft recht gut und wird in manchen Gemeinden bereits rege betrieben.

Tauschen im Internet

Natürlich können Sie auch online Gegenstände oder Dienste tauschen. Diverse Tauschbörsen bieten über Websites Foren, in denen vor allem CDs, DVDs, Bücher und Software, aber auch Dienstleistungen ausgewechselt werden. Neben illegalen Downloads, die die Tauschbörsen in Verruf gebracht haben, gibt es viele faire Angebote, dennoch ist Vorsicht geboten: Einige Tauschbörsen haben ihre eigene Währung, die gekauft werden muss, um teilzunehmen, sodass von »kostenlos tauschen« keine Rede mehr sein kann. Andere erfordern eine gebührenpflichtige Mitgliedschaft oder öffnen Betrügereien Tür und Tor. Seiten wie www.tauschticket.de sind hingegen relativ sicher: Weder bei der Anmeldung noch beim Tausch fallen Kosten an – allerdings müssen zunächst Tickets gesammelt werden, man muss also in Vorleistung gehen, bevor man »einkaufen« kann.

Interessant sind Alternativen wie »Umsonstläden«. Das sind Geschäfte, in denen Produkte gebraucht oder neu abgegeben werden und von anderen kostenlos mitgenommen werden können. Die Läden stehen jedem offen, sie richten sich gegen die Wegwerfgesellschaft, und auf der »Suche-und-finde-Wand« können Sie auch größere Gegenstände wie Kühlschränke und so weiter anbieten. Eine Adressenliste von Umsonstläden in Deutschland, Österreich und den Niederlanden finden Sie samt weiterer Informationen unter www.umsonstladen.de. Daneben gibt es die klassischen Tauschkreise, die man auch als Tauschringe, Tauschnetze oder Zeittauschbörsen kennt, und die meist eine starke regionale oder soziale Komponente haben. Im Internet können Sie dazu alle Informationen finden, zum Beispiel auf den Seiten www.tauschring.de und www.tauschhandel.eu.

FÜR WEN?
Für alle, die das Sinnvolle gern mit dem Unterhaltsamen
verbinden.

WAS BRAUCHT MAN?
Gegenstände, die man nicht mehr benutzt, und Freunde
mit Sachen, die sie nicht mehr, man selbst aber gut ge-
brauchen kann.

WAS SOLLTE MAN VERMEIDEN?
Enttäuscht zu sein.

WIE LANGE DAUERT ES?
Einen Abend mit Freunden oder sehr, sehr viele Abende
im Internet.

Lernen Sie, Didgeridoo zu spielen

Falls Sie nicht wissen, was ein Didgeridoo ist: Es ist eines der einfachsten und wahrscheinlich auch ältesten Musikinstrumente der Welt. Im Grunde handelt es sich nur um eine Holzröhre. Dass es eines der simpelsten Instrumente ist, heißt aber leider nicht, dass es auch schrecklich leicht zu spielen wäre.

Wenn man nur hineinbläst, passiert gar nichts. Es wird eher wie eine Trompete gespielt, nur mit weicheren Lippen. Und dann gibt es noch eine Besonderheit: In der Regel wird das Didgeridoo mit der sogenannten »Zirkularatmung« gespielt. Der Ton kann dadurch beliebig lange gehalten werden.

Wir werden Ihnen nun einen kleinen Grundkurs im Didgeridoospielen geben – inklusive der geheimnisvollen Zirkularatmung.

Falls Sie zufällig ein Didgeridoo zu Hause haben sollten: toll! Wenn nicht, müssen Sie jetzt aber keinen Baum fällen. Ein Plastikrohr, wie man es zum Versenden von Postern verwendet, tut's auch. Notfalls eine Papprohre. Um das Ding einigermaßen spielen zu können, sollte der Durchmesser der Röhre etwa zweieinhalb bis drei Zentimeter betragen. Wenn die Röhre größer ist, können Sie mit Wachs ein »Mundstück« anbauen, also einfach ein Ende mit dem Wachs verengen.

Und jetzt probieren Sie einmal, einen Ton zu erzeugen. Wenn Sie kein Blechblasinstrument spielen, wird Ihnen das wahrscheinlich nicht auf Anhieb gelingen. Es ist aber eigentlich gar nicht so schwer. Machen Sie einfach einen Kussmund. Und dann p(r)usten Sie die Luft gegen den

Druck der locker (!) zusammengepressten Lippen heraus. Das sollte so eine Art, nun ja, Furzgeräusch ergeben.

Legen Sie dann Ihre Lippen an das Ende des Rohrs. Dabei muss das Rohr mit Ihrem Mund abgedichtet sein: Wenn an der Seite Luft hineinkommt, klappt es nicht. Probieren Sie jetzt einmal, durch die leicht angespannten Lippen in das Rohr hineinzupusten. Vielleicht kommt jetzt schon ein Ton?

Experimentieren Sie ein wenig herum. Verändern Sie die Lippenspannung und achten Sie darauf, wie sich der Ton verändert. Es bringt übrigens nichts, möglichst kräftig zu pusten. Die Lippenspannung ist das einzig Entscheidende!

Nun können Sie schon ein wenig Didgeridoo spielen. Aber das ist wahrscheinlich, auch wenn Sie eine Weile üben, immer noch etwas unbefriedigend.

Obertöne und Schwebungen

Um den Klang ein wenig interessanter und abwechslungsreicher zu gestalten, können wir erstens die Obertöne verändern und zweitens Schwebungen hinzufügen.

Die Obertöne verändern sich durch die Spannung der Lippen und durch die Zunge. Probieren Sie beides aus. Erzeugen Sie einen Ton und schieben Sie die Zunge ganz leicht vor und zurück. Und verändern Sie die Lippenspannung, indem Sie den Mund wie bei einem Lächeln verziehen. Aber alles ganz langsam, sonst reißt der Ton wahrscheinlich ab. Hören Sie genau hin, wie sich die Obertöne verändern.

Wenn Sie es bis hierhin geschafft haben, klingt das Instrument schon ganz interessant. Aber um einen richtig »urigen« Ton hinzubekommen, können Sie nun noch Schwebungen erzeugen, und zwar indem Sie während des Blasens gleichzeitig einen Ton singen – und zwar einen, der geringfügig höher oder tiefer als der Grundton Ihres Didgeridoos (oder Ihrer Pappröhre) ist. Durch die zwei disharmonischen Töne entsteht eine sogenannte Schwebung. Nun klingt es schon ziemlich gut.

Das Problem ist nur, dass Sie immer wieder neu ansetzen müssen. Schließlich können Sie, nur weil Ihr Didgeridoo so schön klingt, nicht einfach auf das Atmen verzichten. Und trotzdem können Sie (wenn Sie es erst einmal gelernt haben) ständig hineinblasen.

Die Zirkularatmung

Das klingt zunächst unglaublich. Schließlich müssen Sie ja einatmen, und Sie können doch nicht gut gleichzeitig ein- und ausatmen. Oder? Nun ja, atmen zwar nicht, aber blasen! Das geht mit der Zirkularatmung, die natürlich sehr irreführend benannt ist.

Im Grunde funktioniert das Ganze wie beim schottischen Dudelsack. Auch da kann der Spieler ja nicht ständig blasen, und trotzdem trötet ein Dudelsackspieler ohne Pause (oder so lange, bis die Polizei kommt). Er verwendet nämlich nicht die ganze Luft zum Spielen, sondern einen Teil, um den Dudelsack mit Luft zu füllen. Wenn er dann atmet, drückt er auf den Sack, und die Luft strömt weiter durch die Pfeifen. Statt des Dudelsacks verwenden Sie beim Didgeridoo nun einfach Ihre Backen. Nein, »einfach« ist es nicht. Aber mit ein bisschen Übung klappt das tatsächlich. Und nicht nur bei Aborigines.

Üben Sie erst mal ohne Didgeridoo. Prusten Sie durch die Lippen und atmen Sie gleichzeitig ein. Wirklich gleichzeitig! Sie müssen dazu kurz und kräftig die Luft durch die Nase einziehen. Üben Sie das eine Weile.

Und jetzt nehmen Sie wieder das Didgeridoo zur Hand. Blasen Sie Ihre Backen auf und pressen Sie die Luft heraus, ohne auszuatmen. Der Luftstrom entsteht nur durch das Zusammenpressen der Backen! Und nun dasselbe, nur dass Sie, wie Sie es ja schon geübt haben, gleichzeitig kurz und kräftig durch die Nase einatmen.

Wenn Sie das hinbekommen, ist alles Weitere nur noch üben, üben, üben. Sie spielen mit der Atemluft. Wenn Ihr Atem zu Ende geht, füllen Sie noch die Backen, dann pressen Sie die Backen zusammen und atmen gleichzeitig kräftig durch die Nase ein, nun spielen Sie mit der Atemluft weiter, blasen die Backen auf... und so weiter.

Und jetzt haben Sie ein vielseitiges Mittel an der Hand: Sie können missliebige Nachbarn um den Verstand bringen, als australischer Straßenmusiker auftreten, die Freuden der selbsthergestellten Musik genießen und dabei auch noch etwas für Ihre Gesundheit tun – denn es gibt kaum eine bessere Atemübung als Didgeridoospielen.

FÜR WEN?
Für jeden, der pausenlos tröten will.

WAS BRAUCHT MAN?
Ein Didgeridoo oder eine Papprohre.

WAS SOLLTE MAN VERMEIDEN?
Zu glauben, Sie könnten es nicht lernen.

WIE LANGE DAUERT ES?
Begabungsabhängig.

Greifen Sie Ihrer Kirche unter die Arme

Jede Organisation ist nur so gut wie das Engagement ihrer Mitglieder. Das gilt für die Computerfirma ebenso wie für die Kirche. Als Glaubensgemeinschaft hat die Kirche den Auftrag, die Gemeinschaft zu stärken und christliche Grundwerte zu verwirklichen. Soziale Verantwortung, Mitgefühl und Nächstenliebe spielen dabei die zentrale Rolle – und für die Umsetzung braucht auch Ihre Kirche viele Helfer.

Die einfachste Möglichkeit, zu helfen, besteht darin, seine Hilfe auch wirklich konkret anzubieten. Sprechen Sie Ihren Pfarrer oder die hauptamtlichen Mitarbeiter(innen) Ihrer Kirche an und sagen Sie ihnen, wie viel Zeit Sie spenden könnten und welcher Tätigkeitsbereich für Sie infrage kämen. Hier einige Beispiele für Dinge, die Sie tun können, um Ihrer Kirche, Ihrer Gemeinde und damit Ihren Mitmenschen unter die Arme zu greifen:

- Betreuen Sie einen Stand beim Bücher- oder Kleiderbasar.

- Fahren Sie den Kleinbus bei der Altpapiersammlung.

- Übernehmen Sie die Werbung für Selbsthilfegruppen.

- Backen Sie einen Kuchen für das Rahmenprogramm beim Festgottesdienst.

- Reisen Sie mit in die Krisengebiete, um zivile Hilfe zu leisten oder die gerechte Verteilung von Altkleidern zu sichern.

- Sammeln Sie Spenden für die Dritte Welt.

~· Helfen Sie dabei, die Wände im Kindergarten neu zu streichen.

~· Besuchen Sie Kranke und nehmen Sie ein Buch mit (siehe auch »Lesen Sie einem kranken Menschen etwas vor«, Seite 215).

~· Verkaufen Sie fair gehandelten Kaffee und Tee im Eine-Welt-Laden.

~· Rufen Sie einen Männerstammtisch oder ein regelmäßig stattfindendes Kaffeekränzchen ins Leben.

~· Legen Sie bei der Altenbetreuung Hand an.

~· Bereiten Sie für den Gemeindeausflug einen Nudelsalat zu.

~· Kümmern Sie sich um den Internetauftritt Ihres Gemeindezentrums.

~· Nehmen Sie die heilige Messe auf Kassette auf und bringen Sie sie Menschen, die das Haus nicht mehr verlassen können.

~· Organisieren Sie einen Zoobesuch mit den Kindern aus der Nachbarschaft.

~· Erledigen Sie Einkäufe oder kleine handwerkliche Aufgaben für Menschen in Not.

~· Schenken Sie heiße Schokolade in der Cafeteria aus.

FÜR WEN?
Für alle, die christliche Grundwerte ganz konkret in ihrem Leben umsetzen wollen.

WAS BRAUCHT MAN?
Offenheit, den richtigen Ansprechpartner und manchmal auch etwas Ausdauer.

WAS SOLLTE MAN VERMEIDEN?
Organisation und Unterstützung mit Machtausübung und Einmischung zu verwechseln.

WIE LANGE DAUERT ES?
Je nach Aktion von einer Stunde bis zu mehreren Jahren.

Nutzen Sie kostenlose Probestunden

Probieren geht über Studieren. Und oft auch über Kaufen. Zu Werbezwecken stellen Firmen für ihre Kunden Unmassen an »Pröbchen« her – ob Kaffee-, Müsli-, Suppen- und Süßigkeitenproben, ob Make-up- oder Shampoopröbchen. Manch einen Schnäppchenjäger freut das, denn so kann er im Lauf der Zeit ganze Kisten voller kostenloser Produkte ansammeln. Dabei ist jedoch Vorsicht geboten: Im Gegensatz zu den Proben, die man im Laden bekommt, sind dubiose »Pröbchendienste« im Internet oft teuer, und der Verbraucherschutz warnt, dass es zudem häufig Probleme mit der Lieferung gibt.

Doch warum überhaupt so materialistisch denken? Nicht nur im Bereich des »Habens«, sondern auch im »Sein« gibt es die Möglichkeit, etwas auszuprobieren. Und das ist bei Dingen, die man tut, oft spannender als bei solchen, die man hat. Nur heißen die Pröbchen in diesem Fall eben »Probestunden« oder »Schnupperkurse«, die es übrigens ebenfalls in Hülle und Fülle gibt. Einladungen und Hinweise zu kostenlosen Probestunden finden Sie in Flyern (Bücherei), Tageszeitungen (Werbung), Sportvereinen oder im Internet (einfach seinen Ort und »Probestunde« in die Suchmaschine eintippen und staunen).

Hier ein kleiner und sicher unvollständiger A-bis-Z-Überblick über Anbieter von kostenlosen Probestunden:

- Aerobic-Kurs,
- Aquarell-Lehrgang,
- Babysitter,
- Fitnesscenter,
- Gesangslehrer,
- Judoverein,

- Klavierlehrer,
- Musikschule,
- Nachhilfelehrer,
- Personal Coach,
- Pilates-Studio,
- Shiatsu-Therapeut,
- Sprachenschule,

- Tai-Chi-Schule,
- Tangoclub,
- Tanzschule,
- Tischtennisverein,
- Yogazentrum oder
- Zen-Vereinigung.

Es wäre schon ein kleines Wunder, wenn nicht auch für Sie etwas dabei wäre ...

FÜR WEN?
Für alle, die viele Erfahrungen sammeln und nebenbei vielleicht auch noch herausfinden wollen, was ihnen wirklich Spaß macht.

WAS BRAUCHT MAN?
Die richtigen Flyer, Vereinsadressen, Telefonnummern und so weiter.

WAS SOLLTE MAN VERMEIDEN?
Hemmungen, den Lehrer oder Kursleiter anzurufen und nachzufragen, ob er/sie kostenlose Probestunden anbietet.

WIE LANGE DAUERT ES?
Meist so um die 45 Minuten.

Üben Sie zuzuhören

Richtig zuhören, das kann Ihr Leben und Ihre Beziehungen verändern und kostet zudem keinen Cent. Doch leider ist es gar nicht so einfach: Vielleicht ist Ihnen schon einmal aufgefallen, dass Sie völlig damit beschäftigt waren, was Sie als Nächstes sagen wollen, während Ihnen jemand gerade etwas erzählte. Als höflicher Mensch werden Sie den anderen aussprechen lassen (was Ihnen auch mehr Zeit gibt, zu überlegen, was Sie selbst sagen wollen). Wenn Sie an Ihrem Gesprächspartner oder an der Sache interessiert sind, werden Sie versuchen, möglichst viel von dem aufzunehmen, was Ihr Gegenüber sagt – während Sie sich gleichzeitig zurechtlegen, was Sie antworten werden. Ihre Aufmerksamkeit wird geteilt sein zwischen dem, was der andere gerade erzählt, und dem, was Sie äußern wollen. Innerlich fallen Sie Ihrem Gesprächspartner also ständig ins Wort.

Und dann sind Sie an der Reihe, zu sprechen – und es passiert natürlich genau dasselbe mit umgekehrtem Vorzeichen. Sie haben sich wichtige Gedanken zurechtgelegt und erläutern diese eingehend, um auch wirklich verstanden zu werden. Aber Ihr Gesprächspartner ist nicht angemessen beeindruckt. Er sieht Sie zwar an und unterbricht Sie nicht, doch irgendwie scheint er nicht recht bei der Sache zu sein. Und dabei ist er keineswegs unkonzentriert: Sein Gehirn läuft auf Hochtouren. Er versucht, dem zu folgen, was Sie gerade sagen. Gleichzeitig lauscht er seinen inneren Kommentaren und legt sich mögliche Antworten zurecht.

Das ineffektive Muster erkennen

Die meisten Gespräche verlaufen nach diesem äußerst ineffektiven Muster. Jeder ist sich eben selbst der Nächste, nicht nur Egoisten. Niemand nimmt Ihre Gedanken so direkt und selbstverständlich wahr wie Sie selbst – und das, obwohl auch Sie sich manchmal nicht ganz klar über Ihre Gedanken und Gefühle sind! Ihrem Gegenüber geht es genauso: Der Gesprächspartner nimmt seine Gedanken direkt und selbstverständlich wahr. Für jeden Menschen ist sein Selbst eines der interessantesten Gesprächsthemen. Unsere eigenen Gedanken, unsere eigenen Gefühle, unsere eigenen Bedürfnisse, Erfahrungen und Anliegen – das ist der Stoff, aus dem unsere Welt gemacht ist und nach dem wir alles andere einordnen.

Nun wissen Sie das natürlich, wenn Sie ein wenig nachdenken. Und dennoch ist es sehr, sehr schwierig, es auch zu fühlen und danach zu handeln.

Vielleicht ist es Ihnen auch schon einmal passiert, dass ein Freund mit einem Problem zu Ihnen kam und Sie wie aus der Pistole geschossen sagten: »Ja, das kenne ich. Mir ist das damals auch passiert, und meiner Erfahrung nach hilft dabei nur …«

Nun stellen Sie sich einmal vor, Sie gingen zu einem Augenarzt und sagen, dass Sie in letzter Zeit nicht mehr so klar sehen. Darauf sagt er: »Ja, das kenne ich – ich habe auch mal unscharf gesehen!« Er nimmt seine Brille ab, gibt Sie Ihnen und meint: »Hier, nehmen Sie meine Brille. Meiner Erfahrung nach kann man damit prima sehen!«

Wahrscheinlich hätten Sie – völlig zu Recht – ziemliche Zweifel am Geisteszustand des Doktors. Was in diesem Beispiel so offensichtlich ist, fällt uns aber kaum auf, wenn uns andere um Rat fragen und uns nichts Besseres einfällt, als unsere eigenen alten Erfahrungen hervorzukramen.

Das ineffektive Muster verändern

Andere Menschen zu verstehen ist nicht, wie eine Akte herauszusuchen und zu lesen, sondern weitaus eher, wie eine Skulptur aus Holz zu schaffen – es ist ein Vorgang, der aktive Aufmerksamkeit, Einfühlungsvermögen und Geduld erfordert:

⌣· Zuerst kommt das Zuhören.

⌣· Dann das Vertrauen.

⌣· Dann die Empathie.

⌣· Dann das Verstehen.

⌣· Und dann erst wird man auch selbst verstanden werden. Verstehen kann man nur, was man hört.

Der erste Schritt, andere zu verstehen, besteht darin, ihnen wirklich voll und ganz zuzuhören. Das heißt also: keine inneren Kommentare abgeben, (jetzt noch) nicht über das nachdenken, was der andere sagt, keine Lösungen, Ratschläge oder Gegenargumente zurechtlegen, während der andere spricht. Das alles ist nicht nur unnötig, sondern verhindert, dass Sie wirklich zuhören. Hier ein Beispiel:

A: »Seit ich hier arbeite, bin ich total gestresst. Die Arbeit wächst mir manchmal über den Kopf. Ich ...«

B: »Ach, das ist doch normal. Bei mir war das am Anfang auch so. Doch da muss man einfach durch. Das wird im Lauf der Zeit schon besser. Vielleicht solltest du mal einen Entspannungskurs machen.«

A: »Ich glaube nicht, dass das viel bringt.«

B: »Du musst einfach an dich glauben! Lass dich nicht unterkriegen. Gib nicht auf. Bei mir hat es drei Monate gedauert, bis ich mich hier wohl gefühlt habe.«

A: »Na ja, mal sehen...«

Bei einer solchen Reaktion dürfte das Gespräch schnell beendet sein. Auf jeden Fall wird es nicht tiefer gehen – und mit Sicherheit weder dem Anliegen, sich auszusprechen, gerecht werden noch das Problem lösen. Wenn Sie hingegen lernen wollen, wirklich intensiv zuzuhören, sollten Sie einige einfache Punkte beachten:

- Versuchen Sie, einfach ganz mit Ihrer Aufmerksamkeit bei Ihrem Gegenüber zu sein und zu bleiben.

- Denken Sie nicht über Antworten nach oder was Sie selbst dabei fühlen.

- Versuchen Sie nicht, Ihr Gegenüber zu interpretieren. Hören Sie nur zu.

- Ab und zu wird es nötig sein, doch einmal etwas zu sagen. Bleiben Sie dann beim Wesentlichen und fassen Sie sich kurz.

- Jedes Gespräch gewinnt, wenn Sie sich an die Regel »dreißig zu siebzig« halten: Höchstens dreißig Prozent der Zeit sollten Sie sprechen, mindestens siebzig Prozent der andere.

Das Zuhören gestaltet sich nicht ganz einfach; es ist nicht »normal«, aber im positiven Sinn »unnormal«. Deswegen bedeutet es auch einen so großen Schritt hin zu einer guten Kommunikation. Kaum jemand ist gewohnt, dass man ihm zuhört. Auch wenn der andere eine Gesprächspause einlegt, muss man diese nicht sofort füllen. Geben Sie Ihrem Gegenüber Zeit, seine Gedanken zu ordnen.

Sind Sie ein guter Zuhörer, werden die Menschen gern mit Ihnen sprechen. Wenn Sie jemanden nur in Ruhe ausreden lassen und ihm offensichtlich aufmerksam zuhören, wird ihn allein das schon enorm für Sie einnehmen. Dann haben Sie einen Vertrauensvorschuss, auf dem Sie aufbauen können. Ein Rat, ein Vorschlag, ein Argument von Ihnen trifft weitaus leichter auf offene Ohren, wenn zunächst Sie Ihre Ohren öffnen.

Üben Sie das heute einmal ganz bewusst, wenn Sie mit Menschen sprechen. Das kann auch am Telefon sein. Sie werden dabei vermutlich eine große Überraschung erleben!

FÜR WEN?
Für jeden, der möchte, dass andere ihm zuhören. Und natürlich für alle, die neue Freunde gewinnen, ihre Kommunikation verbessern und ihre Beziehungen vertiefen wollen.

WAS BRAUCHT MAN?
Kontrolle über die Kiefermuskulatur.

WAS SOLLTE MAN VERMEIDEN?
Die Geduld zu verlieren.

WIE LANGE DAUERT ES?
Solange Sie möchten.

Unternehmen Sie eine Sightseeingtour in Ihrer Stadt

Wenn Sie in einer Großstadt wie Berlin, Hamburg, München oder Schanghai leben und nicht gerade Fremdenführer sind, kennen Sie Ihre Stadt vielleicht gar nicht. Sie kennen Ihr Viertel, die Einkaufsstraße und vielleicht noch ein paar Sehenswürdigkeiten. Aber wäre es nicht ganz spannend, die Stadt, in der man wohnt, genauer zu kennen?

Natürlich können Sie in die Bücherei gehen und sich ein paar Bücher zur Stadtgeschichte ausleihen. Auch das ist interessant. Aber am besten prägt sich doch ein, was man selbst erlebt. Also leihen Sie sich besser (oder am besten zusätzlich zu den Stadtgeschichtebüchern) ein paar Fremdenführer aus.

Durchforsten Sie die Stadtführer nach Routen, die Sie an möglichst viele Orte führen, welche Sie nicht oder kaum kennen. Dann packen Sie sich einen Rucksack – und vergessen Sie nicht den Proviant.

Nun begeben Sie sich auf die Reise. Vielleicht starten Sie am Bahnhof. Versetzen Sie sich ganz in die Lage eines Touristen, der Ihre Stadt das erste Mal sieht. Tauchen Sie ein in die unbekannte Stadt. Suchen Sie nicht nach dem Gewohnten. Öffnen Sie sich für das Neue. Sie werden Ihre Stadt mit anderen Augen sehen.

FÜR WEN?
Für jeden, der seine Stadt nicht so gut kennt wie der Taxi-fahrer.

WAS BRAUCHT MAN?
Einen Stadtführer aus der Bücherei, gute Schuhe.

WAS SOLLTE MAN VERMEIDEN?
Nur das Gewohnte zu sehen.

WIE LANGE DAUERT ES?
Einen halben oder ganzen Tag.

Wenden Sie bei Diskussionen heute die Regeln der Gewaltfreien Kommunikation an

Meinungsverschiedenheiten gehören zum Leben und bieten Chancen zu mehr Verständnis – allerdings nur, sofern es auch zu einer Verständigung kommt. Doch leider sind Zwist und Zwietracht selbst in alltäglichen Situationen eher die Regel als die Ausnahme. In ihrem Tagebuch schreibt Anne Frank: »Ich finde es sehr komisch, dass erwachsene Menschen so schnell, so viel und über alle möglichen Kleinigkeiten Streit anfangen; bis jetzt dachte ich immer, dass Zanken eine Kindergewohnheit wäre, die sich später geben würde.«

Weit gefehlt. Misslungene Kommunikation vergiftet täglich Ehen, Familien und Nachbarschaften und kann mitunter sogar Kriege auslösen. Sobald wir die falschen Worte benutzen, andere missverstehen oder gar verletzen, werden Widerstand, Auflehnung und Konflikte die Folge sein – auch dann, wenn wir es »doch nur gut gemeint« haben.

Was ist Gewaltfreie Kommunikation?

Die Gewaltfreie Kommunikation (GFK) wurde von Dr. Marshall B. Rosenberg ins Leben gerufen. Rosenberg wurde von seinem Lehrer Carl Rogers, der die klientenzentrierte Gesprächstherapie entwickelte, sowie von Gandhis Konzept der Gewaltfreiheit beeinflusst. Heute werden weltweit Polizisten, Psychologen, Pädagogen, Ärzte, Eltern und Manager in den Techniken der GFK trainiert.

Die Gewaltfreie Kommunikation gründet auf einfachen Prinzipien: auf der Bemühung um Empathie, vor allem durch Zuhören und Offenheit, auf dem ehrlichen Ausdruck der eigenen Gefühle und Werte sowie einer gewaltfreien Sprache (von Rosenberg als »Giraffensprache« im Gegensatz zur lebensfeindlichen »Wolfsprache« bezeichnet).

Die vier Regeln im Überblick

1. *Beobachten Sie genau.* Bevor Sie sich äußern, sollten Sie sich darauf konzentrieren, was Sie tatsächlich sehen oder hören, und die Situation neutral beobachten. Hierbei sollten Sie jede Bewertung oder Verurteilung vermeiden.

2. *Sagen Sie, was Sie fühlen.* Welche Gefühle weckt die Situation in Ihnen? Hier ist Ehrlichkeit wichtig. Außerdem sollte die Fähigkeit entwickelt werden, echte Gefühle auszudrücken.

3. *Machen Sie deutlich, welche Bedürfnisse hinter diesem Gefühl stehen.* Das ist gar nicht so einfach und erfordert Selbstreflexion. Wenn Sie wütend werden, weil der andere sich verspätet hat, könnte das Bedürfnis, das dahintersteckt, »Pünktlichkeit«, aber auch »Zuverlässigkeit«, »Vertrauen« oder »Sicherheit« lauten. Auf dieser Stufe geht es um Ihre Werte – um das, was Ihnen wirklich wichtig ist.

4. *Sprechen Sie eine spezifische Bitte aus,* die mit der Situation und Ihrem Bedürfnis zusammenhängt. Die Bitte sollte sich auf das Hier und Jetzt beziehen und eine konkrete Handlung ermöglichen.

Frei nach einem einfachen Sprachmuster Rosenbergs kann man die vier Stufen der GFK so zusammenfassen: »Wenn 1, dann fühle ich mich 2, weil ich 3 brauche. Deshalb möchte ich jetzt gern 4.«

Der Mann hinter der Zeitung

Martin hatte einen harten Arbeitstag und sitzt seit einer Stunde auf dem Sofa. Er liest. Seine Frau Martha ist verärgert. Eine konfliktschürende Diskussion könnte etwa folgendermaßen ablaufen:

⌣• *Martha:* »Du denkst immer nur an dich. Du könntest auch einmal das Geschirr aufdecken – so wie andere Männer. Du bist ein Egoist!«

⌣• *Martin:* »Ach, lass mich doch in Ruhe. Ich hatte einen anstrengenden Tag und brauch jetzt nicht auch noch dein ewiges Genörgel.«

Wie die Unterhaltung weitergeht, können Sie sich bestimmt selbst denken. – Und jetzt das Ganze einmal nach dem Modell der GFK:

⌣• »Du warst heute den ganzen Tag im Büro. Seit du zu Hause bist – seit mehr als einer Stunde –, sitzt du auf dem Sofa und liest die Zeitung.« (*Erstens:* Beobachtung, keine Wertung, es wird nur die Situation beschrieben.)

⌣• »Ich bin ärgerlich ...« (*Zweitens:* ein klares Gefühl, das mit dieser Beobachtung in Verbindung steht und keine Anschuldigung enthält.)

⌣• »... weil ich Nähe und Austausch brauche und mich gern mit dir unterhalten würde.« (*Drittens:* Hier kommen lediglich die eigenen Bedürfnisse und Werte zum Ausdruck und werden klar geäußert.)

⌣• »Ich hätte gern, dass du die Zeitung für eine Viertelstunde weglegst und mit mir sprichst.« (*Viertens:* Die Bitte wird klar formuliert und bietet dem Partner die Möglichkeit zu einer konkreten Aktion.)

Vorsicht, Kommunikationsfallen!

Es gibt unendlich viele Möglichkeiten, die Gewaltfreie Kommunikation anzuwenden – ob bei der Urlaubsplanung, bei Alltagsproblemen, bei der Erziehung oder im Gespräch mit Kollegen. Damit Unterhaltungen nicht zum Streit führen, sollten Sie auf Fallen achten, die sich oft in unseren »ganz normalen« Sprachmustern verbergen:

- *Verurteilen Sie den anderen nicht:* Vermeiden Sie Sätze wie »Du bist faul«, »Du denkst immer nur an dich« oder »Auf dich kann man eben nicht zählen«.

- *Verurteilen Sie auch sich selbst nicht:* »Ich hätte einfühlsamer sein sollen« oder »Ich mache immer alles falsch«.

- *Vergleichen Sie nicht:* »Aber Georg hilft auch immer beim Abwaschen« und »Herr X arbeitet viel effizienter als Sie«.

- *Pauschalisieren Sie nicht:* »Das tut man nicht« oder »Alkohol ist schlecht«.

- *Vermeiden Sie Pseudogefühle:* »Ich fühle mich provoziert« ist mehr ein Gedanke als ein Gefühl. Auch »Das ist doof« oder »Ich fühle mich missverstanden« sind keine klaren Gefühle.

- *Bitten Sie, statt zu fordern:* Eine Bitte impliziert stets die Möglichkeit, dass man ihr nicht entsprechen muss. »Ich bitte dich, die Zeitung wegzulegen« ist daher viel besser als »Du legst jetzt sofort die Zeitung weg« – womöglich noch in Kombination mit einer Drohung: »... sonst kündige ich unser Abonnement!«

FÜR WEN?
Für alle, die keine Lust auf Streitereien und endlose Diskussionen haben und sich nach echter Kommunikation und gegenseitigem Verständnis sehnen.

WAS BRAUCHT MAN?
Wachsamkeit, um alte Sprachmuster zu durchblicken. Geduld, um sie umzuwandeln.

WAS SOLLTE MAN VERMEIDEN?
Persönliche Angriffe, Schuldzuweisungen.

WIE LANGE DAUERT ES?
Immer so lange, wie das Gespräch dauert.

Lernen Sie die »Acht Brokatübungen«

In China gibt es eine lange Tradition von meditativen Körperübungen, die sich so positiv auf die Gesundheit auswirken, dass sie sogar in Krankenhäusern gelehrt werden. Diese Übungen werden heute unter dem Begriff »Qi Gong« zusammengefasst, was so viel bedeutet wie »Energieübung«.

Wir wollen Ihnen nun einen einfachen Übungsablauf vorstellen: die »Acht Brokat-« oder »Acht Seidenweberübungen«. Diese Bewegungen sind sehr einfach; aber gleichzeitig gehören sie zu den populärsten Qi-Gong-Übungen. Dabei werden nahezu alle Muskeln, Sehnen und Gelenke eingesetzt – sie eignen sich deshalb hervorragend, den Körper geschmeidig und gesund zu erhalten.

Üben Sie die »Acht Brokatübungen« möglichst als Folge. Jede Einzelübung wiederholen Sie dabei mindestens dreimal.

Den Himmel halten

Sie stehen mit gegrätschten Beinen und leicht gebeugten Knien. Stellen Sie sich vor, dass Ihr Kopf an einem Faden hängt, und dass am Ende Ihrer Wirbelsäule ein Gewicht hängt, das den Rücken streckt.

Bewegen Sie nun mit dem Einatmen Ihre Arme in einer großen Kreisbewegung erst seitlich, dann über den Kopf und schließlich vor die Brust, wo sich Ihre Fingerspitzen berühren und die Handflächen nach unten zeigen. Beim Ausatmen drücken Sie abwärts, ohne den Kontakt der Fingerspitzen zu lösen (siehe Abbildung 1).

Sie atmen wieder ein, schließen die Hände zu Fäusten,

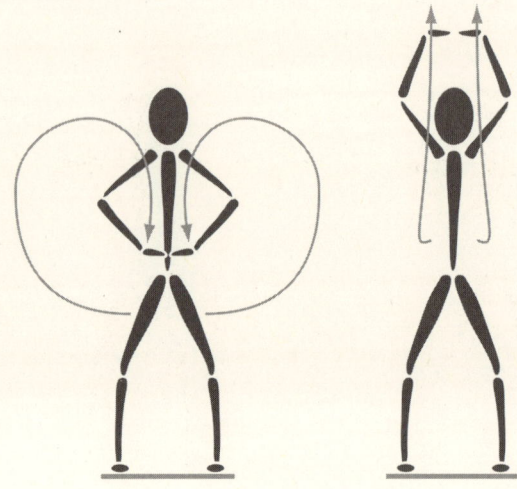

Abbildung 1

ziehen die Fäuste langsam wieder hoch bis vor die Brust und strecken die Beine. Wenn sich die Fäuste vor der Brust befinden, beginnt die Ausatmung. Öffnen Sie die Fäuste, drehen Sie Ihre Handflächen und drücken Sie sie nach oben.

Bleiben Sie drei Atemzüge in dieser Position, bevor Sie die Übung wiederholen.

Den Bogen spannen

Ihre Füße stehen weit auseinander, und Ihre Knie sind leicht gebeugt. Ihre Arme hängen locker an der Seite herab.

Beim Einatmen heben Sie die Arme seitlich, bis die Oberarme und die Schultern eine Linie bilden. Gleichzeitig führen Sie die Hände vor der Brust zusammen und heben Ihre Hände, sodass sich die Handflächen gegenüberstehen (siehe Abbildung 2).

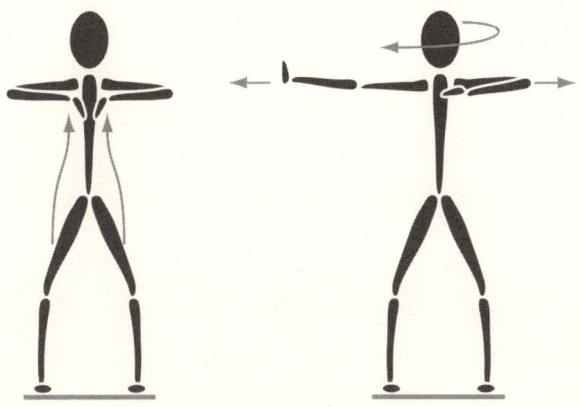

Abbildung 2

Beim Ausatmen »spannen Sie den Bogen«: Sie drehen den Kopf nach rechts, wenden die linke Handfläche zum Körper und strecken den rechten Arm aus. Ziehen Sie den linken Ellbogen nach links, so weit es geht. Bringen Sie die Hände wieder vor die Brust und wiederholen Sie die Übung nach links.

Himmel und Erde drücken

Sie stehen gerade mit weit gegrätschten Beinen und lassen die Arme locker an der Seite herabhängen. Die Zehen zeigen etwas nach außen.

Atmen Sie ein und heben Sie dabei den rechten Arm. Gleichzeitig drehen Sie sich ein wenig nach links und bringen dabei den linken Arm ein wenig hinter den Körper. Beide Hände sind offen und die Finger leicht gespreizt (siehe

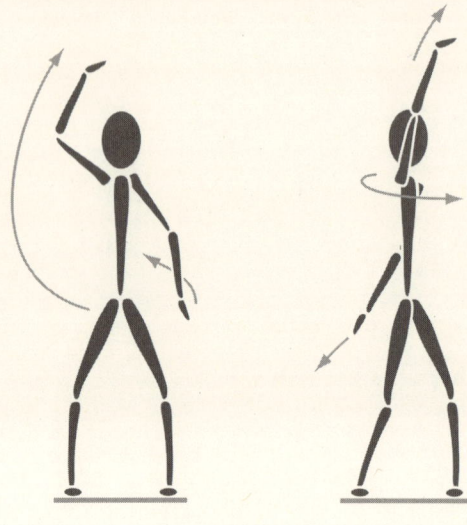

Abbildung 3

Abbildung 3). Beim Ausatmen schieben Sie die rechte Hand nach links oben und die linke nach rechts unten.

Wenn Sie wieder einatmen, drehen Sie sich nach rechts, bringen die linke Hand vor den Körper und die rechte Hand hinter den Körper. Wiederholen Sie nun die Übung zur rechten Seite.

Über die Schulter blicken

Stellen Sie Ihre Füße mit leicht gebeugten Beinen etwa schulterbreit auseinander. Die Arme hängen locker an der Seite. Beim Einatmen heben Sie Ihre Hände bis vor die Brust, wo sie sich an den Handgelenken kreuzen: die rechte über der linken Hand. Die Handflächen weisen zum Körper hin (siehe Abbildung 4).

Mit der folgenden Ausatmung drehen Sie Ihren Oberkör-

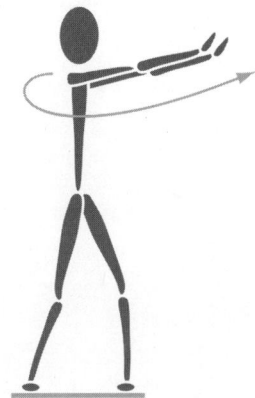

Abbildung 4

per so weit wie möglich nach links. Dabei heben Sie die Hände bis in Kopfhöhe und drehen die Handflächen nach außen. Drücken Sie nun mit den Händen schräg nach hinten, sodass die Drehung des Körpers unterstützt wird. In dieser Position bleiben Sie drei Atemzüge lang.

Mit einer Einatmung lösen Sie die Spannung, drehen zurück zur Mitte, überkreuzen dort wieder die Hände – diesmal die linke über der rechten – und wiederholen die Übung zur rechten Seite.

Den Körper kreisen

Sie stehen mit weit gespreizten Beinen und beugen die Knie. Legen Sie die Hände mit der Handfläche nach unten auf Ihre Oberschenkel. Ihre Finger weisen nun leicht nach vorn, ein wenig nach unten und zur Oberschenkelinnenseite. In

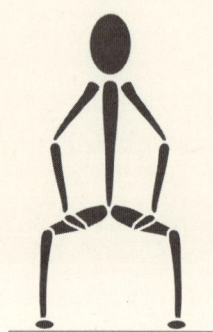

Abbildung 5

dieser »Reiterhaltung« stützen Sie einen Großteil des Gewichts Ihres Oberkörpers mit den Händen und entlasten dadurch die Wirbelsäule (siehe Abbildung 5).

Mit dem Einatmen drücken Sie mit der rechten Hand und dem rechten Bein ein wenig nach links und beugen auch den Körper zur linken Seite.

Beim Ausatmen kreisen Sie zur rechten Seite. Führen Sie dieses Kreisen dreimal aus, wobei Sie beim Aufrichten ein- und beim Beugen ausatmen, und wechseln Sie dann die Richtung.

Die Zehen fassen

Ihre Beine stehen so weit auseinander, dass Sie beim Vorwärtsbeugen Ihre Zehen erreichen können. Ihre Stellung hängt also von Ihrer Beweglichkeit ab. Mit dem Ausatmen

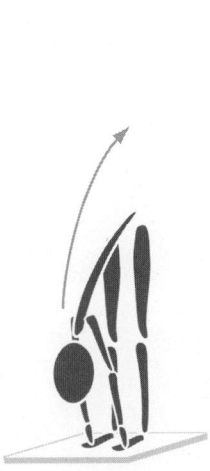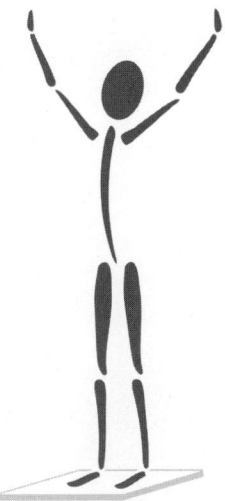

Abbildung 6

senken Sie zuerst Ihren Kopf und rollen dann langsam, Wirbel für Wirbel ab. Die Arme hängen locker herab und greifen zu den Zehen (siehe Abbildung 6).

Beim Einatmen richten Sie Ihre Wirbelsäule langsam wieder auf, heben die Arme über den Kopf und beugen sich leicht nach hinten. Im Endpunkt der Dehnung nach hinten drehen Sie den Oberkörper etwas nach rechts.

Kommen Sie wieder zur Mitte zurück und wiederholen Sie die Übung. Beim Rückwärtsbeugen drehen Sie diesmal nach links.

Mit den Fäusten stoßen

Ihre Beine stehen schulterbreit auseinander, und Ihre Knie sind gebeugt. Ballen Sie beide Hände zu lockeren Fäusten und legen Sie Ihre Hände mit den Handflächen nach oben

211

Abbildung 7

an die Hüften. Atmen Sie tief ein. Mit der folgenden Ausatmung bringen Sie Ihre rechte Faust in gerader Linie langsam nach vorn. Dabei dreht sich die rechte Faust so, dass die Handfläche am Endpunkt der Bewegung nach unten zeigt (siehe Abbildung 7).

Beim Einatmen ziehen Sie den ausgestreckten Arm wieder in die Ausgangsstellung zurück und führen mit dem nächsten Ausatmen den Fauststoß mit der linken Hand aus.

Wiederholen Sie die Fauststöße mehrmals und steigern Sie das Tempo, ohne dass die Bewegung dabei an Flüssigkeit verliert.

Auf den Zehenspitzen stehen
Sie stehen mit gegrätschten Beinen und gebeugten Knien. Ihre Arme hängen locker an der Seite herab. Atmen Sie dreimal tief ein und aus.

Mit dem Einatmen heben Sie die Arme vor dem Körper über den Kopf. Gleichzeitig erheben Sie sich auf die Zehen. Am höchsten Punkt der Bewegung atmen Sie tief aus, heben den Kopf ein wenig an und versuchen, die Arme noch ein wenig weiter nach hinten zu bringen.

Behalten Sie diese Position drei Atemzüge lang bei und senken Sie bei der dritten Ausatmung wieder die Fersen zu Boden. Entspannen Sie sich und atmen Sie dreimal ein und aus, bevor Sie die Übung wiederholen (siehe Abbildung 8).

Abbildung 8

Jetzt haben Sie sich etwas Ruhe verdient, die Sie aber wahrscheinlich gar nicht benötigen, da Sie durch die Brokatübungen schon völlig entspannt sind.

■ FÜR WEN?

Für jeden, der eine der wirksamsten chinesischen Qi-Gong-Übungen kennenlernen möchte.

■ WAS BRAUCHT MAN?

Achtsamkeit und Ruhe.

■ WAS SOLLTE MAN VERMEIDEN?

Übertriebenen Ehrgeiz: Die Übungen sollten alle ganz locker und ohne Krafteinsatz durchgeführt werden.

■ WIE LANGE DAUERT ES?

Etwa fünfzehn Minuten.

Lesen Sie einem kranken Menschen etwas vor

Lesen bildet. Bücher regen zudem die Fantasie an, schenken Abstand zu den Problemen des Alltags und können Leiden lindern. Doch gerade Menschen, die diese Hilfe am dringendsten bräuchten, können oft gar nicht zum Buch greifen, sei es, weil sie zu krank, zu alt oder noch so klein sind, dass sie gar nicht lesen können.

Die Zahl der Eltern, die ihren Kindern Bücher vorlesen, hat in Zeiten von Fernsehen und Internet rapide abgenommen. Doch noch seltener kommen Kranke und Senioren in den Genuss einer Lesestunde. Vielleicht wollen Sie da ja Abhilfe schaffen?

Erkrankten Verwandten, Nachbarn oder Freunden vorzulesen liegt nahe. Inzwischen gibt es aber auch zahlreiche Vereine und Clubs, die Vorleseaktionen veranstalten und »Vorlesepaten« suchen, die in Krankenhäusern, Kindergärten, Senioren- oder Jugendheimen kleine »Lesungen« geben. Sie können aber ebenso über die Kirche oder die Nachbarschaftshilfe einsteigen oder auch per Aushang ganz direkt in der jeweiligen sozialen Einrichtung auf Ihre Zeitspende aufmerksam machen. Oft reicht ja schon ein Aushang im Supermarkt: »Vorleser(in) hat noch Termine frei.« Auf den Aushang werden zwar nicht die Kranken, aber vielleicht deren Angehörige aufmerksam.

Eine ganz andere Möglichkeit: Rufen Sie doch selbst eine Vorlesepatenschaft ins Leben. Wenden Sie sich an Ihre VHS und die Buchhandlung vor Ort und sprechen Sie Ihre Idee zu einer »Aktion Lesepaten« in Ihrer Gemeinde an. Gleichgesinnte werden Sie schnell finden, und Gelegenheiten gibt es viele – nicht nur im Garten des Altersheims oder im Krankenzimmer, sondern auch beim Stadtfest, am Seniorentag oder, falls vorhanden, im Mehrgenerationenhaus.

Da die Vorlesedauer bei nicht viel länger als dreißig Minuten liegen sollte (die Konzentration des Hörers nimmt schnell ab), eignen sich vor allem Kurzgeschichten oder Märchen. Doch natürlich können Sie auch nach dem »Fortsetzung-folgt«-Prinzip vorgehen – beispielsweise bei Krimis, historischen oder Liebesromanen. Und für kleine Patienten eignen sich Astrid Lindgren *(Pippi Langstrumpf, Wir Kinder aus Bullerbü* oder *Ronja Räubertochter)*, Otfried Preußler *(Die kleine Hexe, Der Räuber Hotzenplotz* und *Krabat)*, Cornelia Funke *(Herr der Diebe, Die Wilden Hühner* und *Tintenherz)* oder Joanne K. Rowling *(Harry Potter)*.

Freude am Lesen und der Wunsch, persönlichen Kontakt zum Kranken zu pflegen – das sind schon die wichtigsten Voraussetzungen, um ein guter Vorleser zu werden. Doch natürlich gibt es noch ein paar Tipps für den Einstieg:

- Wenn Sie Ihre Zuhörer verzaubern wollen, sollten Sie sich selbst beim Lesen möglichst ganz vergessen. Konzentrieren Sie sich auf den Text und die Geschichte und achten Sie gar nicht erst besonders darauf, wie Sie »wirken«. Ein »Scheitern« gibt es dabei ohnehin nicht.

- Bringen Sie zur ersten Vorlesestunde als Aufhänger einen Gegenstand mit, der in Zusammenhang mit der Geschichte steht. Alternativ dazu können Sie auch ein Lied suchen oder ein kleines Rätsel anbieten. (»Die folgende Geschichte handelt von einem Mädchen, das viele Sommersprossen, rote Haare, einen Affen und ein Pferd hat ... na, wer könnte das wohl sein?«)

↶· Lesen Sie langsam. Der häufigste Fehler bei Anfängern besteht darin, dass sie beim Lesen zu schnell werden. Ebenso sollten Sie es natürlich vermeiden, den Text herunterzuleiern. Machen Sie Pausen, spielen Sie mit der Sprechmelodie und lesen Sie spannend vor. Geben Sie dem Zuhörer genug Zeit, in den Bildern der Geschichte zu schwelgen, und achten Sie auf seine Reaktionen.

FÜR WEN?
Für alle, die gern (vor)lesen und Menschen helfen wollen, die eine schwierige Zeit haben.

WAS BRAUCHT MAN?
Eine gute Geschichte beziehungsweise einen roten Faden für eine Vorlesereihe.

WAS SOLLTE MAN VERMEIDEN?
Texte langweilig und monoton vorzulesen.

WIE LANGE DAUERT ES?
Eine halbe Stunde.

Nehmen Sie an der nächsten Bürgerversammlung teil

In Zeiten sinkender Wahlbeteiligung möchte man meinen, dass die meisten von uns sich nicht mehr sonderlich für das interessieren, was in der Gesellschaft passiert. Doch Umfragen zeigen, dass die Wahl- eher einer Politikverdrossenheit als einer fundamentalen Resignation entspringt. Tatsächlich würden viele Bürger gern mehr Einfluss nehmen, wenn das auf direkterem Wege als durch Wahlen möglich wäre. Da trifft es sich, dass dies durchaus geht: Jeder, der aktiv mitgestalten möchte oder kommunalpolitische Entscheidungen im Gemeinderat und der Verwaltung kontrollieren oder auch beeinflussen möchte, hat hierzu auf Bürgerversammlungen dazu die Gelegenheit.

Mindestens einmal jährlich können Einwohner von Städten und Gemeinden sich bei der Bürger- oder Einwohnerversammlung über die Tätigkeit der Verwaltung informieren. Bürgerversammlungen dienen dazu, den Dialog zwischen Politik und Bürgern zu verbessern – beispielsweise können Sie dort auch den jeweiligen Bericht Ihres Bezirksausschusses einsehen.

In Großstädten gilt, dass zwar alle Einwohner teilnahmeberechtigt, jedoch nur diejenigen, die im betreffenden Stadtbezirk wohnen, auch redeberechtigt sind. In größeren Gemeinden sind Bürgerversammlungen auf Ortsteile oder Gemeindebezirke beschränkt. Geleitet werden die Versammlungen normalerweise vom Bürgermeister. Er hat auch dafür zu sorgen, dass mindestens eine Woche vor der Bürger- beziehungsweise Einwohnerversammlung öffentlich auf diese hingewiesen wird – sei es durch öffentliche Aushänge, das Versenden von Bürgerbriefen oder Hinweise in den Tageszeitungen.

Um teilzunehmen, brauchen Sie Ihren Personalausweis oder Reisepass. Am Eingang können Sie meist eine Stimmkarte und oft auch einen Wortmeldezettel ziehen, den Sie brauchen, um einen Antrag zu stellen oder eine Frage zu formulieren. Während der Versammlung gilt in der Regel eine Redezeitbeschränkung von etwa fünf Minuten.

Zu den häufigsten Themen von Bürgerversammlungen gehören der Flächennutzungsplan – die Frage also, wie sich Ihre Gemeinde städtebaulich entwickeln soll – sowie die Schulentwicklung oder die Verkehrsplanung.

Oder lieber gleich eine Bürgerinitiative ins Leben rufen? Denn manche Themen dulden keinen Aufschub und eignen sich nicht dazu, die Hände in den Schoß zu legen und auf die Politik zu vertrauen. Bürgerinitiativen folgen dem Motto »Hilf dir selbst, dann hilft dir Gott«.

Im Gegensatz zu Parteiprogrammen konzentrieren sich Bürgerinitiativen auf einzelne, spezifische Punkte. Die häufigsten Bürgerinitiativen beziehen sich auf Umweltthemen, den Bau von Spielplätzen und Sporthallen oder den Protest gegen Verkehrsplanungen. Anfangs entspringen die Initiativen oft losen Aktionsgruppen. Manchmal entstehen daraus Vereine, zuweilen große Bewegungen wie etwa die Bürgerinitiativen gegen die Atomanlagen in Gorleben oder gegen die Startbahn West am Frankfurter Flughafen.

Wenn Sie eine Bürgerinitiative ins Leben rufen wollen, brauchen Sie einen starken Willen und einen langen Atem. Mitstreiter müssen motiviert, Unterschriften gesammelt, Demonstrationen organisiert und mitunter auch Petitionen verfasst werden. Wichtig ist ebenso, die lokalen Interessen parteiübergreifend durchzusetzen und politische Vertreter aus möglichst vielen verschiedenen politischen Lagern ins Boot zu kriegen. Nicht zuletzt kommt es darauf an, mit Redakteuren zu sprechen und die Presse zu gewinnen.

Selbst wenn da viel Arbeit auf Sie zukommt, oft lohnt es sich. Ebenso wie Volksbegehren können auch Bürgerinitiativen sehr effektiv sein, und sie zeigen recht deutlich, dass Demokratie nicht nur mit Politikern, sondern durchaus auch mit der eigenen Person zu tun hat.

FÜR WEN?
Für alle, die mitreden oder auch mitentscheiden wollen.

WAS BRAUCHT MAN?
Eine klare Einstellung und den Mut, seine Meinung auch gegen unangenehme Gesprächspartner zu verteidigen.

WAS SOLLTE MAN VERMEIDEN?
Zu früh aufzugeben.

WIE LANGE DAUERT ES?
Bürgerversammlungen mindestens eine Stunde, Bürgerinitiativen mitunter Jahre.

Schreiben Sie einen Brief an sich selbst

Briefe zu schreiben ist eine aussterbende Kunst. Und es gibt ja gute Gründe dafür: Warum sollte man einen Brief schreiben, wenn die Kommunikation doch per Telefon, SMS oder E-Mail viel einfacher und schneller geht?

Es gibt allerdings durchaus auch gute Gründe dafür, traditionelle Briefe zu schreiben. Vielleicht sogar nicht am Computer, sondern mit der Hand. Ein solcher persönlicher Brief ist ein Original und bleibt trotz aller moderneren und schnelleren Möglichkeiten etwas ganz Besonderes. Ein Brief hat Persönlichkeit. Ein Brief erfordert mehr Überlegung und Zeit, und das tut mitunter dem Inhalt ganz gut. Vielleicht trifft das ja nicht auf alle Briefe zu, doch sicher auf jene, die sich zu lesen und zu schreiben lohnen. Im Brief offenbaren sich Gedanken, die etwas länger benötigen, um sich zu entwickeln und an die Oberfläche zu steigen.

Wie wäre es, wenn Sie mal wieder einen Brief schrieben? »So richtig« mit der Hand. Geben Sie sich ein wenig Mühe und schreiben Sie erst einen Entwurf und dann ins Reine. Denn dieser Brief ist für einen ganz besonderen Menschen bestimmt: für Sie selbst.

Was haben Sie sich mitzuteilen?

Vielleicht Ihre tiefsten Wünsche, Hoffnungen, Träume. Vielleicht Ihre drängendsten Fragen, Ihre Sorgen und Ängste.

Sie brauchen nicht zu befürchten, dass der Empfänger des Briefs Sie nicht versteht, Ihre Geheimnisse preisgibt oder missbraucht. Sie schreiben in dem Wissen, dass der Brief an jemanden gerichtet ist, der ein offenes Ohr für alles hat, was

Sie beschäftigt, der Ihre Worte nicht verdreht und Sie bei allem unterstützt, was Sie anstreben.

Schreiben Sie einfach drauflos. Manchmal ist der Anfang am schwersten. Wenn Sie gar nicht wissen, wie Sie beginnen sollen, fangen Sie damit an: »Ich weiß gar nicht, was ich dir schreiben soll...« Schreiben Sie über das, was Ihnen wichtig ist und was Sie gerade beschäftigt. Stellen Sie Fragen. Geben Sie Ihren Gefühlen Ausdruck.

Wenn der Entwurf fertig ist, schreiben Sie den Brief noch einmal – in leserlicher Schrift, möglichst ohne Korrekturen – ins Reine. Damit erweisen Sie sich selbst Respekt.

Nun, es ist vollbracht, der Brief ist fertig – was jetzt?
Wahrscheinlich hat Ihnen das Schreiben einige interessante Einsichten verschafft oder zumindest Ihre Gedanken und Gefühle etwas geklärt. Das allein ist es schon wert, dieses Experiment zu versuchen. Sie können es aber auch weiterführen:

⌁· *Für Eilige:* Legen Sie den Brief mindestens drei Tage zur Seite. Lesen Sie ihn dann, so als ob ihn ein Freund hinterlegt hätte.

⌁· *Für jene, die Überraschungen lieben:* Stecken Sie den Brief in einen Umschlag. Schreiben Sie Ihren Namen und »Persönlich!« darauf. Suchen Sie nach einem guten Versteck, das Sie möglichst schnell vergessen; beispielsweise ein selten gelesenes Buch. Wenn Sie den Brief nach Monaten oder Jahren finden, wird Ihnen das interessante Einblicke in die Vergangenheit verschaffen.

⌁· *Für Realisten:* Stecken Sie den Brief in einen selbstadressierten Umschlag und diesen dann in einen weiteren

222

Umschlag, den Sie an einen Freund schicken, mit der Bitte, Ihnen Ihren Brief in einem Monat oder einem Jahr zurückzuschicken.

Wenn Sie den Brief an sich selbst dann wieder zur Hand nehmen, können Sie das Experiment fortsetzen: Beantworten Sie ihn. Es kann sich ein interessanter Briefwechsel daraus ergeben!

Während Sie einen Brief an sich schreiben, schreibt ein Teil Ihres Unterbewusstseins ihn an einen anderen Teil Ihres Unterbewusstseins. Indem Sie schreiben, klären Sie Ihre Gedanken, dringen tiefer in Ihr Inneres vor und aktivieren Lösungsprozesse in Ihrem Unterbewussten. Ach, könnte man doch mit jedem Brief so viel erreichen ...

FÜR WEN?
Für jeden, der seine Gedanken klären und ein spannendes Experiment machen möchte.

WAS BRAUCHT MAN?
Papier und Stift.

WAS SOLLTE MAN VERMEIDEN?
Verkrampfung.

WIE LANGE DAUERT ES?
Etwa eine Stunde.

Singen Sie nach Herzenslust

Ob Sie im Gospelchor oder in der Badewanne singen, ist erst einmal egal. Hauptsache, Sie singen überhaupt, denn nur wer sich traut, wird die Erfahrung machen, dass Singen nicht nur Spaß macht, sondern auch noch viele andere Vorteile hat, wie Psychologen, Lungenfachärzte, Glücksforscher, HNO-Ärzte oder Atemtherapeuten gern betonen.

Singen ist gut für die Seele: Das Selbstbewusstsein steigt, Hemmungen verschwinden, Haltung und Auftreten werden verbessert. Unsere Stimme ist Spiegelbild unserer Seele. Wer singt, erweitert seine seelischen Ausdrucksmöglichkeiten. Und auch die gemütsaufhellende, antidepressive Wirkung des Singens ist seit längerem durch viele Untersuchungen belegt.

Singen ist auch gut für den Körper: Schon nach wenigen Minuten wird die Sauerstoffzufuhr erhöht und der Kreislauf angeregt, während gleichzeitig die Lungenkapazität wächst und das Asthmarisiko sinkt. Immunologen haben herausgefunden, dass Singen das körpereigene Abwehrsystem stärkt und gegen Erkältungen schützt, und schwedische Forscher konnten sogar nachweisen, dass Menschen, die singen, länger leben.

In Deutschland singen derzeit gut drei Millionen Menschen in Chören. Umfragen zeigen, dass Sänger im Schnitt ausgeglichener und zufriedener sind als ihre stummen Zeitgenossen. Warum schließen Sie sich also nicht auch einem Chor an? Dazu müssen Sie weder Luciano Pavarotti noch Maria Callas sein. In vier einfachen Schritten können Sie Ihrer Stimme in kürzester Zeit auf die Sprünge helfen:

Nutzen Sie Vokale, um Ihren Körper als Klangraum zu erfahren: Setzen Sie sich aufrecht hin, atmen Sie tief ein und lassen Sie verschiedene Vokale ertönen. Singen Sie auf einem Ton ein langes »A«, »O« oder »I«. Schließen Sie die Augen und spüren Sie, in welchen Bereichen Ihres Körpers der jeweilige Vokal vibriert. Und jetzt noch die richtige Atemtechnik beachten: Atmen Sie nicht in die Brust, sondern vor allem in den Bauch. Versuchen Sie, die Vokale immer länger und voller erklingen zu lassen, und verändern Sie auch immer wieder einmal die Tonhöhe.

Singen Sie einfache Volkslieder oder auch Kinderlieder und Popsongs – Hauptsache Lieder, die Sie kennen oder leicht lernen können: Texte zu Volks- und Jahreszeitenliedern finden Sie zuhauf in der Bücherei oder auch im Internet, beispielsweise unter www.volkslieder-songarchiv.de oder unter www.songtext-archiv.de.

Holen Sie sich eine Begleitung ins Haus: Als Vorstufe zum Choreintritt ist es oft sinnvoll, einen Freund, Bekannten oder Verwandten ans Klavier, an die Gitarre oder das Akkordeon zu bitten. Die Lieder klingen dann sofort wesentlich befriedigender. Und wer sich traut, kann es ja auch einmal mit Karaoke versuchen. Selbst wenn Sie nicht gleich den Karaoke-Weltrekord brechen wollen (2006 zum Beispiel sangen Sänger und Sängerinnen in einem Wiener Lokal insgesamt 140 Stunden am Stück), in vielen Bars, Diskotheken und Partys können Sie Ihre Stimme zum Klingen bringen, und wer weiß: Vielleicht haben Sie ja irgendwann mal Lust, an einem Karaoke-Wettbewerb teilzunehmen – ganz egal, ob im Edelclub auf Mallorca oder in der Landdisco.

Schließen Sie sich einem Chor an: Wenn Sie Ihre Stimme wirklich weiterentwickeln und verfeinern wollen, brauchen Sie irgendwann einen Gesangslehrer. Ein privater ist teuer, doch im Chor bekommen Sie ebenfalls Gesangs(gruppen)-unterricht, und das oft zum Nulltarif oder gegen eine geringe Teilnahmegebühr. Kinder-, Jugend-, Frauen-, Männer-, Laien-, Kammer-, Gospel- oder Kirchenchöre: An Möglichkeiten mangelt es nicht. Allein im Deutschen Chorverband und im Verband Deutscher Konzert- und evangelischer Kirchenchöre sind über 45 000 Chöre vereint. Dazu kommen noch an die 20 000 freie Chöre, die keiner Organisation angehören. Vom Chorleben profitiert nicht nur Ihre Stimme, Sie können auch interessante Menschen kennenlernen und womöglich an Konzertreisen teilnehmen. Zumindest aber kommen Sie früher oder später auch auf die Bühne.

FÜR WEN?
Für alle, die die ungeahnten Möglichkeiten ihrer eigenen Stimme erkunden wollen und Spaß am Singen haben.

WAS BRAUCHT MAN?
Tolerante Nachbarn (falls Sie in der Badewanne singen) oder einen Chor in Ihrer Nähe.

WAS SOLLTE MAN VERMEIDEN?
Zu leise zu singen und sich nicht zu trauen.

WIE LANGE DAUERT ES?
Zehn Minuten Stimmübungen, zwei Stunden Chorprobe; die Aufführung der Matthäuspassion rund 170 Minuten.

Lernen Sie fünf Profivarianten des Seilspringens

»Henriette, goldne Kette, goldner Schuh – und raus bist du. Eins, zwei, drei, vier, fünf...« So lernen Kinder hüpfenderweise, wie man mindestens bis hundert zählt. Vorausgesetzt allerdings, sie sind gut im Seilspringen, denn wer schon beim vierten Sprung hängen bleibt, kommt nicht mal bis »goldne Kette«.

Einst als Kinderspiel auf dem Pausenhof entstanden, ist Seilspringen inzwischen zu einem Wettkampfsport geworden. Kein Wunder, denn das vermeintliche Kinderspiel hat es in sich: Konzentration, Koordination und Kondition werden durch Seilspringen enorm gefördert. Herz, Kreislauf, Bein-, Bauch- und Pomuskeln werden gestärkt, und wer fünfzehn Minuten hüpft, verbraucht mehr Kalorien (und Fett) als jemand, der dreißig Minuten lang kräftig in die Pedale tritt.

Seilspringen, oder trendiger »Rope Skipping«, hat zudem viele Vorteile: Sie benötigen kaum Ausrüstung, der Fitnesseffekt tritt schon nach wenigen Minuten ein, und Sie kommen auf kleinstem Raum aus: Notfalls können Sie sogar im Hotelzimmer trainieren.

Bevor Sie losspringen

Der Untergrund darf weder zu weich noch zu hart sein. Besser als Wiese oder Asphalt sind daher Holzböden oder ein glatter, rutschfester Teppich. Prüfen Sie die richtige Seillänge: Wenn Sie auf dem Seil stehen, sollten die Griffe etwa auf Höhe der Taille sein.

Beim Standardsprung sind die Füße geschlossen. Legen Sie die Ellbogen am Oberkörper an, das Seil liegt zum Starten hinter den Füßen. Anfänger springen meist viel zu hoch. Versuchen Sie, mit der Zeit immer kleinere Sprünge zu machen und auf Zwischensprünge zu verzichten.

Die Bewegung kommt nur aus den Hand- und Fußgelenken. Halten Sie Ihren Körper aufrecht und ziehen Sie die Schultern nicht hoch.

Wärmen Sie Ihren Körper auf, indem Sie mit einigen lockeren Sprüngen beginnen und nach spätestens zwei Minuten eine kleine Pause machen. Führen Sie auf diese Weise mehrere kurze Intervalle aus.

Finden Sie Ihren Rhythmus. Schwingen Sie das Seil anfangs immer in der gleichen Geschwindigkeit. Der Rekord liegt übrigens bei über 350 Sprüngen pro Minute, als Anfänger genügen sechzig aber vollkommen.

Wichtig: Schonen Sie Ihre Gelenke. Tragen Sie stoßgedämpfte Schuhe und gehen Sie beim Aufkommen immer leicht in die Knie. So können Sie die Sprünge über Ihre Muskelkraft abfedern und entlasten Sehnen und Gelenke.

Die fünf Varianten für Könner

Schon der Standardsprung kann ganz schön anstrengend werden, da Sie Geschwindigkeit und Dauer ja schrittweise (oder besser gesagt sprungweise) erhöhen können. Doch natürlich gibt es einige Varianten, um die Intensität beim Rope Skipping zu erhöhen:

Beim *Joggingsprung*, auch als »Laufsprung« bezeichnet, springen Sie abwechselnd mit dem linken und rechten Fuß ab. Sie laufen also quasi auf der Stelle, allerdings mit sehr kleinen Schrittchen und bei möglichst hohem Tempo. Der Joggingsprung ist ideal, um die Ausdauer zu verbessern.

Einbeiniges Springen: Auf einem Bein zu springen ist besonders schweißtreibend. Nach einigen beidseitigen Sprüngen
heben Sie das rechte Bein etwas an und springen nur auf
dem linken Fuß. Sobald die Sache anstrengend wird, und
das wird nicht lange dauern, wechseln Sie die Beine und
springen auf dem rechten Fuß. Wechseln Sie mehrmals ab.

Einbeiniges Springen mit hochgezogenem Knie: Die Variante
entspricht der oben beschriebenen, es gibt nur einen Unterschied: Das angehobene Bein wird stark angewinkelt, sodass
der Oberschenkel etwa waagerecht nach vorn weist und mit
dem Unterschenkel einen Winkel von neunzig Grad bildet.
Die Übung trainiert die Beinmuskeln besonders effektiv.

Springen mit doppeltem Armschwung: Normalerweise sollten Sie kleine Sprünge machen und die Füße nur etwa drei
Zentimeter vom Boden abheben. Doch jetzt müssen Sie hö-

her springen; dabei schwingen Sie das Seil so schnell, dass Sie es zweimal unter den Füßen durchziehen können. Bauen Sie diese Variante langsam in Ihr Training ein: zehnmal normal springen, dann eine doppelte Seilumdrehung und wieder zehnmal normal springen. Mit der Zeit können Sie das steigern. Könner springen selbst über längere Perioden ohne Zwischensprünge mit doppeltem Armschwung.

Über-Kreuz-Sprung: Mit etwas Übung und einer guten Koordination von Händen und Augen können Sie den Über-Kreuz-Sprung schnell erlernen. Überkreuzen Sie die Arme immer dann, wenn das Seil vor den Körper geschwungen wird, also kurz bevor es unter den Füßen entlangsaust. Lösen Sie die Kreuzstellung der Arme dann jedes Mal wieder, wenn das Seil über Ihrem Kopf ist.

FÜR WEN?
Für alle, die schnell und einfach fit werden und ihre Koordination verbessern wollen.

WAS BRAUCHT MAN?
Gute, leichte Schuhe und ein gutes Seil.

WAS SOLLTE MAN VERMEIDEN?
Große Sprünge zu machen.

WIE LANGE DAUERT ES?
Drei Minuten bei Anfängern, zwanzig bei Trainierten.

Lassen Sie sich zeigen, wie man einen Ölwechsel macht

Warum fällt es uns nur so schwer, andere um etwas zu bitten oder öfter mal die simple Frage zu stellen: »Wie macht man das eigentlich?«

Nie wieder lernt der Mensch so viel wie in seiner frühen Kindheit. Und warum? Nicht etwa, weil er da besonders viele Ratgeber liest, sondern einfach nur, indem er nachmacht, was ihm seine Eltern vormachen. Über einen langen Zeitraum unseres Lebens lernen wir durch Imitation: Die Mutter schmiert ein Brot, und wir machen es nach – anfangs zu ihrem Entsetzen, später zu ihrer Begeisterung. Und was soll's auch? Aus Fehlern lernt man! Das gilt allerdings mit einer Ausnahme: Aus dem Fehler, andere nicht um Rat zu fragen, lernt man nichts.

Der Ölwechsel ist hier nur ein beliebiges Beispiel: Wir besitzen ein Auto, fahren zigtausend Kilometer damit durch die Gegend, und irgendwann fällt uns siedend heiß ein, dass man bei Autos ja gelegentlich mal einen Ölwechsel machen sollte. Natürlich können wir die Werkstatt aufsuchen und den Kfz-Meister bitten, aber vielleicht gibt es auch einen Freund, einen Bekannten oder Nachbarn, den wir bitten können, uns zu zeigen, an welcher Schraube man dreht, wo man die Abfangschüssel hinstellt, wo man das Öl entsorgt (falsch entsorgt kann schon ein Liter Altöl eine Million Liter Trinkwasser verunreinigen!) und uns erklärt, welche Sorte Öl die richtige ist, wie viel wir davon brauchen, warum der Motor vor dem Ölwechsel warm sein sollte, was es mit dem Ölfilter auf sich hat und warum wir auf unsere Finger aufpassen müssen. Und schließlich vielleicht auch noch, wie man den Ölstand richtig abliest.

Wenn kein Freund zur Stelle ist, sollten wir wenigstens den Kfz-Meister genau beobachten und im Zweifelsfall nachfragen. Es ist übrigens recht wahrscheinlich, dass er es Ihnen erklären wird, da jeder von uns sich im Grunde seines Herzens geschmeichelt fühlt, wenn er um Hilfe oder Rat gebeten wird.

Jemanden um Rat zu bitten stärkt nicht nur die Verbundenheit von Mensch zu Mensch, sondern bietet meist auch einfach die schnellere Lösung. Wer will schon gleich einen Ratgeber kaufen, wenn es darum geht,

- die perfekte Spaghetti-bolognese-Soße zu kochen,

- sein Mailprogramm auf dem Laptop zu installieren,

- seine Ligusterhecke zu schneiden,

- gute Porträtaufnahmen mit der neuen Digitalkamera zu machen,

- jonglieren zu lernen oder

- eine Zecke aus seinem Arm zu entfernen?

FÜR WEN?
Für alle, die etwas Neues lernen wollen.

WAS BRAUCHT MAN?
Den Mut, sich keine Blöße zu geben und mit seiner Frage offen zuzugeben, dass man etwas (noch) nicht weiß.

WAS SOLLTE MAN VERMEIDEN?
Sich zu schnell zufriedenzugeben und zu selten nachzufragen.

WIE LANGE DAUERT ES?
Wenige Sekunden, um die Frage zu stellen. Wenn Sie den Ölwechsel dann erst einmal selbst machen können, so um die fünfzehn Minuten.

Sagen Sie Ihrem Partner alles, was Sie an ihm schätzen

Kennen Sie die vier Geheimnisse glücklicher Paare? Psychologen haben herausgefunden, warum einige Beziehungen besonders harmonisch und langlebig sind:

- *Glückliche Paare haben keine zu hohen Erwartungen.* Sie wissen, dass es eben nicht nur gute, sondern auch schlechte Zeiten gibt, und dass es wichtig ist, Krisen gemeinsam durchstehen zu können.

- *Glückliche Paare teilen Gemeinsamkeiten.* Das gemeinsame Engagement beschränkt sich daher nicht auf die Kindererziehung, sondern beide sorgen dafür, regelmäßig etwas zusammen zu unternehmen, beispielsweise zu wandern, eine Sprache zu lernen oder Freunde einzuladen.

- *Glückliche Paare schaffen es, einander Freiräume einzugestehen.* Sie wissen, dass jeder von uns seine kleinen Freiheiten braucht. Wer nämlich alles für die Partnerschaft opfert, wird sich irgendwann so stark eingeengt fühlen, dass er ausbricht.

- *Und vielleicht am wichtigsten: Glückliche Paare sagen sich regelmäßig, wie sehr sie die anderen schätzen.* Lob ist Balsam für die Beziehung. Schließlich hört jeder von uns gern Komplimente. Nur wer sich anerkannt fühlt, merkt, dass sein Partner ihn immer noch wahrnimmt, und kann sich auch geliebt fühlen. Verliebte finden ihren Partner zwar noch phänomenal, doch schon bald kommt die Gewohnheit ins Spiel: Der andere wird als selbstverständlich angesehen, und die freundlichen Worte verschwinden langsam aus dem Vokabular. Das ist schade, denn tatsächlich ist unser Partner nie »selbstverständlich«. Weder seine Anwesenheit noch seine positiven Qualitäten sind es.

Wer es lernt, die Stärken seines Partners nicht aus den Augen zu verlieren, die rosarote Brille ein Stück weit auf der Nase zu behalten und über Fehler und Schwächen hinwegzusehen, tut nicht nur dem anderen, sondern auch sich selbst einen Gefallen. Wenn Sie Ihrem Partner sagen, dass Sie seine Toleranz, seine Menschenkenntnis, seine Zuverlässigkeit oder Durchsetzungskraft schätzen – oder sich auch nur über das leckere Essen, die erledigten Einkäufe, den gemähten Rasen oder die gut versorgten Kinder freuen –, werden Sie auch selbst dankbarer und zufriedener mit Ihrem Leben sein.

Wer richtig lobt, dem geht es allerdings nicht darum, dem anderen Honig um den Bart zu schmieren oder ihm etwas zu sagen, nur weil dieser es hören will. Durch unangebrachtes oder pauschales Lob nach dem Motto »Weiter so« oder »Prima« fühlen sich die meisten Menschen nicht anerkannt, sondern lediglich manipuliert. Seine Wertschätzung auszudrücken erfordert daher genaues Beobachten, eine gute Urteilskraft, Ehrlichkeit und positive Emotionen, denn nichts ist schlimmer als ein Lob, das nicht von Herzen kommt.

Zu den Vorteilen der Wertschätzung gehört übrigens nicht nur, dass sie nichts kostet, sondern ebenso, dass man sie auch bestens auf Freunde, Kinder, Großeltern, Kollegen oder seinen Babysitter ausdehnen kann.

FÜR WEN?
Für alle, die sich einen starken Partner und eine harmonische Beziehung wünschen.

WAS BRAUCHT MAN?
Eine gute Beobachtungsgabe und den Mut, Gefühle zu äußern.

WAS SOLLTE MAN VERMEIDEN?
Loben Sie nicht, nur um etwas beim anderen zu erreichen, sonst wird aus Lob leicht Manipulation.

WIE LANGE DAUERT ES?
Pro Satz vier Sekunden, wenn Sie langsam sprechen.

Laden Sie mal Ihre Nachbarn ein!

Zugegeben, Nachbarn können die reinste Plage sein. Aber ebenso können sie auch gute Bekannte oder sogar richtige Freunde werden. Es lohnt sich also, ein bisschen Mühe darauf zu verwenden, mit seinen Nachbarn Bekanntschaft zu schließen – gerade mit jenen, die man noch nicht so gut kennt. Sofern sie nicht ohnehin schon zu Ihren Freunden zählen, kann es gut sein, dass Sie eine angenehme Überraschung erleben werden, wenn Sie sie etwas näher kennenlernen.

Aber ausgerechnet diesen öden Buchhalter? Natürlich möchten wir unsere Zeit nicht mit Langweilern verschwenden. Doch zugleich sollten wir wissen, dass wir oft ein sehr oberflächliches Bild von Menschen haben. Vielleicht denken Sie jetzt: »Und das genügt mir auch!« Doch andererseits: Wen kennen wir schon wirklich? Und woher wollen wir wissen, wie interessant jemand ist, wenn wir uns gar nicht erst für ihn öffnen? Wer weiß: Vielleicht stellt sich der vermeintliche Buchhalter ja als Schriftsteller oder Wissenschaftler heraus. Oder der ernste Professor als ein wirklich lustiger Typ, vor allem nach ein paar Gläschen Wein? Selbst dann, wenn sich manche erste Urteile als richtig erweisen: In beinah jedem Menschen steckt etwas, was die Mühe wert ist.

Ob wir es wollen oder nicht: Die Leute, die neben, unter oder über uns wohnen, sind nun einmal Teil unseres Lebens. Und wir ein Teil von ihrem. Oft genügt es, einmal länger miteinander zu reden, einen Kaffee oder ein Glas Wein zusammen zu trinken. Auch umgekehrt gilt nämlich, dass unsere Nachbarn uns oft ganz falsch einschätzen.

Gute Nachbarschaftsbeziehungen können ein wahrer Segen sein: Sie wollen sonntags einen Kuchen backen – aber Mist! ... Die Zuckerdose ist leer. Wenn Sie Ihren Nachbarn ein bisschen kennen, ist das kein Problem. Haben Sie jedoch noch nie mit ihm gesprochen, obwohl Sie schon vor vier Jahren eingezogen sind, könnte die sonntägliche Bitte um Zucker peinlich werden.

Und was, wenn Sie in den Urlaub fahren? Wer gießt die Pflanzen? Ihre Freunde müssten vielleicht erst durch die halbe Stadt fahren. Aber jemand, der nebenan wohnt, kann diese Aufgabe problemlos und zuverlässig übernehmen.

Ob Zucker, Hund, Pflanzen oder Wohnungsbrand: Mit guten und aufmerksamen Nachbarn wird das Leben einfacher. Statt sich mit einem anonymen »Nebeneinanderher« zufriedenzugeben, können Sie Nachbarschaften mit etwas Glück in Freundschaften verwandeln.

Und der erste Schritt: Machen Sie den ersten Schritt! Einfach kurz klingeln und fragen: »Wir sind ja schon eine Weile Nachbarn. Vielleicht haben Sie ja Lust, nächste Woche mal auf einen Kaffee oder Wein vorbeizukommen?«

Auch alltägliche Begegnungen lassen sich nutzen. Seine Nachbarn trifft man schließlich oft im Treppenhaus oder am Briefkasten. Und Möglichkeiten, sich über einen Smalltalk kennenzulernen, gibt es immer: Hat er Blumen auf seinem Balkon? Spielt er ein Instrument? Regnet es schon wieder einmal seit Wochen? Oder gibt es vielleicht etwas, was Sie für Ihren Nachbarn tun können? Und sei es nur, die Zeitung mit raufzubringen?

Nutzen Sie jede Chance. Eine gute Nachbarschaft ist Gold wert, kostet aber viel, viel weniger!

FÜR WEN?
Für alle, die ihre Nachbarn noch nicht kennen.

WAS BRAUCHT MAN?
Ein kleines bisschen Mut, den ersten Schritt zu machen.

WAS SOLLTE MAN VERMEIDEN?
Vorurteile.

WIE LANGE DAUERT ES?
Zwei Minuten, um einen Nachbarn anzusprechen, und zwanzig Minuten für ein Tässchen Kaffee.

Führen Sie ein Gespräch mit Ihrem inneren Team

Die meisten Menschen kommunizieren nicht besonders gut mit sich selbst.

Gibt es nicht einiges, was Sie eigentlich tun wollten, aber doch nicht tun? Beispielsweise das Rauchen aufgeben, abnehmen, gesünder leben, gelassener sein ... (alles Maßnahmen übrigens, die vollkommen kostenfrei sind und dabei sehr sinnvoll wären). Selbst Psychologen vereinfachen den Menschen häufig, indem sie annehmen, dass er ein Ich hat, das mit einer Stimme spricht. Doch das stimmt fast nie. Wir haben in aller Regel nicht ein Motiv und ein Ziel, sondern mehrere. Und die widersprechen sich leider nur allzu oft.

Nehmen wir mal an, Sie wollten abnehmen: Sie sind nicht zufrieden mit Ihrem Gewicht und wünschen sich, schnell ein paar Kilo loszuwerden. Scheinbar ist also völlig klar, was Sie wollen. Und dennoch wird es Ihnen möglicherweise nicht leichtfallen. Sie müssen einen inneren Widerstand überwinden. Nur allzu oft ist dieser Widerstand groß, und Sie werden frustriert feststellen, dass Sie einfach nicht tun können, was Sie tun wollen. Das ist kaum zu erklären und völlig rätselhaft, wenn wir annehmen, dass Sie das und nur das wollen. Wogegen richtet sich der Widerstand? Wenn Sie Lust auf ein Stück Schokoladenkuchen bekommen, taucht auch Widerstand auf – Sie wollen schließlich abnehmen. Doch dieser Widerstand ist seltsamerweise viel einfacher zu überwinden.

Das Rätsel löst sich in Luft auf, sobald Ihnen klar wird, dass Sie eben mehr als das eine Motiv haben. Ja, Sie wollen vielleicht abnehmen, um attraktiver zu sein. Doch Sie wollen auch genießen. Sie wollen sich entspannen. Sie sind neugierig auf neue Geschmackserlebnisse.

Die innere Stimme, die »Ich will abnehmen!« ruft, ist die lauteste. Aber wie so oft im Leben ist der, der am lautesten schreit, nicht immer derjenige, der sich durchsetzt. Wenn es andere gibt, die mehr Gewicht haben oder am längeren Hebel sitzen, ist alles Geschrei vergebens.

Alle diese inneren Stimmen sind keine »bösen Geister«. Sie sind Teile Ihres Selbst. Wenn Sie diese Stimmen nicht hören (wollen), verdrängen Sie einen Teil Ihrer Persönlichkeit ins Unterbewusste. Damit schneiden Sie sich nicht nur von einem Teil Ihrer Möglichkeiten ab, sondern verhindern eine »innere Kommunikation«. Die Folgen sind dieselben wie bei einer schlechten Kommunikation in einer Firma: Alles läuft zäher, weniger effektiv oder eben gar nicht.

Das innere Team leiten

Sie können sich Ihre verschiedenen Persönlichkeitsanteile als inneres Team vorstellen, als Parlament oder als Firma. Sie, also Ihr bewusstes Selbst, sind der Chef, der Teamleiter oder der Präsident. Sie führen das Team, doch jeder hat seine besondere Aufgabe. Und im Gegensatz zu einer tatsächlichen Firma hat jedes Teammitglied nur das Beste für die Firma (Ihre Gesamtpersönlichkeit) im Sinn! Sie können also nur gewinnen, wenn Sie mit Ihrem inneren Team kommunizieren und die Kommunikation der Teammitglieder fördern.

Der erste Schritt zur inneren Kommunikation besteht darin, dass Sie Ihre »inneren Ohren« weit öffnen. Hören Sie in sich hinein. Wischen Sie auftauchende Gedanken, Bilder und Gefühle nicht einfach beiseite. Alle sind wichtig!

Der zweite Schritt hin zu einer guten inneren Kommunikation ist, alle inneren Stimmen wirklich ernst zu nehmen und sich klar darüber zu werden, dass jede ein Teil von Ihnen ist, der etwas Positives für Sie erreichen will!

Auch wenn die Mittel zu diesem Zweck (momentan) nicht angebracht sind: Das Ziel jeder »inneren Persönlichkeit« ist immer positiv. Dieser Unterschied ist sehr bedeutsam; denn durch innere Kommunikation können Sie eine »innere Übereinkunft« finden. Sie können »eins mit sich selbst« werden.

»Innere Kommunikation« bedeutet, »mit sich selbst ins Gespräch zu kommen«. Und zwar durch Zuhören, Einfühlen und Verstehen. Die Auswirkungen eines »klärenden Selbstgesprächs« können gewaltig sein!

Möglicherweise ist Ihnen gar nicht bewusst, dass Sie solche Selbstgespräche ständig führen, beispielsweise immer dann, wenn Sie über etwas nachdenken und das Für und Wider abwägen. Höchstwahrscheinlich ist Ihnen auch die Stimme des »inneren Kritikers« vertraut, der sich bei den unterschiedlichsten Angelegenheiten zu Wort meldet (beispielsweise wenn Sie hören, dass Sie Selbstgespräche führen sollen ...).

Die Besprechung mit dem inneren Team

Für eine »Besprechung mit dem inneren Team« sollten Sie sich anfangs etwas Zeit nehmen. Am besten, Sie tun alles, um die Vorstellung zu unterstützen: Sie könnten beispielsweise Stühle um einen Tisch herum aufstellen und auf dem Tisch Namenskarten mit dem »Namen« des Mitglieds Ihres inneren Teams platzieren. Sie nehmen dann nicht nur im übertragenen Sinn den Standpunkt eines Ihrer Motive ein, sondern tatsächlich und physisch, indem Sie sich auf den entsprechenden Stuhl setzen.

»Sie selbst« sind der Moderator. Trennen Sie Ihren momentanen Standpunkt von dieser Moderatorenposition und versuchen Sie, ergebnisoffen zu bleiben. Zunächst einmal sollten sich nun alle »Beteiligten« (also alle Ihre Motive) vorstellen: Je nach der Funktion, die diese Beteiligten erfüllen, können darunter beispielsweise »der Abenteurer«, »der Sensible«, »die Sicherheitsbedürftige« oder »das innere Kind« sein. Jeder Beteiligte sollte sich fragen: »Was will ich? Wie sehe ich mich? Wie heiße ich?«

Gerade Letzteres ist wichtig: Jedes Mitglied des inneren Teams hat eine positive Absicht und daher auch eine positive Bezeichnung. »Der innere Schweinehund«, den gibt es nicht! Der Teil in Ihnen, der einen Widerstand spürt, bezeichnet andere Aspekte Ihrer Persönlichkeit als »Schweinehund«. Das ist aber nicht hilfreich. Behalten Sie das Bild einer realen Teambesprechung im Auge. Eine Kommunikation, in der Mitglieder sich beschimpfen, ist sicher nicht produktiv!

Was will der »innere Schweinehund« wirklich? Entspannung? Dem Unsinn der Hektik entgegenwirken? Vielleicht sogar die Gesundheit schonen? Genießen? Er ist also »der Ruhepol«, »der Philosoph«, »der Heiler« oder »der Genießer«! Indem Sie die positive Absicht erkennen, legen Sie das Potenzial frei, das in Ihnen steckt, anstatt Teile Ihres Selbst zu unterdrücken.

Und dann kann eine echte Kommunikation und die Suche nach produktiven, effektiven, befriedigenden Win-win-Lösungen beginnen.

FÜR WEN?
Für jeden, der sich selbst besser kennenlernen, seine Motivation verbessern und seine Ziele leichter erreichen will.

WAS BRAUCHT MAN?
Offenheit.

WAS SOLLTE MAN VERMEIDEN?
Ungeduld mit sich selbst.

WIE LANGE DAUERT ES?
Eine erste »Konferenz mit dem inneren Team« eine halbe Stunde, später können schon ein paar Minuten sehr hilfreich sein.

Lernen Sie die längsten Ortsnamen der Welt

Diese kostenlose Tätigkeit ist natürlich relativ sinnfrei. Aber das macht ja nichts. Und ganz so sinnlos ist sie doch wieder nicht: Sie trainieren Ihr Gedächtnis ein wenig und können auf Partys zur Unterhaltung beitragen.

Es kann auch ein guter Einstieg in eine interessante Unterhaltung sein, wenn Sie Ihr Gegenüber fragen: »Waren Sie eigentlich schon einmal in Llanfairpwllgwyngyllgogerychwyrndrobwllllantysiliogogogoch?« Das muss man ja erst mal fragen können. Sie werden bald zu den wenigen Glücklichen zählen.

Lassen Sie uns doch gleich mit dem längsten offiziellen europäischen Ortsnamen beginnen. Das ist eine nette kleine Gemeinde in Wales, in der Grafschaft Anglesey auf der gleichnamigen Insel gelegen. Sie heißt tatsächlich Llanfairpwllgwyngyllgogerychwyrndrobwllllantysiliogogogoch. Kein Grund, den Mut zu verlieren. Es sieht schwieriger aus, als es ist. Wir gehen das Schritt für Schritt durch. Der einzige Laut, der im Deutschen nicht vorkommt, ist »ll«: Sie sprechen das, indem Sie »l« sagen, aber dabei die Zungenspitze unten lassen.

Und damit geht's auch los: »Llahnwai.« Nicht schwer, oder? Und nun hängen Sie noch ein »R« an. Llahnwair.

»Pullgwinn«: wirklich einfach. Nur daran denken, die Zunge unten zu lassen!

Ein Drittel haben Sie schon geschafft. Probieren Sie die bisherigen Teile zusammen: Llanfairpullgwyn, gesprochen: »Llahnwairpullgwinn.« Einfach.

Jetzt wird es etwas schwieriger, aber nicht für Sie, sondern nur für die Erklärung. »Gellgo«: Das »E« ist fast ein kurzes »Ä«, so wie das »E« am Ende eines deutschen Wortes; beispielsweise »Wonne«. Das Doppel-L kennen Sie ja schon. Das »O« ist kurz wie bei »Otter«. Probieren Sie es: »Gellgo.«

Weiter: »Gyllgogerychwyrn«. Das sieht schwieriger aus, als es ist. Gell (kurzes »E«, wie oben beschrieben, bei »ll« die Zunge unten lassen), »Go« (kurzes Otter-»O«), »Gerich« (wie deutsch »Gericht«, nur ohne das »T«), »Wirrn« (genau so, wie es aussieht). Also: »Gellgogerichwirrn.«

Alle bisherigen Teile zusammen: Llanfairpwllgwyngyllgogerychwyrn, gesprochen: »Llahnwairpullgwinn-gellgogerichwirrn.« Fast geschafft! Nun noch: »Drobwllllantysilio.«

»Drobll« (kurzes »O«), »Llannti-siljo« (Achtung: Hier ist es ein normales »L«).

Und jetzt noch der einfachste Teil: »Gogogoch.«

Einfach »Goggogoch«. Immer mit kurzem »O«. Und am Ende ein Ach-»Ch«. Geschafft!

Llanfairpwllgwyngyllgogerychwyrndrobwllllantysiliogogogoch, gesprochen »Llahnwairpullgwinn-gellgogerichwirrn-drobll-llantisiljo-goggogoch«.

Der Name bedeutet übrigens (hier können Sie Ihr Gedächtnis noch weiter schulen): »Marias Kirche in einem Tal weißer Haselbäume, nahe der Stromschnelle, in der Gegend der Kirche von Thysilio, welche bei der roten Höhle liegt.«

Mit 58 Buchstaben hat das Dorf den längsten amtlichen Ortsnamen Europas, aber da es auch noch die längste registrierte Website haben wollte, fügte sie »uchaf«, die Bezeichnung für den alten Ortsteil, hinzu: llanfairpwllgwyngyllgogerychwyrndrobwllllantysiliogogogochuchaf.org.uk. Länger geht's nicht. Denn ein Domainname kann maximal 63 Buchstaben haben. Und das sind genau 63.

Längere Ortsnamen gibt es aber dennoch. Wir nennen Sie hier nur. Fortgeschrittene mögen sich daran versuchen.

Im wundervollen Neuseeland, auf der anderen Seite der Welt gelegen, etwa in der Mitte zwischen Wellington und Napier, südlich eines kleinen Ortes namens Waipukurau, gibt es einen kleinen Hügel. Die Weißen nennen ihn einfach »Taumata«, aber bei den Maori heißt er: Tetaumatawhakat-angihangakoauaotamateaurehaeaturipukapihimaungaho-ronukupokaiwhenuaakitanarahu. Das bedeutet: »Der Ort, an dem Tamatea, der Mann mit den großen Knien, der Berge hinabrutschte, erkletterte und schluckte, der als der Landfresser bekannt war, Flöte für seine Geliebte spielte.« Die 92 Buchstaben reichten für den Eintrag ins *Guinness Buch der Rekorde*. Obwohl es nicht ganz stimmt, dass dieser Ortsname wirklich der längste ist. Nur der häufiger verwendete. Den absoluten Rekord hält, Sie werden es nicht glauben: Bangkok.

Bangkok in Thailand. Das hat zwar nur sieben Buchstaben, ist aber lediglich die internationale Bezeichnung. Thais nennen die Stadt »Krung Thep«. Auch nur neun Buchstaben. Offiziell aber heißt Bangkok »Krung Thep Maha Nakhon«. Schon besser, aber immer noch »nur« neunzehn Buchstaben. Okay, aber es ist eben eine Kurzform von Krung Thep Mahanakhon Amon Rattanakosin Mahinthara Ayuthaya Mahadilok Phop Noppharat Ratchathani Burirom Udom-ratchaniwet Mahasathan Amon Piman Awatan Sathit Sak-kathattiya Witsanukam Prasit. Was bedeutet: »Stadt der Engel, große Stadt und Residenz des heiligen Juwels Indras, uneinnehmbare Stadt des Himmelsfürsten, große Haupt-stadt der Welt, geschmückt mit neun wertvollen Edelstei-nen, an gewaltigen königlichen Palästen reich, die der

himmlischen Wohnstatt des wiedergeborenen Himmelsfürsten gleichen, die von Indra gestiftete, von Vishnukarma
erbaute Stadt.« – Viel Spaß beim Lernen!

FÜR WEN?
Für jeden, der etwas können will, was nicht viele können,
und nebenbei sein Gedächtnis trainieren möchte.

WAS BRAUCHT MAN?
Ein bisschen bis eine Menge Geduld.

WAS SOLLTE MAN VERMEIDEN?
Die Hoffnung, dass das irgendeinen Sinn macht.

WIE LANGE DAUERT ES?
Etwa fünfzehn Minuten für den ersten Namen.

Bauen Sie einen Bumerang und lernen Sie, ihn richtig zu werfen

Ein Bumerang, das weiß ja jeder, kommt aus Australien, und er kehrt zurück, wenn man ihn wegwirft.

Da sieht man mal, wie das mit dem Wissen so ist. Das stimmt nämlich alles nicht so ganz. Bumerangs gibt es schon seit undenklichen Zeiten, auf allen Erdteilen. Der älteste heute bekannte Bumerang wurde in einer Höhle in Polen entdeckt und ist über 20 000 Jahre alt. Und die eigentlichen Jagdbumerangs kommen auch nicht zurück – ganz im Gegenteil: Sie fliegen besonders geradlinig.

Aber wir wollen nicht dazu aufrufen, unschuldigen Tierchen Holzstücke an den Kopf zu werfen. Wir wollen Ihnen etwas über Sportbumerangs erzählen (die es ebenfalls schon seit Urzeiten gibt), wie Sie einen basteln, und was man so alles damit anfangen kann. Mit solch einem Teil kann man viel Spaß haben – sogar an Wettkämpfen teilnehmen, wenn einen das Bumerangfieber erst einmal gepackt hat.

Vielleicht wollen Sie sich Ihren Bumerang ja selbst bauen? Das ist gar nicht so schwer:

- Zeichnen Sie auf einer Spanholzplatte eine grobe Bumerangform auf (siehe Abbildung 1).

- Schneiden Sie den Rohling mit einer Laubsäge aus.

- Feilen Sie nun das Profil. Der Querschnitt soll dem eines Flugzeugflügels gleichen.

- Schleifen Sie das ganze Holz mit Schleifpapier glatt.

- Lackieren Sie den Bumerang mit farblosem Lack. Fertig!

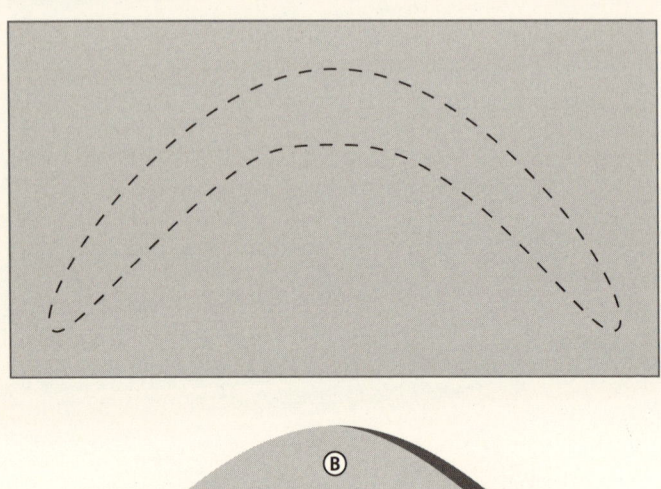

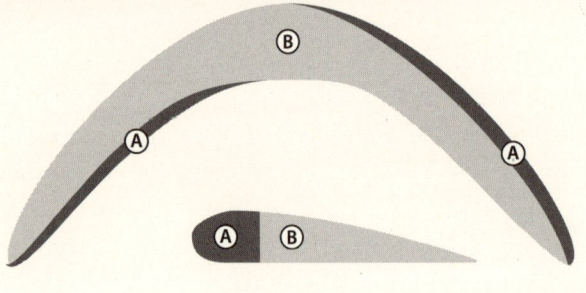

Abbildung 1

Jetzt aber zum Werfen. Nein, halt, erst noch ein paar allgemeine Hinweise:

⌣· Es sollte möglichst wenig Wind wehen. Sonst haben Sie als Anfänger keine Chance.

⌣· Sehen Sie zu, dass Sie genügend Platz haben. Und zwar auch dann, wenn der Bumerang nicht so will, wie Sie wollen. Sie sollten also nach allen Seiten hin mindestens vierzig bis fünfzig Meter Platz haben. Vor allem sollten dort keine Menschen herumlaufen.

◝· Versuchen Sie erst einmal nicht, den Bumerang zu fangen, auch wenn er tatsächlich zurückkommen sollte. Das Fangen kommt später!

Das Werfen ist nicht schwer – aber anders, als Sie es vielleicht vom Frisbee gewohnt sind. Halten Sie den Bumerang an einem Ende zwischen Daumen und angewinkeltem Zeigefinger – die (gewölbte) Flügeloberseite weist zu Ihnen.

Stellen Sie sich nun vor, Sie würden einen Ball werfen: Ziehen Sie den Arm mit dem Bumerang über die Schulter und werfen Sie den Bumerang, wobei Sie ihm eine möglichst starke Drehung mitgeben (siehe Abbildung 2).

Ganz wichtig: Im Moment des Abwurfs sollten der Bumerangflügel, den Sie halten, und der Unterarm in einer Linie sein, und diese Linie sollte fast waagrecht sein: Der Winkel sollte höchstens zehn Grad haben. Die Drehbewegung bekommt der Bumerang dann durch eine peitschende Bewegung aus dem Handgelenk. Und: Werfen Sie nicht nach oben, sondern nahezu geradeaus. (Auch hier sollte der Winkel etwa zehn Grad betragen.) Sie können natürlich nicht mit dem Geodreieck ausmessen, ob der Winkel stimmt. Da hilft nur Ausprobieren. Aber wenn der Bumerang steil nach

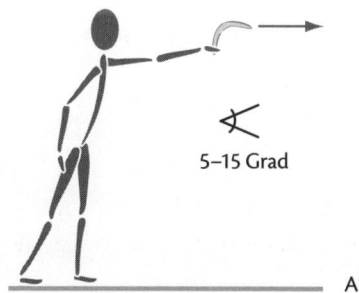

5–15 Grad

Abbildung 2

oben steigt, hatte Ihr Unterarm beim Abwurf vermutlich einen zu großen Winkel.

Wenn Sie gut werfen können, kommt das Fangen: indem Sie den Bumerang zwischen den Handflächen »klatschen«.

Vielleicht macht es Ihnen so viel Spaß, dass Sie sich dem Deutschen Bumerangclub – dem größten Bumerangverein der Welt! – anschließen wollen: www.bumerangclub.de.

Und wer weiß: Vielleicht sieht man Sie ja sogar nach einer Weile bei nationalen oder internationalen Wettkämpfen in einer der Disziplinen brillieren wie »Aussie Round« (die »Königsdisziplin« im Bumerangsport, bei der der Bumerang entlang eines Fünfzig-Meter-Kreises fliegen und möglichst im Zentrum wieder gefangen werden soll), Accuracy (Zielwurf), MTA (der Bumerang soll möglichst lang in der Luft bleiben) oder Weitwurf (die weiteste Strecke – wobei der Bumerang die Abwurflinie wieder überqueren muss)?

Und noch eins: Versuchen Sie nie, Ihren alten Bumerang wegzuwerfen, wenn Sie sich einen neuen kaufen ...

FÜR WEN?
Für jeden, der gern etwas zurückbekommt.

WAS BRAUCHT MAN?
Sperrholz, Laubsäge, Feile, Lack, Geduld.

WAS SOLLTE MAN VERMEIDEN?
Sich das Teil selbst an den Kopf zu werfen.

WIE LANGE DAUERT ES?
Solange der Bumerang und Ihre Geduld halten.

Kauen Sie jeden Bissen dreißigmal

Schon die Oma hat gesagt: »Kind, schling doch nicht so!« Und sie hatte recht. Obwohl es sich vielleicht erst einmal albern anhört: Warum sollte man denn ewig auf einem Bissen herumkauen? Menschen, die dazu neigen, ihr Essen im ICE-Tempo zu verzehren, meinen oft, sie würden genauso genießen – nur eben schneller.

Längst hat sich die Wissenschaft des Themas angenommen und bestätigt die alte Weisheit, dass man jeden Bissen dreißigmal kauen sollte, bevor man ihn schluckt. Die Ergebnisse sind geradezu verblüffend: Das häufige Kauen bewirkt einen deutlich geringeren Blutzuckeranstieg. Selbst sehr kohlenhydratreiche Nahrung führt nur zu einem geringen Blutzuckeranstieg, und die übliche hohe Insulinausschüttung bleibt aus. Und das heißt: Diabetiker sind weniger gefährdet, Torte macht nicht mehr dick, manche durch Stoffwechselstörungen bewirkte Beschwerden werden gelindert, und Verdauungsstörungen gehören der Vergangenheit an. Eine Diät kann man sich dann ebenfalls sparen; denn das Sättigungsgefühl tritt viel schneller ein.

Und auch die Zahnärzte melden sich zu Wort. Durch das kräftige Kauen wird die Kiefermuskulatur stärker, das Zahnfleisch wird besser durchblutet, widersteht Entzündungen eher und verleiht den Zähnen festen Sitz. Außerdem findet beim Kauen eine Selbstreinigung der Zähne statt: Die Speicheldrüsen produzieren mehr und wesentlich mineralstoffhaltigeres Sekret. Das ist eine der Sofortmaßnahmen zur Reparatur kleinerer Schäden am Zahnschmelz.

Ausgiebiges Kauen ist also nicht nur eine Marotte von

Körnerfreunden. Experimentieren Sie mal damit. Sie werden feststellen, dass das Auskosten jeden Bissens noch weit mehr ist als »nur« gesund. Menschen, die sich dieser Methode verschrieben haben, sagen, dass sie damit auch viel intensiver schmecken; sie können mehr Geschmacksrichtungen unterscheiden und spüren besser, was ihnen gut tut. Und sie erreichen ihr Idealgewicht, ohne zu hungern.

Nebenwirkungen sind keine bekannt. Man kann's aber natürlich auch übertreiben: Ein japanischer Hersteller hat ein »Kamikami«-Gerät erfunden, welches tatsächlich die Bisse beim Kauen zählt. Das sieht natürlich ziemlich absurd aus, etwa so wie eine dieser Zahnspangen mit äußerer Befestigung. Bei jedem dreißigsten Bissen piept das Ding dann. Nach tausendmaligem Kauen gibt's sogar ein piepsiges Liedchen. Tun Sie das sich oder Ihrem Kind bitte nicht an. Kein Apparat kann das bewusste Genießen erzwingen.

FÜR WEN?
Für jeden, der sein Essen schlingt, und für alle Übergewichtigen.

WAS BRAUCHT MAN?
Ausdauer.

WAS SOLLTE MAN VERMEIDEN?
Aufgeben. Rückfälle sind aber normal.

WIE LANGE DAUERT ES?
Solange man nicht intravenös ernährt wird, kann man sein ganzes Leben lang ausgiebig kauen.

Verbinden Sie alles mit allem

Vielleicht haben Sie schon einmal von dem berühmten Schmetterling in Brasilien gehört, dessen Flügelschlag einen Wirbelsturm in Texas auslöst?

Dieses Bild darf man natürlich nicht ganz wörtlich nehmen und sich auf die Suche nach dem Insekt begeben. Der Schmetterling ist ein Gleichnis der modernen Physik, die die Dinge inzwischen genau so sieht, wie sie die chinesischen Philosophen schon vor über zweitausend Jahren sahen: Es gibt nichts, was für sich allein steht – alles ist mit allem anderen in Verbindung. Kleinste Ereignisse, wie eben jener Flügelschlag eines Schmetterlings, können große Wirkungen auslösen, beispielsweise einen Wirbelsturm, da sie durch unsichtbare Fäden von Wechselwirkungen mit allem anderen verknüpft sind.

Das ist natürlich sehr abstrakt. Und was hilft es schon, zu wissen, dass fliegende Insekten möglicherweise mit meteorologischen Großereignissen zusammenhängen? Gar nichts.

Wie sehr aber alles mit allem zusammenhängt, können Sie ganz leicht erfahren, wenn Sie sich einmal an folgendes Experiment wagen: Nehmen Sie einen beliebigen Gegenstand zur Hand. Einen möglichst einfachen. Schreiben Sie ihn (ganz klein) oben auf ein (ganz großes) Blatt Papier. (Sie können die Übung aber auch im Kopf machen.)

Und jetzt überlegen Sie, wie dieser Gegenstand in Ihre Hand kam, und schreiben es auf. Verfolgen Sie seinen Weg immer weiter zurück. Was war alles nötig, damit Sie diesen Gegenstand jetzt vor sich haben? Beschränken Sie sich erst einmal nur auf die Menschen, die daran beteiligt waren.

Nehmen wir als Beispiel ein Streichholz. Da gibt es natürlich den Verkäufer. Damit er aber überhaupt Streichhölzer
verkaufen kann, musste er ja erst einmal von seiner Mutter
geboren worden sein. Und die Streichhölzer wuchsen nicht
im Laden, sondern wurden geliefert. Der Lieferant kam mit
einem Auto. Das Auto musste gebaut beziehungsweise erst
einmal erfunden werden. Genauso wie die Maschinen in der
Fabrik, in der das Streichholz von einem Arbeiter, der die
Maschine bediente, erst erfunden werden mussten. Der Erfinder hatte natürlich auch Eltern und Lehrer. Sein Patent
für die Maschine wurde von einem Patentamtsangestellten
bearbeitet. Die Maschinen, die zum großen Teil aus Metall
bestehen, mussten hergestellt werden – aber dazu brauchte
man erst einmal Metall beziehungsweise Erz, das von Berg-
arbeitern gefördert wurde ...

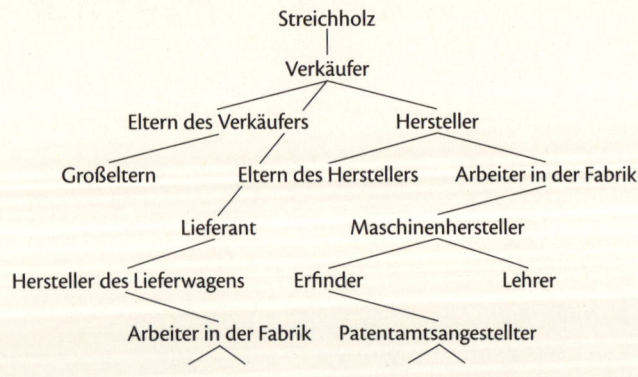

Diese kleine Übung kann einen schwindelig machen. Ganz
gleich, welchen Gegenstand Sie verfolgen, ganz egal, wo Sie
anfangen, die Bedingungen dafür, dass dieses Produkt genau hier und jetzt bei Ihnen ist, sind unendlich.

Das Spiel können Sie niemals zu einem Ende bringen, selbst wenn Sie Ihr gesamtes weiteres Leben nur noch die Verbindungen dieses einen Streichholzes weiterverfolgten. Das hätte natürlich nicht viel Sinn. Doch es ist sehr sinnvoll, sich die Verbundenheit von allem immer wieder einmal bewusst zu machen. Dann erfahren Sie ganz sinnlich, wie komplex diese Welt ist, und dass jene, die behaupten, es gäbe für alles eine einfache Lösung, meist ziemlich verkehrt liegen.

Übrigens: Auch jeder Mensch ist mit jedem anderen Menschen auf dieser Erde verbunden. Aber nicht durch Tausende Umwege, nicht einmal durch Hunderte. Sondern über durchschnittlich 6,3 Bekanntschaften! Sie glauben das nicht? Nun, ein Bauernkind in China kennt den Dorfvorsteher, der den Möbelfabrikbesitzer kennt, der Möbel nach Deutschland verkauft an einen Händler, der den Einkäufer im Möbelhaus kennt, der den Verkäufer kennt, bei dem Sie Ihren Küchentisch gekauft haben...!

FÜR WEN?
Für jeden, der glaubt, dass alles ganz einfach ist. Oder für alle, die das Staunen neu erlernen wollen.

WAS BRAUCHT MAN?
Papier und Stift, es geht aber auch ohne.

WAS SOLLTE MAN VERMEIDEN?
Das Staunen zu unterdrücken.

WIE LANGE DAUERT ES?
Ein paar Minuten.

Lernen Sie ein Gedicht von Goethe auswendig

Warum gerade Goethe? Weil er der bekannteste und bedeutendste Dichter der deutschen Sprache ist und außerdem ein Genie war. Und weil ein Goethe-Gedicht zu kennen den Eindruck von klassischer Bildung vermittelt. Muss man die haben? Ganz egal: Wir wollen doch zumindest gebildet wirken. Ein Gedichtchen unseres Dichterfürsten zu kennen ist dafür ja wohl nicht zu viel verlangt.

Aber wir wollen es Ihnen nicht schwer machen. Hier also erst einmal ein kleines, bekanntes, aber trotzdem sehr schönes Gedicht:

Wandrers Nachtlied II

MERKHILFEN

Über allen Gipfeln
ist Ruh,
In allen Wipfeln
spürest du
Kaum einen Hauch;
Die Vögelein schweigen
im Walde.
Warte nur, balde
Ruhest du auch.

Einfaches ABAB-Schema:
Gipfeln – Ruh – Wipfeln – du

Hier ist ein Haltepunkt – es geht mit neuem Reimschema weiter: ABBA
Hauch – Walde – balde – auch

Das war Ihnen zu leicht? Der langweilige Abend ist noch nicht vorbei? Oder haben Sie gar Geschmack am Auswendiglernen gefunden?

Dann wollen wir Sie jetzt noch nicht auf die gesammelten Werke Goethes verweisen, Ihnen aber noch ein Gedicht vorstellen. Es ist nicht so bekannt wie »Der Zauberlehrling« oder »Der Erlkönig«, aber dafür nicht nur schöner, sondern auch wirksamer, um es dem oder der Geliebten vorzutragen:

Nähe des Geliebten

	MERKHILFEN
Ich denke dein,	Schema: ABC ABC
wenn mir der Sonne	A: dein – dein
Schimmer	B: Sonne Schimmer –
Vom Meere strahlt.	Mondes Flimmer
Ich denke dein,	C: Meere strahlt –
wenn sich des Mondes	Quellen malt
Flimmer	Merken Sie's? Erst die Him-
In Quellen malt.	melskörper, dann Wasser …
Ich sehe dich,	Jetzt wird's schwieriger:
wenn auf dem fernen	ABC DBC
Wege	AD: Ich sehe dich (wo?) –
Der Staub sich hebt,	in tiefer Nacht
In tiefer Nacht,	BC: wenn … hebt –
wenn auf dem schmalen	wenn … bebt
Stege	B (wo?): Wege – Stege
Der Wandrer bebt.	
Ich höre dich,	Erst denken, dann sehen,
wenn dort mit dumpfem	jetzt hören
Rauschen	Schema: A BC BC
Die Welle steigt.	BC: Rauschen … steigt
Im stillen Haine geh ich	BC: lauschen … schweigt
oft zu lauschen,	
Wenn alles schweigt.	

MERKHILFEN

Ich bin bei dir,	Ich bin bei dir – du bist mir nah!
du seist auch noch	Die Sonne sinkt – o wärst du da!
so ferne,	Und dann dazwischen,
Du bist mir nah!	in Klammern:
Die Sonne sinkt,	(du seist auch noch so ferne)
bald leuchten mir	(bald leuchten mir die Sterne)
die Sterne.	
O wärst du da!	

Damit Sie sich nicht blamieren, sollten Sie zumindest zusätzlich zu einem Gedicht die grundlegendsten Fakten über den Dichter kennen: Goethe lebte von 1749 bis 1832. Er wurde in Frankfurt geboren und starb in Weimar. Und er war keineswegs nur Dichter *(Faust!)*, sondern ebenso Kunsttheoretiker, Naturwissenschaftler und Staatsmann. Er ist, neben Schiller, der herausragende Vertreter der (Weimarer) Klassik.

Mit diesem Wissen können Sie allerdings nicht prahlen, das ist wirklich das absolute Minimum. Zum Angeben wären ein paar Fakten gut, die auch Goethe-Kenner nicht unbedingt wissen:

⌣· Als Goethe vierzehn Jahre alt war, 1763, hörte er ein Konzert des halb so alten Mozart.

⌣· Im selben Alter wollte er Mitglied der tugendhaften »Arkadischen Gesellschaft zu Phylandria« werden. Die nahmen ihn aber nicht. Wegen »Ausschweifungen«.

⌣· 1784 entdeckte er bei anatomischen Untersuchungen an einem Embryo den Zwischenkieferknochen des Menschen.

⌣· 1808 verlieh Napoleon ihm das Kreuz der Ehrenlegion.

⌣· Goethe hatte fünf Kinder, von denen aber nur August überlebte. Da er 1830, noch vor seinem Vater, starb, endete damit die Linie Goethes. Es gibt also keine direkten Nachkommen.

Über Goethe gäbe es unendlich viel zu schreiben und zu lesen. Aber einmal muss man Schluss machen – also machen wir Schluss.

FÜR WEN?
Für jene, die gern ihre Bildung zeigen, aber nichts »Klassisches« draufhaben.

WAS BRAUCHT MAN?
Zwei Gedichte werden ja mitgeliefert. Vielleicht eine Lesebrille.

WAS SOLLTE MAN VERMEIDEN?
Das Gedicht herunterzuleiern. Dann lieber ganz lassen. Es ist auch viel einfacher, wenn man es mit Gefühl liest. Laut.

WIE LANGE DAUERT ES?
Das Anfängergedicht sollten Sie in zwei bis drei Minuten auswendig können. Beim zweiten Gedicht rechnen Sie mal mit fünfzehn Minuten. Das ist aber nur ein ganz grober Richtwert. Manche schaffen es in fünf Minuten, andere brauchen eine halbe Stunde.

Veranstalten Sie Ihr eigenes Filmfestival

Eine Kinokarte kostet mittlerweile durchschnittlich acht Euro. Wenn man mit zehn Freunden ins Kino geht, wird das eine teure Angelegenheit. Aber natürlich ist ein Kinoabend vor einer riesigen Leinwand schon ein besonderes Erlebnis. Manche Filme wirken einfach nur in dieser Dimension und mit großem Sound.

Falls Sie oder ein Freund einen großen Breitbildfernseher oder gar einen Beamer haben, dann gibt es eine Alternative, die ihren ganz eigenen Reiz hat: ein Filmfestival mit Freunden. Laden Sie ein paar Freunde ein und bitten Sie jeden, seine Lieblings-DVD mitzubringen. Oder Sie geben ein Thema vor: Science-Fiction, Autorenfilm, historischer Film, Komödie... Oder Sie machen einen Hitchcock-, Monty-Python-, Star-Wars-, Harry-Potter- oder Piraten-der-Karibik-Abend.

Wenn jeder Ihrer Gäste dann noch einen kleinen Snack, Kartoffelsalat, Wein, Bier oder, für die Puristen, Wasser mitbringt, ist die Voraussetzung für ein Erlebnis der ganz besonderen Art gegeben: Nirgendwo anders können Sie eine ganze Filmreihe ansehen. Sie können wichtige Szenen wiederholen. Da entdeckt man immer wieder etwas Neues. So etwa die Stellen, an denen Hitchcock einen Cameo-Auftritt hat (er taucht in fast jedem seiner Filme einmal auf).

Sie können ganz nach Belieben Pausen machen. Zum Essen, zum Diskutieren, zum Durchstrecken. Sie haben die Möglichkeit, nicht nur die Lieblingsfilme Ihrer Freunde kennenzulernen, die Sie sich sonst vielleicht nie angesehen hätten, Sie lernen dadurch auch Ihre Freunde besser kennen.

Es hat viele Vorteile, nicht im Kino zu sitzen. Vor allem die Teilnehmer mit schwacher Blase werden dankbar sein. Vor allem aber ist das Ganze ein Event: Zusammen macht das Filmegucken viel mehr Spaß, und es kostet nichts!

Übrigens verleihen die meisten öffentlichen Bibliotheken mittlerweile auch DVDs, und zwar quasi kostenlos!

FÜR WEN?
Für Filmliebhaber und jeden, der mit seinen Freunden mal etwas anderes machen möchte.

WAS BRAUCHT MAN?
Einen Breitbildfernseher und einen DVD-Player oder Freunde, die so etwas haben.

WAS SOLLTE MAN VERMEIDEN?
Die Erwartung, dass es wie im Kino sein wird. Es hat Vor- und Nachteile.

WIE LANGE DAUERT ES?
Stunden.

Stöbern Sie auf »YouTube« herum

Dieses Kapitel ist nur etwas für jene, die eine Rechenma-
schine (englisch *computer*) haben und trotzdem noch nie
bei »YouTube« gewesen sind.

»YouTube« ist eine Internetseite (www.youtube.com), auf
der man kurze Videos einstellen und vor allem ansehen
kann. Die »YouTube«-Geschichte begann im November
2005. Mit einem Kapital von 3,5 Millionen US-Dollar ging es
los. Ein halbes Jahr später wurde der Wert der Firma auf
sechshundert Millionen US-Dollar geschätzt, und ein weiteres halbes Jahr später war sie anderthalb Milliarden US-Dollar wert. Auf dem Sparbuch hätte man auf jeden Fall weniger verdient.

Der enorme Erfolg von YouTube ist verständlich, wenn
Sie sich mal umsehen, was man dort alles finden kann. Ein
paar persönliche Highlights:

- *Ein Video von den Comedian Harmonists,* wie sie 1931
  »Veronika, der Lenz ist da« singen, können Sie sich hier
  ansehen:

  www.youtube.com/watch?v=LIWErodI2jo

- *Chico und Harpo Marx spielen Klavier* (aus »Marx Bro-
  thers im Kaufhaus« von 1941):

  www.youtube.com/watch?v=F1-WEvM9spA

- *John F. Kennedys berühmte Berliner Rede* (»Ich bin ein
  Berliner«):

  www.youtube.com/watch?v=C_Xg3jHNexM

᷍· *Albert Einstein hält eine kurze Rede* (um 1950):

www.youtube.com/watch?v=l-1Z2wi2uSA

᷍· *Ein Shaolin-Mönch, der auf einem Finger steht.* Er ist der einzige Mensch weltweit, der das kann. Man findet auf YouTube noch weitere Leute, die auf einem Finger stehen, allerdings sind das alles Fälschungen:

www.youtube.com/watch?v=sqQx1hgh--w

᷍· *Ein fünfeinhalbfacher Salto vom Zehnmeterbrett* (mit Trampolin):

www.youtube.com/watch?v=KxH-59Ex-nI

᷍· Oder (nicht so viele Drehungen, aber höher):

www.youtube.com/watch?v=drFbUejdTpw

Man könnte diese Listen ja sehr lange weiterführen. Und immer wieder gibt es neue (oder uralte) faszinierende Dinge zu entdecken.

Aber anstatt nur zuzuschauen, können Sie auch etwas lernen: Zaubertricks, Jonglieren, Selbstverteidigung, Taiji, wie verrückt die Welt ist, wie gefährlich Autofahren sein kann, welche unglaublichen Dinge man mit einer ganz normalen Gitarre anstellen kann oder wie man Gitarre step-by-step spielen lernt. Aber natürlich finden Sie dort auch die schönsten Fußballtore der Saison ...

Nur alles glauben sollten Sie nicht. Insbesondere wenn es um Politik geht. Da kommt es nämlich gerade in Mode, Werbeagenturen zu beauftragen, die Propagandafilmchen drehen und diese bei »YouTube« einstellen. Und vergessen Sie nicht, wie manipulierbar Bilder heutzutage sind.

FÜR WEN?
Für jeden, der alte Reden, neue Bands, Unsinn und Sinn sucht.

WAS BRAUCHT MAN?
Einen Computer mit (schnellem) Internetanschluss.

WAS SOLLTE MAN VERMEIDEN?
Ungeduld.

WIE LANGE DAUERT ES?
Wer einmal anfängt, kann nur noch schwer aufhören.

Wiederholen Sie einen Tag im Zeitraffer

Wie wirklich ist die Vergangenheit? Schließlich existiert sie nur in unserem Kopf. Wie alles mögliche andere, was wir uns so denken. Trotzdem haben wir keinen Zweifel daran, dass wir gestern existierten. Unser Gedächtnis hat ja die Vergangenheit anscheinend aufgezeichnet. Ist unser Gehirn also wirklich nur ein biologischer Camcorder?

Nein. In Wirklichkeit ist wieder einmal alles viel komplizierter: Psychologen konnten zeigen, dass wir die Vergangenheit nicht aus unserem Gedächtnis abrufen; unser Gehirn rekonstruiert die Vergangenheit anhand von Fragmenten und Gewohnheiten.

Wie viel ist eigentlich wirklich übrig von einem Tag? Beispielsweise von gestern? Erforschen Sie doch einmal eingehend Ihre jüngste Vergangenheit: Versuchen Sie, sich an den vorausgegangenen Tag zu erinnern. An jede Einzelheit, vom Aufwachen bis zum Einschlafen. Beginnen Sie mit dem Moment, an dem Sie die Augen aufschlugen. An was dachten Sie da? Was war das Erste, was Sie an diesem Morgen gemacht haben? In welcher Reihenfolge haben Sie die Morgentoilette erledigt?

Was haben Sie gefrühstückt? Haben Sie sich dabei mit Ihren Kindern oder Ihrem Partner unterhalten? Über was? Oder haben Sie überlegt, was Ihnen dieser Tag bringen würde? Wie war der Weg zur Arbeit, sofern Sie zur Arbeit gingen; oder was haben Sie dann getan? Und schließlich: Was waren Ihre letzten Handlungen, bevor Sie einschliefen?

Es wäre schon erstaunlich, wenn Sie alle oder auch nur die meisten dieser Fragen klar beantworten könnten. Doch es wäre ebenso merkwürdig, falls nicht doch einige Einzelheiten aus dem Vergessen auftauchten.

Wenn Sie sich diese Übung zur Gewohnheit machen, werden Sie Ihr Leben viel bewusster leben. Und das ist schon etwas ziemlich Wertvolles. Denn nur die Zeit, die Sie bewusst leben, leben Sie wirklich. Alles andere versinkt im Ozean des Vergessens, als hätten Sie es nie erlebt. So gesehen können Sie mit dieser einfachen Übung locker Ihre Lebenszeit verdoppeln. Das ist besser als Knoblauchpillen!

FÜR WEN?
Für jeden, der sein Leben bewusster leben möchte.

WAS BRAUCHT MAN?
Willenskraft.

WAS SOLLTE MAN VERMEIDEN?
Zu schnell vorzugehen.

WIE LANGE DAUERT ES?
Etwa eine halbe Stunde.

Übernachten Sie in der freien Natur

Wir sind so zivilisiert, dass es uns sehr ungewöhnlich erscheint, nicht in einem Bett zu schlafen, eingerahmt von vier Wänden. Das hat natürlich unbestreitbar seine Vorteile, insbesondere wenn es regnet oder kalt ist. Doch warum wagen Sie nicht einmal, in einer warmen Sommernacht die Zimmerdecke durch das Himmelszelt zu ersetzen? Denn auch das hat was. Sie erleben etwas Neues, das Ihren Geist bereichert, es fördert die Kreativität und gibt Ihnen das Gefühl, ein Teil der Natur zu sein. Und wir haben eigentlich die besten Voraussetzungen: keine wilden Raubtiere, keine Schlangen, Skorpione oder Taranteln ... Es spricht also nichts dagegen, dieses kleine Abenteuer einmal zu erleben.

Packen Sie sich zwei Decken (oder noch besser: einen Schlafsack) ein, eine Flasche Wasser und eine Taschenlampe. Und dann ziehen Sie um. Wenn Sie Haus und Garten haben, ist es natürlich ganz einfach. Sie tauschen nur das Schlafzimmer mit dem Garten. Aber was Sie an Einfachheit gewinnen, geht an Abenteuer verloren. Besser ist da schon der nächste Wald.

Natürlich: Zuerst ist das gruselig. Es wird dunkel. Und je dunkler es wird, desto mehr seltsame, beunruhigende Geräusche dringen aus dem Dunkel. Vielleicht fürchten Sie sich ja vor Meuchelmördern, die hinter dem nächsten Gebüsch lauern. Andererseits: Was würden die wohl mitten in der Nacht im Wald tun? Die Ausbeute an Opfern wäre doch zu gering. Und selbst wenn denn tatsächlich Mörder im Wald umherschlichen, könnten die Sie ja gar nicht sehen!

Also packen Sie einfach den Angsthasen bei den Ohren

und fassen Sie sich ein Herz. Sie werden ein Abenteuer erleben, das Sie bereichert. Und wenn Sie Spaß daran gefunden
haben, probieren Sie es vielleicht sogar einmal in einer kal-
ten Winternacht... mit einem dicken Schlafsack und Pudel-
mütze.

FÜR WEN?
Für jeden, der nicht gern in der freien Natur übernachtet.

WAS BRAUCHT MAN?
Mut zu Neuem.

WAS SOLLTE MAN VERMEIDEN?
Bären, Panikattacken.

WIE LANGE DAUERT ES?
Eine Nacht lang.

Prägen Sie sich die Weltkarte ein

Es gibt genau 193 von der UNO anerkannte Staaten. Das heißt, es existieren noch ein paar mehr. Wenn Sie alle kennen, können Sie damit auftreten. So weit wollen wir es hier aber nicht treiben. Doch wie sieht es mit den Kontinenten aus? Wie viele gibt es denn?

Nicht einmal das ist ganz klar. Aber wir wollen Ihnen hier ein paar Tipps geben, wie Sie sich die Weltkarte einprägen, und nicht, wie Sie Haare spalten können. Deshalb werden wir mal von sieben Kontinenten ausgehen (Asien, Afrika, Nordamerika, Südamerika, Antarktika, Europa und Australien). Und dann gibt's da noch Grönland.

Eine Weltkarte zeichnen

Langweilig, kennt doch jeder? Dann zeichnen Sie mal aus dem Gedächtnis eine Weltkarte. Ganz grob. Sie werden möglicherweise feststellen, dass das gar nicht so einfach ist. Für den Anfang wird es jedenfalls hilfreich sein, sich die Größenverhältnisse einmal klarzumachen. Eine ganz grobe Faustregel könnte lauten:

$$2 \quad 3 \quad 4 \qquad 6 \quad 8 \quad 10 \quad 12$$

Das soll heißen: Der größte Kontinent nimmt etwa die Hälfte der Landmasse ein, der zweitgrößte ein Drittel, der dritte ein Viertel (und schon hier sehen Rechenkünstler, dass das in der Tat eine sehr grobe Faustregel ist). Dann geht es mit den vier kleineren Kontinenten weiter: ein Sechstel, ein Achtel, ein Zehntel und ein Zwölftel. Aber in welcher Reihenfolge?

»Acht Affen niesen; sieben Arten essen auswärts.« Nein, wir sind noch nicht verrückt geworden. Aber dieser alberne Satz ist vielleicht doch leichter zu merken als »Asien, Afrika, Nordamerika, Südamerika, Antarktika, Europa und Australien«. Und er hat dieselben Anfangsbuchstaben (bei den vielen As sogar noch mehr).

Jetzt wissen Sie schon die ungefähren Größenverhältnisse und die Reihenfolge. Aber das Schlimmste kommt erst noch: Wie kann man sich diese unförmigen Gebilde merken?

Schauen Sie sich die Weltkarte an. Versuchen Sie nun, wenn Sie können, unseren etwas wirren Bildern zu folgen.

Oben links stößt ein dicker Hund (vermutlich ein Schnauzer), der sich umsieht, mit dem Kopf an den linken Rand der Karte. Der Kopf ist Alaska, der Vorderkörper und teilweise das rechte Vorderbein Kanada, der Rest die USA. Sein Schwanz ist Mexiko. Südamerika ist eine Eistüte, die mit einem kurzen Lederband (Mittelamerika) am Schwanz des

Hundes hängt. Nun nochmal ganz nach oben: Dahin kommt wieder eine Eistüte (viel kleiner als die, die am Hundeschwanz klebt).

Zwischen dem Popo des Hundes und der darunter hängenden Eistüte ist eine deutliche Lücke. In diese Lücke passt genau das obere Ende einer dritten Eistüte: Afrika. Eine Jumboportion: ein ganzes Stück dicker, aber nur ein bisschen länger. Und da er genau in die Lücke passt – mit einem gewissen Abstand natürlich –, reicht seine Spitze nicht so weit nach unten wie die Südamerika-Eiswaffel.

Über der Afrika-Eiswaffel liegt der Kopf (Europa) eines Seeotters, der einen Fisch im Maul hat. Der lange Körper ist Russland, und der flache Schwanz berührt den rechten Rand der Karte. In Wirklichkeit Alaska, mit dem wir ja auf der anderen Seite angefangen haben.

Ein Löwe springt von unten heran und schleckt an der rechten Kugel des Afrika-Eises. (Also am Iran. Der untere Teil der Kugel ist die Arabische Halbinsel.) Der Kopf des Löwen ist Kasachstan und der Körper größtenteils China. Der Vorderlauf ist Indien, der Hinterlauf Thailand (und Burma, Laos, Vietnam, Kambodscha, Malaysia...). Des Löwen Schwanz beginnt ganz dick (noch China) und weist nach oben, doch das dünne Ende hängt herab (Korea) und schwingt dann nach oben (Japan).

Da der Löwe gerade erst zum Otter hinaufgesprungen ist (von rechts unten), sieht man noch seine Tatzenabdrücke (Indonesien, Papua-Neuguinea). Außerdem hat er etwas fallen lassen (Taiwan und die Philippinen).

So. Darunter ist immer noch Platz. Auf Höhe der Spitze des Afrika-Faustkeils malen wir unter die Löwentatzenabdrücke noch einen Kamelkopf: Australien. Ganz unten ist es ganz weiß. Da ist Antarktika. Und schon haben Sie immerhin eine grobe Weltkarte gezeichnet und wissen, wo China liegt.

Das ist ja schön und gut. China kannten Sie vorher auch schon. Und sogar von Australien hatten Sie schon mal gehört. Okay: Aber jetzt können Sie die Welt tatsächlich grob skizzieren. Und da wird es schon leichter, sich ein paar weitere Orte zu merken.

Kommen wir zu den Ländern

Sehen wir uns mal den »Otterkopf« (Europa) genauer an. Nun, es sieht tatsächlich einem Otter nicht sehr ähnlich. Aber wollen wir mal nicht kleinlich sein. Jedenfalls ist die Schnauzenspitze, die beinahe die Afrika-Eiswaffel berührt, Spanien, der vordere Kopf Frankreich, und in der Mitte liegt Deutschland. Die Pfote über dem Kopf ist Skandinavien (Finnland, Schweden, Norwegen). Der Unterkiefer die Balkanstaaten, ganz unten Griechenland. Die rechte Pfote (Türkei) berührt den Unterkiefer und schließt das Schwarze Meer ein. Ach ja: Der Fisch. Der Schwanz ist England, der Kopf Italien. Den Kopf des Otters bilden Deutschland und seine Nachbarn. Und das sind wie viele? Wissen Sie es? Im Uhrzeigersinn: Polen, Tschechien, Österreich (Austria), Schweiz, Frankreich, Luxemburg, Belgien, Niederlande, Dänemark. Hier ein kleiner Merksatz dafür: »Neun Polen tanzen auf schweinischer Feier – lustige Burschen, neckische Damen.«

Noch mehr? Gut, versuchen wir uns an Südamerika. Die Eiskugeln sind (von links im Uhrzeigersinn): Peru, Ecuador, Kolumbien, Venezuela, Guyana, Surinam, Französisch-Guyana, Brasilien. Und wie merken wir uns das? Mit Eis natürlich: »Perritos Eis kann vielleicht gut sein! Sehr feine Brocken!« Die Waffel besteht aus (wieder von links im Uhrzeigersinn): Bolivien, Paraguay, Uruguay, Argentinien, Chile oder: »Bonzen-Pack unterhält amerikanische Chinesen.«

Afrika? Nun – das Eis wird uns zu groß. Versuchen Sie sich doch einmal selbst daran ...

FÜR WEN?
Für Menschen, die sich ärgern, dass sie nicht wissen, wo das Land liegt, über das der Nachrichtensprecher gerade redet.

WAS BRAUCHT MAN?
Eine Weltkarte, einen Schreibblock, Stifte. Ein Globus erleichtert die räumliche Vorstellung ungemein. Und für unsere Hilfestellungen brauchen Sie ein wenig Fantasie und etwas Albernheit.

WAS SOLLTE MAN VERMEIDEN?
Sich ärgern, wenn Sie sich nicht gleich alles merken oder unsere Bilder nicht nachvollziehen können.

WIE LANGE DAUERT ES?
Nehmen Sie sich wenigstens eine halbe Stunde Zeit; dann können Sie zumindest eine passable Weltkarte aus dem Gedächtnis zeichnen und die wichtigsten Länder zuordnen.

Produzieren Sie Ihre eigenen Weihnachts- oder Grußkarten

Über nette Karten zu Weihnachten, zum Geburtstag oder eigentlich zu jedem Anlass freuen wir uns wohl alle. Und wenn man sich die Mühe macht, eine einigermaßen schöne oder witzige Karte (je nach Charakter des Bedachten) zu kaufen und etwas Nettes hineinzuschreiben, ist es natürlich noch besser.

Aber eine selbstgestaltete Karte schlägt alle Massenprodukte um Längen. Ein liebevoll gemachtes Original eines unbekannten Künstlers ist eben doch allemal besser als ein Poster der Mona Lisa. Vor allem ist es unvergleichlich persönlicher. Für die Einladung zu einer Party wird das sicherlich nicht nötig sein. Doch zum Geburtstag eines Menschen, den man wirklich mag, zum Namenstag des Erbonkels oder zur Hochzeit der besten Freundin sollte es schon etwas Originelleres sein als eine Karte aus dem Kaufhaus mit Mäuse-Hochzeitspaar.

Um eine persönliche Karte zu gestalten, müssen Sie nicht das Talent eines Rembrandt besitzen. Ein Bogen dickes Papier, ein paar Fotos oder alte Illustrierte werden sich sicher leicht auftreiben lassen. In Illustrierten kann man Fotos für jede Gelegenheit finden: Schneiden Sie Bilder, Bildteile, Cartoons und Schriften aus und lassen Sie Ihrer Kreativität freien Lauf. Nehmen Sie sich ein bisschen Zeit für das Zusammenstellen der Collage, schnipseln Sie alles zurecht, legen Sie die Teile hin und probieren Sie ein wenig herum, bevor Sie sich festlegen und die Bilder ankleben. Die Ränder umkleben Sie am besten mit einem weißen oder bunten Papierstreifen, damit das Ganze eine Fassung bekommt. Und schon haben Sie eine originelle und individuelle Karte für genau den Anlass, für den sie gedacht ist.

Manchmal gehen dann erst die Schwierigkeiten los: Was schreibe ich nur auf die Innenseite? Wenn man nicht gern Briefe oder Karten verschickt, fallen einem oft doch nur Banalitäten ein. Deshalb noch ein paar Tipps, was Sie schreiben könnten:

- *Reime großer Dichter:* Das hat den Nebeneffekt, dass Sie auch noch ein paar schöne Verse kennenlernen.

- *Eigene Gedichte:* höchste Vorsicht geboten! Nicht jeder ist zum Poeten berufen. Deshalb am besten ein Gedicht, das auf einer festen Form basiert, wie ein Haiku, ein Elfchen und so weiter (siehe »Schreiben Sie Haikus«, Seite 26).

- *Zitate:* So viele schlaue Menschen haben Sachen gesagt, die etwas so gut auf den Punkt bringen, wie man es selbst nie könnte. Warum also nicht ihre Gehirne anzapfen (zum Beispiel unter www.zitate.de)?

- *Songtexte:* Gute Lieder sind wie gute Gedichte. Und wenn jemand den Song kennt, hört er innerlich automatisch die Musik mit. Dann haben Sie sozusagen eine virtuelle »Audiokarte«!

FÜR WEN?

Für die vielen Menschen, die es lieber etwas persönlicher haben.

WAS BRAUCHT MAN?

Ein paar Bogen dickes Papier, Fotos oder Ausschnitte aus Illustrierten, Schere, Klebstoff. Und ein bisschen Kreativität.

WAS SOLLTE MAN VERMEIDEN?

Klischees.

WIE LANGE DAUERT ES?

Eine viertel Stunde pro Karte wird es wohl mindestens dauern.

Lernen Sie fünf Redewendungen in fünf Sprachen

Sicherlich sind Sie auch schon einmal in die peinliche Situation geraten, einem Finnen zu begegnen und ihm nicht sagen zu können, dass Sie ihn lieben. Oder Sie wollten einem Norweger mitteilen, dass Sie aus Deutschland kommen. Vielleicht wollten Sie aber auch einen Letten über die Form Ihres Hutes oder eine Chinesin über Ihre Unkenntnis der chinesischen Sprache aufklären?

Von nun an werden Sie all diesen Situationen gewachsen sein. Dazu müssen Sie nur unser kleines mehrsprachiges Wörterbuch auswendig lernen. Und schon können Sie Ihre Freunde mit Ihrer (mindestens) Sechssprachigkeit beeindrucken.

	Ich komme aus Deutschland.
Finnisch	Olen kotoisin Saksasta.
Lettisch	I nāk no Vācijas.
Tagalog	Ako nanggaling mula sa Germany.
Norwegisch	Jeg kommer fra Tyskland.
Chinesisch	Wo tsong deguo lai de.

	Ich verstehe dich nicht.
Finnisch	En ymmärrä teitä.
Lettisch	Es nesaprotu jums.
Tagalog	Hindi ko maintindiha n mo.
Norwegisch	Jeg forstår ikke deg.
Chinesisch	Bu dong.

	Sprichst du Deutsch?
Finnisch	Puhutte Saksan?
Lettisch	Tu runā vāciski?
Tagalog	Ikaw na nagsasalita ng German?
Norwegisch	Snakker du tysk?
Chinesisch	Nie shwuo de-ü ma?

	Mein Hut hat drei Ecken.
Finnisch	Oma hattu on kolme nurkkiin.
Lettisch	Mani cepure ir trīs stūros.
Tagalog	Aking sumbrero ay may tatlong sulok.
Norwegisch	Mîn lue har tre hjørner.
Chinesisch	Uo de mau-z jou san-ge djiao.

	Ich liebe dich.
Finnisch	Minä rakastan sinua.
Lettisch	Es mīlu tevi.
Tagalog	Mahal kita.
Norwegisch	Jeg elsker deg.
Chinesisch	Uo ai nie.

FÜR WEN?
Für jeden, der wenigstens ein paar Worte in einer exotischen Sprache können möchte.

WAS BRAUCHT MAN?
Sinn für Unsinn.

WAS SOLLTE MAN VERMEIDEN?
Sich mit diesen Sprachkenntnissen für einen Auslandsjob zu bewerben.

WIE LANGE DAUERT ES?
Ein paar Minuten.

Tun Sie einfach einmal gar nichts

Wie – gar nichts? Irgendetwas tut man doch immer? Auch wenn man auf dem Sofa liegt, kreisen die Gedanken, man schmiedet Pläne, wackelt mit den Zehen oder gibt sich Tagträumen hin. Das mag ja manchmal ganz nett sein, aber warum sollte man sich Zeit nehmen, um so etwas Unproduktives und Langweiliges wie Nichtstun zu tun? Nun, es gibt schon ein paar gute Gründe:

- Sie können feststellen, dass Ihre Gedanken nicht tun, was Sie wollen.

- Sie können sich darüber klar werden, dass das Leben keine To-do-Liste ist.

- Sie können die Kunst der Muße erlernen und erfahren, dass Muße etwas ganz anderes als Faulenzen ist.

- Sie können Ihren Geist zur Ruhe kommen lassen und Kraft schöpfen.

- Sie können üben, aus dem Hamsterrad auszusteigen.

- Sie können erkennen, dass Aktivität manchmal einem Suchtverhalten ähnelt.

Also: ab auf die Couch! Sie brauchen keinen Psychoanalytiker. Setzen Sie sich einfach hin und versuchen Sie, gar nichts zu tun. »Gar nichts« heißt: nicht über Probleme nachdenken, keine Pläne schmieden, sich nicht mit Gedankenspielen oder Analysen Ihrer Gedanken und Gefühle ablenken, die mit Sicherheit auftauchen werden.

Sie dürfen weiteratmen. Sie dürfen Ihre Gedanken und Gefühle möglichst amüsiert beobachten. Sie dürfen genießen, dass Sie nichts tun.

Wahrscheinlich werden Sie merken, dass es gar nicht so einfach ist, gar nichts zu tun. Und vielleicht bringt Ihnen das die Erkenntnis, dass das Nichtstun nicht so verpönt ist, weil es so einfach, sondern weil es ganz im Gegenteil ganz schön schwierig ist ...

FÜR WEN?
Für jeden, der gestresst ist und das Leben für eine Agenda hält.

WAS BRAUCHT MAN?
Nichts.

WAS SOLLTE MAN VERMEIDEN?
Alles.

WIE LANGE DAUERT ES?
Mindestens dreißig Minuten.

Schreiben Sie eine Kurzgeschichte

Sich kreativ zu betätigen ist eine der sinnvollsten Maßnahmen, die man ergreifen kann. Kaum etwas ist so befriedigend, wie selbst etwas zu schaffen.

Sie können Musik machen, komponieren, Bilder malen, zeichnen, basteln, Holzschnitzereien anfertigen und vieles andere. Auf das Können kommt es nicht an. Nehmen Sie sich da am besten Nestroys Spruch zu Herzen, der sagte, Kunst komme nicht von Können. Denn könnte man's, wär's ja keine Kunst!

Doch Musikinstrumente sind teuer, Leinwand und Farben auch; und um ein Marmorstandbild zu meißeln, fehlt Ihnen möglicherweise die Geduld? Dann probieren Sie es doch einmal mit dem Allereinfachsten und Billigsten: Schreiben. Jeder kann schreiben. Vielleicht nicht wie Thomas Mann oder Joanne K. Rowling. Aber das ist ja auch nicht nötig.

Ebenso wenig ist es nötig, dass Sie ein tausendseitiges Epos oder auch nur einen 150-seitigen Krimi verfassen. Von Gedichten möchten wir eher abraten, außer von klar strukturierten Kurzgedichten (siehe »Schreiben Sie Haikus«, Seite 26). Am besten probieren Sie es also mit einer Kurzgeschichte.

Bevor Sie anfangen, prägen Sie sich ein Mantra ein, das Sie immer wiederholen können: »Ich schreibe nur für mich, keiner soll zu lesen bekommen, was ich schreibe.« Denn sobald Sie sich in Ihren Gedanken zu potenziellen Lesern begeben, sind Sie nicht mehr bei sich; und das tut sowohl dem Spaß als auch der Kreativität und sogar dem Ergebnis Abbruch. Sie schreiben also nur für sich. Sie haben keinen Druck.

Und dann sitzen Sie vor dem leeren Blatt Papier.

Allmählich kommt dann doch etwas Druck auf, wenn Sie zehn Minuten so gesessen haben. Seien Sie beruhigt: Das ist ganz normal. Auch (oder gerade) professionelle Schriftsteller haben immer wieder einmal eine Schreibhemmung.

Es wird wieder Zeit für das Mantra. Sagen Sie sich: »Ich schreibe nur für mich ...« Und dann tun Sie das auch.

Ihnen fällt immer noch nichts ein? Dann fangen Sie doch damit an. »Ich sitze hier vor einem leeren Blatt Papier und will eine Kurzgeschichte schreiben. Aber mir fällt nichts ein. Warum? Irgendwie habe ich das Gefühl, sie schreiben zu müssen, aber ich muss doch gar nicht! Plötzlich ...«

Es kann schon sein, dass Ihnen fünf Minuten lang nichts einfällt. Rein gar nichts. Bleiben Sie dennoch dran. Zehn Minuten – immer noch nichts. Aber nach spätestens einer viertel Stunde hat sich Ihr Gehirn auf die Situation eingestellt und wird beginnen, irgendetwas zu produzieren. Bestimmt!

Machen Sie es sich nicht schwer. Eine Kurzgeschichte ist kurz (zwei bis zehn Seiten). Eine gängige Definition lautet: »In einer Lesesitzung zu lesen.« Das Schreiben dauert natürlich etwas länger, aber es ist überschaubar.

Zum Schluss noch ein paar Tipps, an die Sie sich natürlich nicht halten müssen, die aber vielleicht hilfreich sind:

~· Verzichten Sie auf eine Einleitung und springen Sie sofort in die Handlung.

~· Erzählen Sie möglichst in natürlicher zeitlicher Reihenfolge und in der Vergangenheitsform.

- Es ist nie verkehrt, möglichst starke Konflikte und Emotionen in die Geschichte zu bringen.

- Belassen Sie es bei einer Hauptperson (oder höchstens zwei).

- Verzichten Sie darauf, Lösungen zu präsentieren, zu werten oder Ihre eigene Geschichte zu deuten.

- Lassen Sie am besten den Schluss offen. Unbeantwortete Fragen machen die Geschichte interessanter und nachdenkenswerter.

Und jetzt können Sie sofort anfangen!

FÜR WEN?
Für jeden, der etwas Kreatives tun möchte, ohne dafür zu bezahlen.

WAS BRAUCHT MAN?
Papier und Stift.

WAS SOLLTE MAN VERMEIDEN?
Ehrgeiz.

WIE LANGE DAUERT ES?
Mindestens eine halbe Stunde.

Falten Sie einen Origami-Schwan und einen Becher

Ihre Fische sind gerade verstorben, aber der Gartenteich soll nicht so verwaist aussehen? Basteln Sie sich doch einfach selbst das Getier. Am einfachsten ist wohl der Schwan, den wir Ihnen gleich zeigen werden. Dabei kommen Sie ganz ohne Schere und Kleber aus. Und wer hat's erfunden? Die Japaner, vor über tausend Jahren. Deshalb heißt die Kunst des Faltens von Papier auch »Origami«, was einfach das japanische Wort für »Papierfalten« ist. Es gibt wahre Meister auf dem Gebiet, Hunderte von Formen und Tricks. Aber immer beginnt (klassisches) Origami mit einem quadratischen Blatt Papier (siehe Abbildung Seite 289):

- Legen Sie das quadratische Blatt so hin, dass eine Ecke zu Ihnen weist.

- Die Ecke oben wird auf die untere Ecke gefaltet und wieder entfaltet: Nun haben Sie eine Mittellinie.

- Falten Sie die rechten Kanten zur Mittellinie.

- Drehen Sie das Blatt auf den »Bauch«. Die spitze Seite zeigt nun nach links.

- Falten Sie die längeren Kanten zur Mittellinie.

- Falten Sie nun die spitze Ecke links auf die rechtwinklige Ecke rechts.

- Falten Sie das obere Drittel des oben liegenden spitzen Teils nach links.

- Drehen Sie das Blatt auf den »Bauch« und falten Sie es entlang der Mittellinie.

◡· Jetzt können Sie den »Hals« aufrichten. Er sollte dabei nicht gerade nach oben stehen, sondern »Rücklage« haben – sonst steht der Schwan später nicht. Drücken Sie am Halsansatz, um ihn in dieser Position zu fixieren.

◡· Klappen Sie nun noch den »Kopf« hoch und fixieren Sie seine Position durch Pressen am Ansatz.

◡· Fassen Sie den »Kopf« in der Mitte und biegen Sie die Hälfte nach unten. Die untere Hälfte der unteren Hälfte biegen Sie dann wieder nach vorn – so bekommt der »Kopf« eine richtige Form mit Schnabel.

◡· Fassen Sie mit der linken Hand den »Hals« fest am Ansatz, nehmen Sie das Rückenblatt zwischen Daumen und Zeigefinger der rechten Hand und schieben Sie die Finger nach vorn, sodass der Schwan seine »Flügel« spreizt.

◡· Nun fehlt nur noch der »Bürzel«. Fassen Sie den »Rücken« zwischen Zeigefinger und Daumen der linken Hand, etwa zwei Fingerbreit vom Schwanzende entfernt. Ihren rechten Zeigefinger schieben Sie nun mit der Fingerkuppe nach oben zwischen das gefaltete Blatt am Schwanzende und drücken es dadurch auseinander. Drücken Sie mit dem rechten Daumen von oben dagegen. Sie haben nun ein kleines Quadrat zwischen Ihren Fingern. Biegen Sie die hintere Ecke des Quadrats auf die gegenüberliegende Ecke. Falten Sie die äußeren Kanten des entstandenen Dreiecks an der Mittellinie nach innen und pressen Sie den Schwanzteil zusammen. Öffnen Sie die Falte wieder und ziehen Sie mit den rechten Fingern den »Bürzel« ein wenig nach hinten, während Sie ihn mit den linken Fingern wieder zusammenpressen, um ihn zu fixieren. – Voilà: ein Schwan!

Männer haben meist eher etwas Praktischeres als Schwäne im Sinn, wenn sie nicht gerade Opern komponieren. Und so sollen sie hier nicht leer ausgehen. Aus Papier kann man nämlich auch ganz einfach einen Becher machen. Und das geht so:

- Sie beginnen mit einem quadratischen Blatt. Falten Sie es diagonal, sodass Sie nun ein Dreieck vor sich haben.

- Die Hypotenuse (lange Kante) des Dreiecks liegt vor Ihnen, die Spitze weist von Ihnen weg.

- Falten Sie nun die rechte Ecke des Dreiecks so, dass die Spitze die Mitte der gegenüberliegenden Kante berührt.

- Die linke Ecke falten Sie genauso – doch drehen Sie sie nach dem Falten auf die andere Seite.

- Der untere, eimerförmige Teil des Faltgebildes ist sechs Blatt dick. Oben sind zwei dreieckige Laschen.

- Diese Laschen biegen Sie nun, jede auf ihrer Seite, nach unten und stecken sie in die »Taschen«, die sich dort befinden.

- Haben Sie das auf beiden Seiten gemacht, drücken Sie gegen die Seiten des Gebildes, und ein Becher öffnet sich!

- Wenn Sie imprägniertes Papier nehmen, können Sie sogar daraus trinken. Und ist das Blatt groß genug, müssen Sie das fertige Gebilde lediglich umdrehen, und schon haben Sie einen wunderbaren Hut, um den Sie sicherlich jeder beneiden wird.

FÜR WEN?
Für alle mit zwei linken Händen, die gern mal etwas Schönes basteln würden, ohne dass es in Chaos ausartet.

WAS BRAUCHT MAN?
Papier.

WAS SOLLTE MAN VERMEIDEN?
Hektik.

WIE LANGE DAUERT ES?
Eine bis fünf Minuten.

Werden Sie der Mentor Ihres inneren Kindes

Die Vergangenheit ist vorbei, sollte man meinen. Doch das ist nur ein Teil der Wahrheit. In vielerlei Hinsicht sind wir unsere Vergangenheit. Das, was wir erlebt und dabei gefühlt haben, hat uns geformt. In der Gegenwart ist die Vergangenheit also ständig präsent.

Aber trotzdem ist doch die Vergangenheit vorbei. Sie mag uns geformt haben, doch ändern können wir sie nicht... Und schon wieder nur ein Teil der Wahrheit: Wir können zwar nicht ändern, was geschehen ist, aber wir können durchaus verändern, wie wir das Erlebte bewerten.

Das Kind, das wir einmal waren, existiert immer noch als ein Teil unserer Persönlichkeit. Dieses »innere Kind« betrachtet die Welt aus dem Blickwinkel des Kindes: mit der Offenheit des Kindes, aber auch mit der Verletzlichkeit. Es könnte einen liebevollen, klugen Ratgeber gut brauchen.

Unternehmen Sie doch einmal eine Zeitreise in Ihre Vergangenheit. Begeben Sie sich in die Zeit zurück, als Sie ein Kind waren. Welchen Rat würden Sie Ihrem früheren Ich geben? Während Sie das Kind kennen, kennt es Sie nicht. Würde es befolgen, was Sie raten?

Sie werden also der Mentor Ihres früheren Selbst. Damit haben Sie eine verantwortungsvolle Aufgabe übernommen. Sie haben es in der Hand, die Sichtweise und die Entwicklung Ihres inneren Kindes neu zu begleiten – und damit Ihre Vergangenheit neu zu gestalten. Diese Reise ins eigene Ich kann sehr erhellend sein...

Sie müssen nicht alles von Anfang an völlig richtig machen – keine Angst. Sie können immer wieder einmal in

Ihre Vergangenheit reisen und Ihrem inneren Kind als tröstender, liebevoller Ratgeber zur Seite stehen. Dreierlei ist dabei besonders wichtig:

- *Was würden Sie raten?* Können Sie einen sinnvollen Rat geben? Haben Sie eine Idee davon, was wirklich wichtig wäre?

- *Wo liegen die Schwierigkeiten?* Können Sie die Konsequenzen Ihrer Ratschläge sehen?

- *Wie sagen Sie es dem Kind?* Ein Rat ist sinnlos, wenn er so gegeben wird, dass er nicht angenommen werden kann.

Sie sind nicht irgendein fremder Lehrer, sondern in vielerlei Hinsicht der ideale Ratgeber. Niemand kennt dieses Kind so gut wie Sie, nicht einmal seine Mutter. Sie haben all die Erfahrungen gemacht, die Ihr Schützling noch vor sich hat. Sie wissen, was Sie gut können, was Ihnen gelungen ist und was Ihnen gut getan hat. Eigene Erfahrungen sind zwar in der Regel nicht unbedingt der beste Leitfaden, wenn es darum geht, andere Menschen zu beraten. Aber in diesem besonderen Fall sind es gerade Ihre Erfahrungen, um die es geht.

Etwas schwieriger ist die Frage, wie Sie das, was Sie Ihrem inneren Kind sagen wollen, am besten zum Ausdruck bringen. Sodass es das Kind in Ihnen versteht und annehmen kann. Sie haben den unschätzbaren Vorteil, dass Sie wissen, wer Sie sind (oder denken, gewesen zu sein). Belehrungen, Ermahnungen oder unbegründete Behauptungen werden Ihr inneres Kind nicht bewegen. Doch mit Nachdenken, Offenheit und Einfühlungsvermögen finden Sie sicherlich einen Weg.

Und wie begeben Sie sich nun auf die Reise in Ihre Vergangenheit? Mit der Zeitmaschine, die in Ihrem Kopf eingebaut ist: Ihrer Erinnerung.

Machen Sie es sich bequem, schließen Sie die Augen und gehen Sie zurück in Ihre Vergangenheit. Wenn Sie sich an ein Ereignis erinnern können, das Sie als Kind sehr bewegt hat, halten Sie die Zeitmaschine an und steigen Sie aus.

Sie werden nun zum »unsichtbaren Freund« Ihres inneren Kindes. Wenn es Angst hat, geben Sie ihm Sicherheit, wenn es traurig ist, trösten Sie es, wenn es entmutigt ist, sprechen Sie ihm Mut zu, wenn es orientierungslos ist, geben Sie ihm Rat und Orientierung.

Ihr inneres Kind ist ein Teil von Ihnen. Wenn es Ihnen gelingt, dass es sich sicher, mutig, glücklich, geborgen und zuversichtlich fühlt, dann wird sich das auf Ihre gesamte Persönlichkeit auswirken. Sie bauen sich selbst von Anfang an neu auf. – Erwarten Sie nicht zu wenig.

FÜR WEN?
Für jeden, der sich mit seiner Vergangenheit aussöhnen will.

WAS BRAUCHT MAN?
Mut und Mitgefühl.

WAS SOLLTE MAN VERMEIDEN?
Zu belehren.

WIE LANGE DAUERT ES?
Etwa eine halbe Stunde.

Gehen Sie zum Blutspenden

Allein in Deutschland werden pro Tag (!) zirka 15 000 Blut-spenden benötigt. Das sind etwa zehn pro Minute. Wenn Sie also etwas Sinnvolles tun wollen, was nicht nur nichts kos-tet, sondern Ihnen sogar eine Brotzeit und ein kleines Ge-schenk einträgt: Spenden Sie Blut!

Vielleicht graut es Ihnen ja vor dem Gedanken, sich Blut abzapfen zu lassen. Doch im Grunde ist es eine Lappalie, die höchstens zehn Minuten dauert. Dabei wird Ihnen etwa ein halber Liter Blut entnommen, und das können Sie in der Re-gel ohne jegliche Probleme vertragen. Ein gesunder Mensch kann alle zwei Monate zum Blutspenden gehen.

Natürlich wollen Sie nicht mit Ihrer Gesundheit spielen. Da können Sie aber beruhigt sein: Es wird heutzutage aus-schließlich keimfreies Einwegbesteck für die Blutentnahme verwendet. Sie können sich also schon einmal nicht mit ir-gendwelchen Krankheiten anstecken. Im Gegenteil: Bei der Blutspende wird Ihr Blut auf die wichtigsten Krankheitser-reger untersucht. Und schon vor der Blutabnahme werden Sie von einem Arzt durchgecheckt. Ein kleiner Bluterguss ist so ziemlich das Schlimmste, was Ihnen passieren kann, und Sie werden sich vielleicht ein wenig matt fühlen, da Sie mit dem Blut auch Eisen verlieren.

Natürlich ist es nur sinnvoll, Blut zu spenden, wenn man gesund ist. Wie gesagt: Sie werden vor Ort von einem Arzt durchgecheckt und füllen einen Fragebogen aus. Es gibt al-lerdings ein paar Ausschlusskriterien:

⌣· Drogenabhängigkeit mit Spritzengebrauch,

⌣· Tropenaufhalte innerhalb der letzten sechs Monate (wegen tropischer Krankheiten),

⌣· eine Operation in Großbritannien (wegen der BSE-Seuche),

⌣· Tätowierungen oder Piercings innerhalb des letzten halben Jahres,

⌣· unter achtzehn oder über 68 Jahre alt sowie

⌣· unter fünfzig Kilogramm Körpergewicht.

Wenn all das nicht auf Sie zutrifft, können Sie sich auf den Weg machen. Sie füllen einen Fragebogen aus, Ihnen wird ein Tropfen Blut aus der Fingerkuppe zum Bluttest entnommen, und Sie werden von einem Arzt untersucht. Dann machen Sie es sich auf einer Liege bequem, und alles geht ganz entspannt seinen Gang. Danach ruhen Sie noch zehn Minuten, nehmen einen kleinen Imbiss zu sich und gehen mit dem Wissen nach Hause, etwas zur Rettung des Lebens eines anderen Menschen beigetragen zu haben.

Nach zwanzig Minuten ist Ihr Kreislauf wieder in Form. Die verlorene Flüssigkeit ist nach einem Tag ersetzt. Das Plasmaeiweiß ist in zwei Tagen wieder auf dem Normalstand. Innerhalb von zwei Wochen hat Ihr Körper alle Blutzellen wieder ersetzt.

Wenn Sie beim Roten Kreuz spenden, bekommen Sie ein kleines Geschenk. Und falls Sie öfter spenden, eine Ehrennadel in Bronze, Silber oder Gold. Private und kommunale Blutspendedienste zahlen sogar. Reich werden Sie damit allerdings eher nicht: Die Aufwandsentschädigung liegt zwischen fünfzehn und zwanzig Euro. Das Rote Kreuz zahlt aus ethischen Gründen kein Geld – Blut soll keine Handelsware werden. Es versteht sich, dass der Blutspendedienst des Roten Kreuzes auch keinen Gewinn macht. Alle Einnahmen fließen ausschließlich wieder an den Blutspendedienst. Über 200 000 Menschen sind beim DRK-Blutspendedienst als freiwillige Helfer aktiv. Vielleicht wäre das ja auch etwas für Sie?

Und wo können Sie Blut spenden? In jeder Stadt gibt es feste Blutspendedienste. Rufen Sie bei der Stadtverwaltung an und fragen Sie nach. Die allermeisten Blutspenden werden allerdings vom Roten Kreuz gesammelt. Bei 15 000 Spenden pro Tag ist ein zeitnaher Termin in Ihrer Nähe ziemlich wahrscheinlich. Rufen Sie einfach beim Roten Kreuz an (unter der, natürlich kostenlosen, Telefonnummer 0800 1194911) oder informieren Sie sich im Internet: www.drk-blutspende.de, www.roteskreuz.at oder www.blutspende.ch. – Übrigens: Der 14. Juni ist Weltblutspendertag!

FÜR WEN?
Für jeden, der helfen möchte, anderen Menschen das Leben zu retten.

WAS BRAUCHT MAN?
Gesundheit.

WAS SOLLTE MAN VERMEIDEN?
Tropenaufenthalte.

WIE LANGE DAUERT ES?
Zehn Minuten Voruntersuchung, zehn Minuten Blutabnahme, zehn Minuten Ruhepause.

Lernen Sie jonglieren

Die Kunst des Jonglierens ist uralt. Keiner weiß, wann Menschen auf die Idee kamen, mehrere Bälle hochzuwerfen und wieder aufzufangen – auf so was muss man erst einmal kommen! Aber schon im alten Ägypten wurde jongliert: Im Grab eines Prinzen, der etwa 1794 bis 1781 vor Christus lebte, fand man ein Wandbild, das vier mit jeweils drei Bällen jonglierende Frauen zeigt. Was die Damen zu ihrem kuriosen Tun trieb, ist nicht überliefert.

Doch es lohnt sich, Jonglieren zu lernen. Unmittelbar einleuchten dürfte, dass es die Konzentrationsfähigkeit, die Reaktionsschnelligkeit, das räumliche Vorstellungsvermögen und das Rhythmusgefühl verbessert. Aber es kommt noch besser: Im Jahr 2004 wurde an der Universität Regensburg eine Studie durchgeführt, die zeigte, dass bei Menschen, die regelmäßig jonglieren, die graue Substanz im Gehirn dichter wird. Jonglieren macht also schlauer.

Das sollte eigentlich genug Motivation sein. Während Meisterjongleure wie Anthony Gatto mit bis zu zwölf Bällen jonglieren, bescheiden wir uns hier mit drei beziehungsweise, für Ehrgeizige, mit vier Bällen.

Wir gehen davon aus, dass Sie noch nie jongliert haben. Falls doch, überspringen Sie den ersten Teil und sehen Sie sich die Anleitung für vier Bälle an.

Eine kleine Vorbereitungsübung
Mit zwei Bällen kann man nicht jonglieren. Aber man kann sie hochwerfen (siehe Abbildung 1): Werfen Sie den rechten Ball diagonal, etwas mehr als stirnhoch. Wenn der Ball sei-

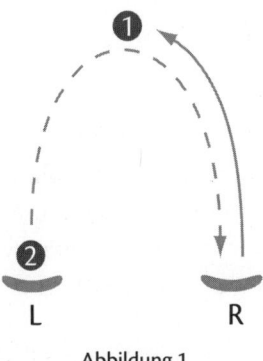

Abbildung 1

nen höchsten Punkt erreicht hat, werfen Sie den linken Ball diagonal nach rechts, etwa stirnhoch. Hat dieser Ball seinen höchsten Punkt erreicht, sollte der erste Ball in der linken Hand landen. Kurz darauf landet der zweite Ball in Ihrer Rechten.

Wiederholen Sie das ein paar Mal. Achten Sie bewusst darauf, dass sich Ihre Hände nicht allzu viel bewegen. Je weniger, desto besser. Auch die Wurfhöhe sollte möglichst gleich bleiben.

Und dann kontinuierlich: rechts werfen, wenn der Ball ganz oben ist, links werfen, links fangen, rechts fangen. Nun links werfen, wenn der Ball oben ist, rechts werfen, rechts fangen, links fangen. Wiederholen Sie das, bis es Ihnen zu einfach vorkommt.

Drei-Ball-Kaskade

Und jetzt beginnen wir mit dem richtigen Jonglieren. Sie werden sich vielleicht wundern: Nachdem Sie die Vorübung gemacht haben, ist es möglich (etwa zehn Prozent schaffen es), dass Sie bereits mit drei Bällen jonglieren können, denn es ändert sich eigentlich kaum etwas. Nur eines: Sie machen keine Pause.

Sie nehmen zwei Bälle in die rechte und einen Ball in die linke Hand. Rechts werfen – wenn der Ball ganz oben ist, links werfen, links den ersten Ball fangen. Bis dahin kennen Sie den Ablauf ja schon (siehe Abbildung 2).

Nun aber: Bevor Sie mit der Rechten den Ball fangen, werfen Sie den zweiten Ball, den Sie in der rechten Hand halten.

Ehe Sie dann mit der linken den ersten von rechts geworfenen Ball fangen, werfen Sie den, den Sie in der Linken halten. Und so weiter …

Vier-Ball-Jonglage

Man möchte es nicht glauben, aber die Jonglage mit vier Bällen unterscheidet sich ganz grundlegend von der mit drei Bällen. Die Bälle wechseln nämlich nicht die Hände! Obwohl es für den ungeübten Betrachter so aussieht. Das heißt: Sie jonglieren mit jeder Hand zwei Bälle. Wenn Sie das mit beiden Händen gleichzeitig können … zwei mal zwei ist vier (siehe Abbildung 3)!

Sie können sich nun wahrscheinlich leicht vorstellen, wie Sie mit der Fontäne (so heißt die »normale« Vier-Ball-Jonglage) zu üben beginnen: mit jeder Hand einzeln. Wahrscheinlich gelingt es Ihnen, wenn Sie schon mit drei Bällen jonglieren können, auf Anhieb, zwei Bälle in einer Hand zu jonglieren. Doch das müssen Sie nun perfektionieren. Und es muss sehr gleichmäßig werden.

Ob Sie nun mit der linken oder mit der rechten Hand üben: Die beiden Bälle beschreiben Kreise nach außen. Das heißt, Sie werfen mit der Hand vor der Körpermitte und fangen etwas nach außen versetzt.

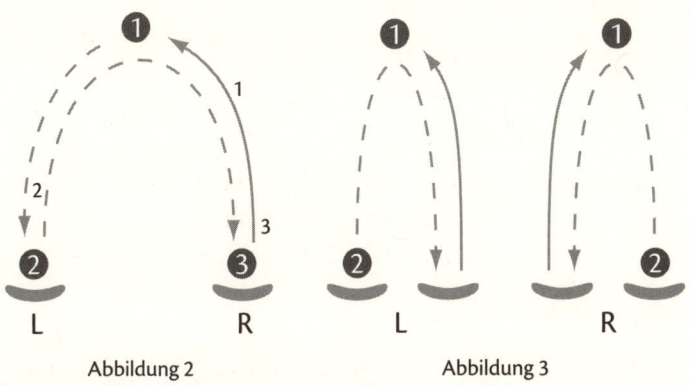

Abbildung 2   Abbildung 3

Sie halten beispielsweise die beiden Bälle in der Rechten. Bewegen Sie die Hand zur Mitte und nach oben und werfen Sie den ersten Ball. Halten Sie die Hand nicht an, sondern beschreiben Sie einen kleinen Kreis im Uhrzeigersinn (bei der linken Hand gegen den Uhrzeigersinn!) und werfen, wieder vor dem Körper, den zweiten Ball, sobald der erste auf dem höchsten Punkt seiner Bahn ist. Die Hand beschreibt wieder den kleinen Kreis, fängt außen den ersten Ball, geht nach innen und oben und wirft ihn wieder – und so weiter ...

Wenn Sie das mit beiden Händen einzeln geübt haben, wird es schwierig. Denn nun versuchen Sie es gleichzeitig mit beiden. Lassen Sie sich nicht frustrieren. Es dauert ein bisschen, bis das klappt.

Am besten, Sie beginnen mit gleichzeitigen Außenkreisen, bevor Sie die richtige Fontäne üben, bei der die Hände versetzt werfen: rechts hochwerfen, links hochwerfen, rechts fangen, links fangen und so weiter ... Üben, üben, üben.

Haben Sie Freude am Jonglieren gefunden, ist viel Spielraum nach oben. Der Weltrekord liegt bei zwölf Bällen.

Oder, wenn Ihnen das Jonglieren allein zu einfach ist: 1988 lief Owen Morse die hundert Meter in 13,8 Sekunden – während er fünf Bälle jonglierte!

FÜR WEN?

Für jene, die sich gerade langweilen, die etwas für ihre Fitness und Koordinationsfähigkeit tun wollen, ohne sich allzu sehr anzustrengen, und ganz nebenher ihre grauen Zellen wachsen lassen möchten.

WAS BRAUCHT MAN?

Drei bis vier Tennisbälle (oder natürlich noch besser Jonglierbälle, die liegen bleiben, wenn sie fallen). Falls Sie nicht zu Hause üben und teure Vasen herumstehen, eine gute Haftpflichtversicherung.

WAS SOLLTE MAN VERMEIDEN?

Aufgeben. Bleiben Sie dran. Und plötzlich klappt es.

WIE LANGE DAUERT ES?

Je nach Geschicklichkeit. Nach dreißig Minuten sollten aber auf jeden Fall erste Erfolge zu sehen sein.

Verzeihen Sie jemandem, der Sie verletzt hat

Es war einmal ein Mann, der ging recht unbeschwert und fröhlich auf dem Weg, der ihn durch sein Leben führte. Eines Tages begegnete ihm ein wilder Kerl, der wie wild – was er ja war – mit Nägeln und Schrauben, Kochtöpfen und Bratpfannen um sich warf. Ein paar davon trafen den Wanderer. Ein Kochtopf fiel auf seine Zehen, ein Nagel durchbohrte sein Ohrläppchen, eine Schraube ging ins Auge, und zu guter Letzt schlug ihm auch noch eine Bratpfanne auf den Kopf. Erst sah er Sterne, dann schwarz. Der wilde Kerl hatte ihm schlimme Schmerzen zugefügt. Das Auge tränte, der Kopf brummte, der Zeh schmerzte, und das Ohrläppchen war durchlöchert.

Der Wanderer leerte seinen Rucksack, sammelte die alten und rostigen Nägel, Schrauben, Kochtöpfe und Bratpfannen und stopfte sie hinein. Der Sack war schwer. Mühsam richtete er sich auf. Aber er ging nicht mehr seinen Weg weiter, sondern trabte dem wilden Kerl hinterher. Der war schneller und ließ sich davon nicht stören. Noch Jahre später konnte man im Land der wilden Kerle dann und wann einen traurigen und müden Wanderer sehen, der einem wilden Kerl folgte und einen großen Sack über der Schulter trug, in dem es rostig klapperte.

Nun fragen Sie sich doch einmal, ob es sich in irgendeiner Art und Weise lohnen könnte, dieser traurige und müde Wanderer zu sein, der einem anderen, der ihn verletzt hat, etwas nachträgt. Ist es nicht viel einfacher, zu vergeben? Nicht, um dem anderen, der einen verletzt hat, etwas Gutes zu tun. Nicht, um ein edler Mensch zu sein und in den Himmel zu kommen. Sondern ganz einfach: um es sich selbst einfacher zu machen.

Es ist ja wohl klar, dass zu vergeben nicht bedeutet, das Geschehene als nebensächlich oder gar gerechtfertigt zu betrachten. Vergeben heißt, sich von einer Last zu befreien. Vielleicht ist das aber leichter gesagt als getan. Die alten Gefühle neigen dazu, sich ungebeten zu melden. Zu verstehen, dass das Nachtragen unsinnig ist, ist eine Sache. Wirklich loszulassen eine ganz andere. Wenn Sie die Altlasten abwerfen möchten, aber nicht wissen, wie, könnten Sie es ja einmal mit einem kleinen Ritual versuchen.

Nehmen Sie ein Blatt Papier und legen Sie sich einen Stift bereit. Sorgen Sie dafür, dass Sie nicht gestört werden. Setzen Sie sich vor das leere Blatt und schließen Sie die Augen. Lassen Sie all das, was Sie belastet, in sich aufsteigen: die Wut, den Hass, die Verachtung, die Empörung. Wenn Sie die Gefühle spüren, öffnen Sie die Augen und schreiben alles auf, was Sie fühlen, was Sie dem anderen vorwerfen, was er angerichtet hat. Bringen Sie Ihre Gefühle aufs Papier. Mit Worten, mit Zeichnungen, mit Farben – was immer Ihnen passend scheint. Sie können kreuz und quer schreiben, alles übereinander. Es sind Ihre Gefühle.

Wenn Sie alles auf das Papier übertragen haben, falten Sie das Blatt und stecken es in einen Umschlag. Gehen Sie an einen Ort, der eine ganz besondere Bedeutung für Sie hat. Verbrennen Sie dort den Umschlag und geben Sie sich ganz dem Gefühl hin, nun endlich das losgeworden zu sein, was Sie so lange gequält hat. Und dann sind Sie frei.

FÜR WEN?
Für jeden, den Wut auf einen anderen Menschen quält.

WAS BRAUCHT MAN?
Den Willen, einmal etwas anderes zu versuchen.

WAS SOLLTE MAN VERMEIDEN?
Masochismus.

WIE LANGE DAUERT ES?
Nur ein paar Minuten, aber es kann natürlich Rückfälle geben.

Schreiben Sie Ihre Ausgaben auf

Manchmal wundert man sich am Ende des Monats, wo das ganze Geld geblieben ist. Es ist eine ganz gute Achtsamkeitsübung, sich absolut klar über seine Ausgaben zu werden. Und das geht nur dann, wenn man sie aufschreibt. Man kann dabei durchaus Überraschungen erleben.

Machen Sie sich eine Tabelle und hängen Sie sie an die Haustür; am besten einen Stift an einem Faden dazu. Tragen Sie jede Ausgabe ein.

	Tag 1	Tag 2	Tag 3	...
Lebensmittel				
Auto				
Haushalt				
Ausgehen				
Hobby				
...				

Aber wozu das Ganze? Nicht jeder fühlt sich als Buchhalter wohl. Und doch gibt es gute Gründe, es einmal auszuprobieren: Erstens werden Sie Ihr Geld bewusst ausgeben und sich nicht mehr wundern, wo es geblieben sein könnte. Zweitens werden Sie feststellen, dass Sie manchmal vielleicht an der falschen Stelle sparen. Drittens werden Sie automatisch weniger ausgeben. Und dann hat es sich doch schon gelohnt!

FÜR WEN?
Für jeden, der sich ein wenig Überblick über seine Finanzen schaffen will.

WAS BRAUCHT MAN?
Papier und Stift.

WAS SOLLTE MAN VERMEIDEN?
Fanatismus.

WIE LANGE DAUERT ES?
Sekunden.

Verbessern Sie Ihr Gedächtnis

Versuchen Sie einmal, sich folgende Wörter zu merken. Sie dürfen sich jedes davon drei Atemzüge lang anschauen. Wenn Sie mögen, versuchen Sie, die Liste mit einem Trick im Gedächtnis zu behalten. Aber nach einmaligem Durchlesen ist Schluss. Nicht schummeln! Also los:

Hut – Straße – Blume – Rasenmäher – Fisch – Mond – Tante – Butter – Handtuch – Träne – Gold – Ratte

So, jetzt decken Sie die Wörter mal ab. Und nun schreiben Sie die auf, die Sie sich gemerkt haben. Noch nicht wieder aufdecken! Wie viele haben Sie geschafft? Bestimmt fünf. Vielleicht aber auch noch mehr. Bitte noch nicht kontrollieren.

Probieren Sie es noch einmal: Versuchen Sie, die Wörter in der richtigen Reihenfolge aufzulisten. Halt! Nicht von vorn. Von hinten. Unmöglich?

Wir versprechen Ihnen, dass Sie, wenn Sie diesen Artikel fertiggelesen haben, eine solche Liste mit lächerlichen zwölf Wörtern ohne Weiteres von vorn und hinten schaffen! Wenn Sie sich noch nie mit Gedächtnismethoden beschäftigt haben, werden Sie das natürlich nicht glauben. Aber versprochen!

Ach ja, Sie können jetzt natürlich nachsehen, wie viele Wörter Sie sich richtig gemerkt haben. Mehr als sieben wäre verdammt gut. Aber eben noch nicht gut genug. Alle? In der richtigen Reihenfolge? Okay, dann überspringen Sie dieses Kapitel.

Weniger als alle? Dann lernen Sie nun eine extrem einfache, aber sehr effektive Methode kennen, sich Listen zu merken.

Sie wissen, wo Sie wohnen. Sie kennen Ihre Wohnung und, sagen wir mal, den Weg zur Arbeit. Gehen Sie diesen Weg doch mal in Gedanken durch und halten Sie an markanten Wegpunkten. Das könnte so aussehen:

Beispiel	Ihr eigener Weg
Schlafzimmer	
Wohnzimmer	
Küche	
Bad	
Garderobe	
Hausflur	
Vor der Haustür	
Briefkasten	
Telefonzelle	
Bushaltestelle	
Bus	
Haltestelle, an der Sie aussteigen	
Parkplatz	
Vor dem Bürogebäude	
Eingang	
Empfang	
Aufzug	
Flur	
Büroeingang	
Schreibtisch	

So, lassen wir's damit mal gut sein. Diese Liste ist nur ein Beispiel. Wie immer im Leben müssen Sie Ihren eigenen Weg beschreiten. Gehen Sie also Ihren Weg zur Arbeit (zum Friseur, zu einer Freundin, zum Zahnarzt) in Gedanken durch. Und zwar so, dass Sie diesen Weg systematisch gehen. Beispielsweise fangen Sie Ihre Vorstellungsreise immer im Schlafzimmer an. Dann gehen Sie immer im Uhrzeigersinn durch die Räume Ihrer Wohnung und halten immer an den gleichen markanten Punkten an.

Bisher war das doch nicht schwer, oder? Gehen Sie noch einmal diesen Weg mit geschlossenen Augen durch. Wenn Sie einen Haltepunkt nicht mehr wissen, war das kein guter Haltepunkt. Der Weg muss Ihnen vollkommen deutlich vor Augen stehen.

Haben Sie diesen Weg mit seinen zwanzig Haltestationen, haben Sie schon das Wesentliche geschafft. Wenn Sie sich nun Wortlisten merken, treten Sie genau diese Reise an und stellen bei jeder Haltestelle das Wort (als möglichst absurdes Bild) dort ab. Also beispielsweise: Im Schlafzimmer steht ein riesiger Hut, der den Weg zum Bett verstellt. Quer durch das Wohnzimmer verläuft eine Straße im Kleinformat, auf der Autos durch das Zimmer rasen und in einem Tunnel in der Wand verschwinden. In der Küche ist auf dem Küchentisch ein Blumenbeet angelegt worden, und mitten in den Blumen steht der Kaffee. Im Bad hat sich ein Rasen gebildet, den Ihr Großvater mit dem Rasenmäher traktiert. Und so weiter ...

Alles klar? Sie haben Ihre »Reise« mitsamt den Haltepunkten fest vor Augen? Dann müssen Sie sich, während Sie von Station zu Station gehen, nur ein möglichst absurdes, lebendiges Bild vorstellen. Sie brauchen dazu keine besondere Kreativität. Probieren Sie es gleich einmal aus. Merken Sie sich die folgenden Wörter. Jedes Wort verbinden Sie mit einer Station Ihrer Reise. Los geht's:

Auto – Feder – Brot – Fernseher – Pizza – Birnen-kompott – Sonnenschirm – Huhn – Karate – Meer – König – Berg – Kino – Steuererklärung

Decken Sie die Wörter ab. Schreiben Sie sie auf. Kein Problem, oder? Probieren Sie es von hinten. Auch nicht viel schwieriger, nicht wahr? Wir haben es Ihnen ja versprochen!

FÜR WEN?
Für alle, die ihr Gedächtnis auf verblüffende Weise aufpeppen wollen.

WAS BRAUCHT MAN?
Papier und Bleistift.

WAS SOLLTE MAN VERMEIDEN?
Dem Gerücht glauben, dass ein gutes Gedächtnis angeboren sei.

WIE LANGE DAUERT ES?
Etwa dreißig Minuten, um erste erstaunliche Erfolge zu erzielen. Aber man kann sich immer weiter verbessern.

Noch mehr Gedächtnis: Zahlen

Sich Wörter zu merken ist eine Sache. Bei Zahlen kommt aber manch einem das kalte Grausen: Die sehen doch alle gleich aus! Das muss jedoch nicht so bleiben. Wir wollen Ihnen nun zwei Möglichkeiten zeigen, wie Sie aus Zahlen etwas weniger Abstraktes basteln können. Mit einer können Sie sich kurze Zahlenfolgen wie Ihre Kreditkartennummer unauslöschlich einprägen. Mit der zweiten können Sie sich fast beliebig lange Zahlenreihen merken (wir bleiben heute bei zwanzig).

Zahlen zu Buchstaben machen

Sehen Sie sich einmal die zweite Spalte der Tabelle auf Seite 314 an. Dort finden Sie eine Möglichkeit, wie Sie Zahlen zu Buchstaben machen können. Es hat einen tieferen Sinn, dass es alles nur Konsonanten sind: Denn um sich eine Zahlenfolge zu merken, müssen die Buchstaben verbunden werden. Damit dabei nicht etwas wie »aoezkiu« herauskommt, haben wir alle Vokale als Verbindungen zwischen den Konsonanten reserviert.

Sie haben gerade eine neue EC-Karte bekommen und möchten sich die Geheimnummer merken? Das wird mit dieser Methode leichter. Nehmen wir mal an, Ihre Geheimnummer lautet: 1812. Dann erhalten wir das schöne Wort »tchtn«. Das hilft Ihnen nicht? Ja, das können wir gut verstehen. Deshalb bauen wir nach Belieben Vokale ein. Und wir sehen uns an, ob andere Buchstaben, die einer Zahl zugeordnet sind, besser passen. Wir bekommen beispielsweise: »Tach, Tina«, »Lacht nie«, »Leuchten« oder »Licht an«.

4792 ist »rsgn«. Das könnte sein: »Rausgehen« oder »Rasch, genau« oder »Ruhesegen«. Jetzt machen Sie sich noch ein passendes Bild. Beispielsweise stellen Sie sich vor, wie Sie Ihre Karte in den Automaten stecken und »Licht an!« sagen: Schon haben Sie die Nummer. Oder Sie geben sich das Kommando: »Rasch, genau!«, sobald Sie die Karte in den Schlitz stecken. Wenn Sie einmal ein solches Bild haben, werden Sie es vermutlich nicht so leicht vergessen.

Mit der Buchstabenmethode können Sie aber auch anders umgehen. Anstatt Vokale einzufügen, machen Sie eine kleine Bildergeschichte, wobei jedes Bild mit einem Gegenstand verbunden ist, der den entsprechenden Anfangsbuchstaben trägt.

Nehmen wir 1819: Sie gehen durch eine Tür (1). Dort sehen Sie einen riesigen Hut (8). Sie heben den Hut auf, und darunter steht eine Lampe (1). Plötzlich springt ein Gnom (9) hervor, der die Lampe kaputtschlägt.

Solche Geschichtchen vergisst man nicht leicht…

Zahlen zu Bildern machen

In der dritten Spalte der Tabelle auf Seite 314 haben wir ein paar Bilder für jede Zahl aufgeführt, die Sie sich leicht merken können: Die Gegenstände sehen der Zahl irgendwie ähnlich. Vielleicht können Sie keine Ähnlichkeit feststellen – dann schreiben Sie eigene Bilder auf. Wichtig ist aber, dass die Wörter für jede Zahl zusammenpassen, sonst wird man leicht verwirrt. Ein Uhu beispielsweise sieht der Ziffer Zwei gar nicht ähnlich. Aber ein Schwan schon eher. Also nehmen wir für alle Vögel die Zwei. Eine Kaffeemaschine hat mit der Ziffer Neun kaum etwas zu tun, aber der Löffel gehört zur Küche wie die Kaffeemaschine.

	Buchstabe	Bilder
0	z(ero)	Ball, Kugel, Ring, Krone
1	l, j, t	Stock, Lanze, Pfeil, Nadel
2	n (zwei Striche nach unten)	Schwan, andere Vögel
3	m (drei Striche nach unten)	Brust, Popo, Herz, andere Körperteile
4	r (vie)r	Segel, Surfbrett, Fahne, Schiff
5	v, f(ünf)	Stuhl, Rollstuhl, Tisch, Pult
6	b, p (Ziffer sieht wie ein b aus)	Golfschläger, Tennisschläger, Sportgeräte
7	s(ieben), sch	Sense, Axt, Hacke, Gartengeräte
8	ch (acht), h	Achterbahn, Handschellen, Brille, Fernglas
9	g (sieht der Ziffer ähnlich)	Löffel, Kelle, Flaschenöffner, Küchengeräte

Und wozu das alles? Nun: Jetzt greifen Sie einfach auf die »Orte-Methode« zurück, die Sie im letzten Kapitel kennengelernt haben. Sie gehen Ihren Gedächtnisweg ab und platzieren dort Gegenstände. Jeder entspricht einer Zahl – nach dem beschriebenen Muster. Nur ein kleines bisschen Übung, und Sie können Ihre Freunde mit Ihrem Zahlengedächtnis in Erstaunen versetzen!

FÜR WEN?

Für jeden, der ein bisschen Gehirngymnastik treiben möchte, und für die, die ihr Zahlengedächtnis verbessern wollen.

WAS BRAUCHT MAN?

Papier und Bleistift und eine winzige Prise Kreativität. Vorkenntnisse: das vorausgehende Kapitel »Verbessern Sie Ihr Gedächtnis«.

WAS SOLLTE MAN VERMEIDEN?

Zu glauben, dass Sie sich einfach keine Zahlen merken können. Obwohl: Glauben Sie es ruhig. Sie werden eines Besseren belehrt.

WIE LANGE DAUERT ES?

Etwa fünfzehn Minuten, um sich – wenn Sie das vorangehende Kapitel absolviert haben – bis zu zwanzig Zahlen und alle Ihre PINs zu merken. Aber mit etwas Übung können Sie das leicht steigern.

Machen Sie sich mit der Flüchtigkeit der Sinne vertraut

»Aus den Augen, aus dem Sinn«: Das ist das Motto von oberflächlichen Egozentrikern, Menschen mit umfangreichen Hirnschäden und die Lebenswelt von Babys.

So erstaunlich das klingt: Wir müssen erst lernen, dass die Welt auch dann existieren soll, wenn wir sie gar nicht wahrnehmen. Es ist ja nicht selbstverständlich, dass Gegenstände, die man nicht sieht, real sind. Es ist aber noch komplizierter: Es existieren ja nicht alle Dinge, die wir nicht sehen. Weihnachtsmann oder Osterhase soll's ja angeblich gar nicht geben.

Babys sind von vielem fasziniert. Wenn eine bunte Rassel komische Geräusche macht, greifen sie danach, gucken begeistert, lachen und machen große Augen. Doch wenn man die Rassel aus dem Blickfeld nimmt, verschwindet sie in Sekundenschnelle auch aus dem Bewusstsein. Das Kind hat noch keine Vorstellung davon, dass es Sachen gibt, die es nicht sieht.

Wir Erwachsenen haben dagegen die Welt verinnerlicht und können sogar Gegenstände sehen, die gar nicht da sind. Das nennen wir »Vorstellung«. Doch diese innere Welt ist in der Regel ziemlich unbeständig und flüchtig.

Aber man kann sich daran üben. Ein wahrer Yogi, so heißt es, vermag ein Objekt eineinhalb Minuten lang vor seinem inneren Auge unverändert zu bewahren. Ein Meister schafft es doppelt so lange.

Nehmen Sie einen kleinen, einfachen Gegenstand in die Hand. Beispielsweise ein Streichholz. Und jetzt betrachten

Sie es eine Minute lang. Prägen Sie es sich so genau wie möglich ein. Dann schließen Sie die Augen und versuchen Sie, es genau zu visualisieren. Beim Lesen klingt das sehr leicht. Probieren Sie es aus.

Machen Sie sich keine Sorgen, wenn Sie es nicht gleich schaffen. Ganz wenigen Menschen gelingt es auf Anhieb, einen Gegenstand auch nur wenige Sekunden lang deutlich vor Augen zu haben. Bei den ersten Versuchen klappt es wahrscheinlich nicht einmal, das Bild lediglich den Bruchteil einer Sekunde festzuhalten.

Wenn Sie Ihre Augen schließen, macht sich Ihr Bewusstsein daran, das Bild aus der Erinnerung zu rekonstruieren. Doch das Bild, das dabei vor Ihrem inneren Auge entsteht, ist nicht das gesehene Bild. Sobald Sie Ihre Augen wieder öffnen, ist der Unterschied deutlich.

Mit einiger Übung oder aber einer guten visuellen Begabung können Sie ein Bild im Laufe der Zeit ein Weilchen stabil halten. Vielleicht eine Sekunde oder zwei. Manchmal sogar noch ein wenig länger. Aber weit, weit, weit entfernt von einer Minute oder gar drei. Wie lang eine Sekunde werden kann ...!

Doch bereits die Fähigkeit, ein Bild sekundenlang stabil im Geist zu bewahren, macht Erstaunliches möglich. Wer in der Lage ist, sich das Bild eines vollkommenen Kreises oder einer komplexeren Form unveränderlich vor Augen zu halten, der kann auch einen vollkommenen Kreis oder eine andere Form zeichnen: Er muss ja nur nachziehen, was deutlich vor seinem inneren Auge steht.

Genau dies tun übrigens auch Zen-Mönche, die sich in der Kalligraphie üben. Die Kunst, ein chinesisches oder japanisches Schriftzeichen harmonisch zu malen, ist keine handwerkliche Geschicklichkeit, sondern eine geistige Disziplin. So üben die Mönche nicht eigentlich Kalligraphie, sondern Klarheit und Ruhe in den Geist zu bringen. Sind Klarheit und Ruhe so stark, dass die inneren Bilder nicht ins Wanken geraten, ist die Kalligraphie ein Leichtes. Diese mentale Übung ist also mehr als nur ein Training der visuellen Vorstellungskraft – nämlich ebenso ein Training für Ruhe und Gelassenheit.

FÜR WEN?
Für jeden, der seine Vorstellungskraft und sein Konzentrationsvermögen verbessern möchte.

WAS BRAUCHT MAN?
Einen halbwegs ruhigen Gemütszustand.

WAS SOLLTE MAN VERMEIDEN?
Sich aufzuregen.

WIE LANGE DAUERT ES?
Ganz nach Belieben.

Stellen Sie Ihr Wohnzimmer um

Um einen neuen Blick auf die Welt zu gewinnen, ist eine Reise nicht schlecht. Solch eine Reise kostet allerdings nicht nur einige Euro, sondern sorgt auch dafür, dass Unmengen Treibstoff verbraucht werden. Und dann ist es noch nicht einmal sicher, ob man die Welt wirklich mit neuen Augen sieht: Man nimmt sich selbst ja doch überallhin mit ... Probieren Sie es also lieber erst einmal mit einer Umwelt und Konto schonenderen Veränderung: Stellen Sie einfach Ihr Wohnzimmer komplett um.

Was zunächst nur nach schweißtreibender, aber im Grunde sinnloser Aktivität aussieht, erweist sich mitunter als viel mehr. Sie kennen Ihr Wohnzimmer. Es bietet Ihren Sinnen das Gewohnte. Sehr schön und ansprechend arrangiert, womöglich auch lange durchdacht – aber eben gewohnt. Die Veränderung der Wohnatmosphäre durch das bloße Umstellen Ihrer Möbel kann erstaunliche Auswirkungen haben. Es regt die Sinne an und aktiviert Ihr Gehirn.

Es ist schwierig, weil das Gewohnte seine Kraft entfaltet. Aber gerade auch das Überwinden dieses Widerstands öffnet Ihr Bewusstsein für eine neue Perspektive.

Nun sollten Sie nicht gleich den schweren Eichenschrank schultern. Malen Sie sich Ihr Wohnzimmer erst einmal maßstabgerecht auf ein Blatt Papier. Dann alle Möbel. Maßstabgetreu. Aber zweidimensional reicht – Sie müssen keine 3-D-Modelle erstellen. Sie schneiden die Papiermöbel aus und schieben im Papierwohnzimmer die Kästchen herum. Dann können Sie ohne Muskelkater schon einmal einiges ausprobieren und verhindern, dass Sie erst beim tatsächlichen Umstellen bemerken, wenn der Schrank doch nicht in die Nische passt. Sobald Sie auf dem Papier eine Lösung gefunden haben, wird es wirklich etwas anstrengend; denn Ihre richtigen Möbel wiegen eben doch mehr als Papier.

Nun haben Sie umgestellt, und die Chancen stehen nicht schlecht, dass Sie direkt nach dem Umstellen unzufrieden sind. Alles sieht so ungewohnt aus. Vorher war alles stimmig – und jetzt? Es kann natürlich tatsächlich sein, dass Ihr neues Arrangement nicht so gut ist wie das alte. Doch ebenso gut kann dieses Unzufriedenheitsgefühl auch durch die lange Gewohnheit ausgelöst werden. Sie müssen sich erst mal an das Neue gewöhnen. Lassen Sie Ihr neues Wohnzimmer also mindestens zwei Wochen auf sich wirken. Dann können Sie einen neuen Anlauf wagen – die Papiermodelle haben Sie ja noch. Aber vielleicht fühlen Sie sich nach dem Umstellen der Möbel auch voller Energie, und die Last des Gewohnten ist leichter geworden ...

FÜR WEN?
Für jeden, der eine neue Perspektive auf Bekanntes entdecken will.

WAS BRAUCHT MAN?
Papier, Schere, Stift, Maßband.

WAS SOLLTE MAN VERMEIDEN?
Vorgefasste Ideen.

WIE LANGE DAUERT ES?
Etwa fünfzehn Minuten (auf dem Papier).

Finden Sie Ihre persönliche Form des Gebets

Beten ist so etwas wie Meditation. Doch für einen gläubigen Menschen ist es noch mehr: Der Geist wird nicht nur zentriert, sondern auf Gott gerichtet. Das ist keine Kleinigkeit und fällt nicht jedem leicht.

Es gibt natürlich die traditionellen Gebete wie das Vaterunser. Aber ein solches Gebet »herunterzuleiern« ist kein wirkliches Beten. Nicht dass es schlecht wäre: Es ist dann immer noch eine Art Meditation mit einem christlichen Mantra (einer Meditationsformel). Ein wirkliches Gebet aber ist vor allem ein Gespräch mit Gott. Und wenn wir mit Gott sprechen wollen, sollten wir dabei doch zumindest das beherzigen, was wir in einem Gespräch mit einem guten Freund beachten würden.

Das Erste, was unser Gegenüber in einem Gespräch erwarten kann, ist, dass wir uns wirklich auf ihn konzentrieren und ihn beachten. Das gilt natürlich erst recht im Gespräch mit Gott. Auf einer öden Party kommt es schon mal vor, dass man mit seinem Gesprächspartner über Belanglosigkeiten smalltalkt, kaum weiß, was man redet, ihn so gut wie gar nicht wahrnimmt und im Grunde an etwas ganz anderes denkt. Für ein persönliches Gebet ist das jedoch nicht angemessen. Wenn wir beten, sollte Gott in unseren Gedanken und in unserem Herzen sein.

Zum Zweiten ist es in einem Gespräch nicht nur wichtig, selbst zu sprechen, sondern auch zuzuhören. Sie kennen das sicher, dass jemand *zu* Ihnen, aber nicht *mit* Ihnen gesprochen hat. Dass er also lediglich sein Ich vor Ihnen produzierte und um sich selbst kreiste. Wahrscheinlich haben

Sie ein solches Gespräch nicht sonderlich geschätzt, da das Wort, das an Sie gerichtet schien, Sie als Person gar nicht meinte, sondern Sie missachtete. Wenn wir zu Gott beten, sollten wir unser Herz und Ohr auch auf Gott richten und auf seine Antwort lauschen.

Drittens ist es für ein wertvolles Gespräch auch wichtig, offen und aufrichtig zu sein und zu meinen, was man sagt. Wenn Sie mit jemandem sprechen, wollen Sie auch nicht gern Schmeicheleien, Unwahrheiten oder Selbstlob hören. Im Gebet sollten wir also aufrichtig sein, uns selbst und Gott gegenüber, auch wenn er ohnehin weiß, was wir denken und fühlen.

Um einem Gebet eine wirklich persönliche Form zu geben, sollten wir bewusst sprechen. Leider ist das nicht selbstverständlich. Die traditionellen Gebete haben einen tiefen Sinn. Aber sie werden meist nur noch als leere Formeln gesprochen. Dann ist es so, wie Jesus bei Matthäus sagt: Es wird nicht mehr wirklich gebetet, sondern geplappert. Versuchen Sie doch einmal, ein traditionelles Gebet so zu sprechen, wie *Sie* es meinen. Beispielsweise das Vaterunser:

Vaterunser traditionell

Vater unser im Himmel.

Geheiligt werde dein Name.

Dein Reich komme.

Dein Wille geschehe, wie im Himmel, so auf Erden.

Unser tägliches Brot gib uns heute.

*Und vergib uns unsere Schuld, wie auch wir vergeben
    unsern Schuldigern.*

*Und führe uns nicht in Versuchung, sondern erlöse uns
  von dem Bösen.*

*Denn dein ist das Reich und die Kraft und die
  Herrlichkeit in Ewigkeit. Amen.*

Vaterunser, persönliche Formulierung

Gott, du bist mein Vater in der höheren, wirklichen Welt.

*Du bist mir so wichtig, dass ich deinen Namen nur mit
  Liebe und Freude nenne.*

Ich freue mich, dass du die Welt zum Guten leitest.

Natürlich verstehe ich nicht immer, was du willst.

*Doch ich will deinen Willen tun, denn das ist immer das
  Richtige.*

Danke, dass du dafür sorgst, dass es mir so gut geht.

Bitte verzeih mir, wenn ich Fehler mache.

Ich werde mich bemühen, es deinem Vorbild gleichzutun.

*Bitte schick mir keine zu schweren Prüfungen, sondern
  hilf mir, dem Schlechten zu widerstehen.*

Und all das bitte ich dich von ganzem Herzen.

Wenn Sie »Ihr« Vaterunser formuliert haben und Sie sich
bewusst geworden sind, was Sie mit dem Gebet wirklich
meinen, dann können Sie natürlich auch wieder die traditionelle Form des Gebets sprechen, nun aber mit Sinn erfüllt!
Und vielleicht finden Sie auf diese Weise leichter zu Ihrer
ganz persönlichen Form des Gebets.

Noch ein Gedanke zum Schluss: Ein Gebet, Ihre persönliche Form des Gebets, muss nicht unbedingt aus Worten bestehen. Es kann Musik sein, Tanz, Gefühl, ein Bild …

FÜR WEN?
Für jeden, der beten will, aber nicht recht weiß, wie.

WAS BRAUCHT MAN?
Glauben.

WAS SOLLTE MAN VERMEIDEN?
Zweifel.

WIE LANGE DAUERT ES?
Etwa zehn Minuten.

Laden Sie sich frei verfügbare Software auf den Computer

Wenn man einen Computer kauft, ist in der Regel ein Betriebssystem vorinstalliert (Windows oder Mac OS). Damit bekommt man dann auch schon allerlei Programme mitgeliefert. Ob Windows oder Mac, es ist genügend Software vorhanden, damit man das Grundlegendste tun kann: Texte schreiben, Fotos bearbeiten, ins Internet gehen oder Mails empfangen.

Nun gibt es auch Leute, die sich ihren Computer selbst aus den einzelnen Komponenten bauen. Aber für diese Spezialisten müssen wir hier wohl nichts schreiben: Sie werden sich wahrscheinlich sogar ein kostenloses Betriebssystem wie Linux installieren und über alles Folgende eher die Nase rümpfen. Andererseits ist eben nicht jeder ein Computerexperte...

Wenn Sie einen neuen Computer haben, ist das wichtigste vorinstallierte Programm der Internetbrowser. Selbst dann, wenn Sie gar nicht so viel im Internet surfen. Denn wenn Sie mit Ihrem Computer professionell arbeiten wollen, reichen die Programme, die vorinstalliert sind, wahrscheinlich kaum aus.

Sie wollen vor allem professionelle Texte schreiben? Dann spielen Sie wahrscheinlich mit dem Gedanken, sich ein gutes Textverarbeitungsprogramm (beispielsweise MS Word) zu kaufen. Oder Sie benötigen eine professionelle Tabellenkalkulation (zum Beispiel MS Excel), ein gutes Mailprogramm (etwa MS Outlook) oder vielleicht am besten eine ganze Office-Suite (vielleicht MS Office). Sie wollen Ihre Bilder professionell bearbeiten oder Grafiken erstellen? Dann kommen Sie nicht um ein Bildbearbeitungsprogramm (wie etwa Adobe Photoshop) herum. Dasselbe gilt, wenn Sie Musik bearbeiten oder gar selbst aufnehmen wollen; dazu benötigen Sie Audiorecording-Software (Magix Music Maker). Und wenn Sie Ihre Videos bearbeiten wollen, natürlich ein Videobearbeitungsprogramm (zum Beispiel Pinnacle Studio). Und, und, und …

Sie sehen: Mit dem Kauf des Computers ist es nicht getan. Die Software, selbst ganz normale Büroprogramme, können einige hundert oder sogar weit über tausend Euro kosten.

Die marktführenden Programme sind natürlich ziemlich gut. Und noch wichtiger: Sie sind weit verbreitet. Das heißt, wenn Sie beispielsweise einen umfangreich gestalteten Text schreiben und diesen digital weitergeben wollen, muss der Text in einem Format sein, das der Empfänger auch lesen kann. So hat sich beispielsweise in Verlagen das Microsoft-Format für Texte (.doc) durchgesetzt.

Doch inzwischen gibt es immer mehr Alternativen. Solche, die denselben Funktionsumfang wie die Marktführer bieten (manchmal haben sie sogar mehr Funktionen), in denselben Formaten schreiben können, und zwar meist in vielen verschiedenen, ständig auf den neuesten Stand gebracht werden und die vollkommen kostenlos sind!

Und wo ist der Haken? Es gibt keinen!

Seit einigen Jahren ist eine Bewegung aktiv, die verstärkt gegen die Marktdominanz einzelner Anbieter angeht und kostenlose Programme entwickelt. Sowohl Privatpersonen als auch Firmen entwickeln sogenannte Open-Source-Software, also Programme, deren Quellcode frei verfügbar ist. Und das bedeutet eben, dass die Programme nicht nur kostenlos sind, sondern – im Gegensatz zu sogenannter »proprietärer Software« (also Programmen, die einen Eigentümer haben) – sogar verändert werden dürfen. Sie dürfen auch beliebig kopiert, von einer beliebigen Anzahl von Benutzern verwendet und auch zu jedem Zweck (also auch professionell) eingesetzt werden, ohne dass irgendwelche Lizenzgebühren oder sonstige Kosten anfallen.

Wie soll das funktionieren? Wer bezahlt das? Wer macht die Arbeit?

Tatsächlich beteiligen sich sogar Softwarefirmen an der Erstellung von Open-Source-Software: Das kann billiger sein, als von Grund auf eigene Software zu produzieren. An der Erstellung von Open-Source-Programmen sind in der Regel Tausende von Mitarbeitern beteiligt. Jeder trägt ein bisschen dazu bei. Sogar jeder Anwender kann im Rahmen seiner Möglichkeiten aktiv teilnehmen – und sei es nur, dass er Rückmeldung über Fehler gibt oder neue Funktionen vorschlägt. Und das summiert sich.

Einige Open-Source-Programme sind mittlerweile deutlich besser als ihre kommerziellen Pendants. Einer der beliebtesten Internetbrowser, Firefox, ist beispielsweise ein Open-Source-Programm. Bei Firefox zeigt sich eine weitere Stärke der Open-Source-Programme: Ständig werden Zusatzprogramme, sogenannte Extensions oder Add-ons, entwickelt, die den Umfang der Funktionen nochmals erweitern, ganz gezielt an die Bedürfnisse des Nutzers angepasst. Und da an Open-Source-Programmen von so vielen Mitarbeitern weltweit gearbeitet wird, gibt es sie meist in einer enormen Vielzahl an Sprachen, darunter sogar Gälisch, Bengalisch, Finnisch oder Esperanto. Hier einige Beispiele:

OpenOfficeOrg ist eine Office-Suite mit allen wichtigen Büroprogrammen: einer Textverarbeitung, einem Tabellenkalkulations-, Zeichen-, Präsentations-, Datenbankprogramm und einem Formel-Editor. Es existiert in über neunzig Sprachen.

～· *Kosten:* 0,– Euro.

～· *Betriebssystem:* Windows, Mac OS X, Linux.

～· http://de.openoffice.org

Thunderbird ist ein Mailprogramm, und zwar das mit dem höchsten Sicherheitsstandard und den meisten Funktionen. In vierzig Sprachen.

～· *Kosten:* 0,– Euro.

～· *Betriebssystem:* Windows, Mac OS X, Linux.

～· www.mozilla-europe.org/de/products/thunderbird
(Auf derselben Website bekommen Sie auch den Internetbrowser Firefox.)

VirtualDub ist ein Programm, mit dem Sie Ihre Videos schneiden, bearbeiten oder in andere Formate umwandeln können.

～· *Kosten:* 0,– Euro.

～· *Betriebssystem:* Windows.

～· http://virtualdub.softonic.de

SimpleMovieX ist ein Videobearbeitungsprogramm für Apple-Computer.

～· *Kosten:* 0,– Euro.

～· *Betriebssystem:* Mac OS X.

～· www.softonic.de/s/simplemoviex:mac

Audacity ist eine digitale mehrspurige Bandmaschine. Und Sie können natürlich bestehende Audiofiles nach Herzenslust schneiden, bearbeiten, schneller oder langsamer machen, die Tonhöhe ändern und eine Unzahl von Effekten hinzufügen: wie in einem Musikstudio.

- *Kosten:* 0,– Euro.
- *Betriebssystem:* Windows, Max OS X.
- http://audacity.softonic.de oder
  http://audacity.softonic.de/mac

The Gimp: ein Grafik-/Bildbearbeitungsprogramm mit unglaublichen Möglichkeiten!

- *Kosten:* 0,– Euro.
- *Betriebssystem:* Windows, Mac OS X.
- http://the-gimp.softonic.de/ oder
  http://gimp-app.softonic.de/mac

Skype ist ein Programm mit kommerziellem Hintergrund, bietet aber bestimmte Funktionen gratis. Mit diesem Programm können Sie kostenfreie Telefonate führen. Von einem Computer zu einem anderen, auf dem auch Skype installiert ist. Wenn Sie (und Ihr Telefonpartner) eine Webcam haben (so eine kleine Kamera ist bereits in allen neueren Laptops eingebaut), können Sie sogar kostenlose Videotelefonate machen. Sie können auch normale Telefone und Mobiltelefone überall auf der Welt anrufen. Das kostet dann allerdings etwas, wenn in der Regel auch weniger als normal.

- *Kosten:* 0,– Euro (das Programm und Telefonate von Computer zu Computer).
- *Betriebssystem:* Windows, Mac OS X.
- www.skype.com/intl/de

Und wenn Sie kostenloses Wissen suchen, auch das gibt es: unter www.wikipedia.de.

FÜR WEN?
Für jeden, der seinen Computer nutzen will, ohne etwas für teure Programme bezahlen zu müssen.

WAS BRAUCHT MAN?
Einen Internetanschluss.

WAS SOLLTE MAN VERMEIDEN?
Zu jeder Spezialanwendung ein genau passendes Programm zu erwarten.

WIE LANGE DAUERT ES?
Abhängig von der Zahl der Programme und Geschwindigkeit der Internetverbindung.

Trainieren Sie nach dem Slow-Motion-Prinzip

Wer gerade einen Film mit Arnold Schwarzenegger gesehen hat und dann seinen eigenen Leib betrachtet, kann leicht Minderwertigkeitsgefühle bekommen. Nun ist es natürlich nicht jedermanns und schon gar nicht jederfraus Sache, gewaltige Muskeln mit sich herumzuschleppen. Aber etwas knackiger dürfte es schon sein. Andererseits ist Trainieren ziemlich anstrengend und zeitaufwendig. Oder?

Nicht unbedingt. Tatsächlich kann man sehr intensiv trainieren, ohne allzu viel Zeit und Schweiß zu vergeuden. Wichtig ist vor allem, dass Sie voll bei der Sache sind, wenn Sie üben. Eines der wichtigsten Geheimnisse intensiven Muskeltrainings lautet: »Slow Motion«, also »langsame Bewegung«. Dass das intensiv ist, können Sie leicht ausprobieren: Machen Sie zehn schnelle Kniebeugen und dann zum Vergleich fünf in Zeitlupe.

Sportwissenschaftler haben herausgefunden, dass beim Zeitlupentraining bis zu hundert Prozent mehr Muskelfasern aktiviert werden, als wenn man auf konventionelle Art und Weise trainiert. Und es gibt auch noch andere Vorteile: Einerseits wird es Ihnen leichter fallen, Bewegungen korrekt auszuführen, und zweitens führt eine besonders langsame Bewegungsgeschwindigkeit dazu, dass der trainierte Muskel in jeder Gelenkstellung optimal ausgelastet wird. Und dies wiederum bedeutet, dass maximale Wachstumsreize entstehen. Wenn Sie also Ihre Muskulatur ein wenig verbessern wollen, vergessen Sie Hunderte von Sit-ups oder Liegestützen! Gehen Sie es möglichst langsam an! Noch besser ist es, in zwei Phasen vorzugehen:

⌣· *Dynamische Phase, Bewegung in Zeitlupe:* Sie machen eine Bewegung zunächst viermal ganz langsam. Wichtig dabei ist, dass Sie sich dabei sowohl für die Kontraktion als auch für die Extraktion (das Zurückgehen in die Ausgangsposition) jeweils vier bis fünf Sekunden Zeit lassen.

⌣· *Statische Phase, Halten der Spannung:* Am Ende der Übung spannen Sie dann den Muskel noch einmal an und halten die Spannung acht Sekunden lang, ohne sich zu bewegen; aber vergessen Sie nicht, ruhig weiterzuatmen. Dieses Halten ist ein »isometrisches Training«. Die Muskeln verändern dabei nicht ihre Länge.
Insbesondere in der Krankengymnastik spielt diese Methode eine wichtige Rolle. Wie Studien belegen, zeigen isometrische Übungen vor allem bei Anfängern schnell Erfolg.

Ein ideales Training kombiniert eine dynamische mit einer isometrischen Phase.

Eigentlich wissen Sie nun schon genug, um effektiv zu trainieren. Sie benötigen für eine Muskelgruppe nur vierzig Sekunden (vier mal acht Sekunden für die dynamische Phase und acht Sekunden für die isometrische). Damit Sie gleich loslegen können, wollen wir Ihnen drei Übungen für die wichtigsten Haltemuskeln vorstellen: für Bauch, Rücken und Po. Diese drei Muskelgruppen sind für die Körperstatik besonders wichtig.

Bauchmuskeln
Ausgangsstellung: Rückenlage. Ihre Beine sind zu neunzig Grad angewinkelt, und Ihre Füße stehen schulterbreit nebeneinander auf dem Boden. Der gesamte Rücken, auch der

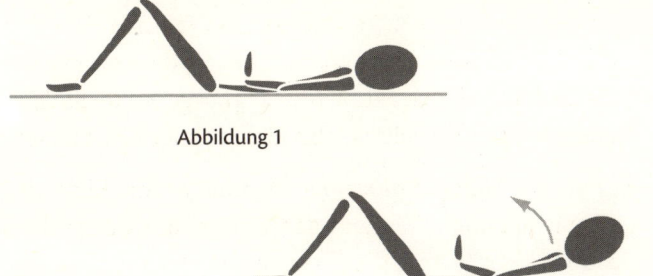

Abbildung 1

untere, berührt den Boden. Verschränken Sie die Finger und legen Sie die Fingerkuppen der Zeigefinger aneinander. Die Zeigefinger weisen zur Decke (siehe Abbildung 1).

↩· *Dynamische Phase:* Atmen Sie aus, spannen Sie die Bauchmuskeln an und heben Sie den Oberkörper langsam (vier Sekunden) einige Zentimeter vom Boden. Die Zeigefinger bewegen sich dabei in gerader Linie nach oben. Nur die Bauchmuskeln bewirken die Bewegung.
Atmen Sie aus und senken Sie den Oberkörper langsam (vier Sekunden) bis knapp über den Boden ab. Entspannen Sie noch nicht! Der Oberkörper wird weiterhin von den Bauchmuskeln gehalten.
Wiederholen Sie diese Bewegung nun viermal: vier Sekunden Oberkörper heben, vier Sekunden Oberkörper senken.

↩· *Isometrische Phase:* Nach den vier Wiederholungen bleiben Sie acht Sekunden in der angespannten Stellung mit gehobenem Oberkörper. Vergessen Sie nicht, zu atmen! Dann können Sie ein paar Sekunden entspannen, bevor Sie zur nächsten Übung gehen.

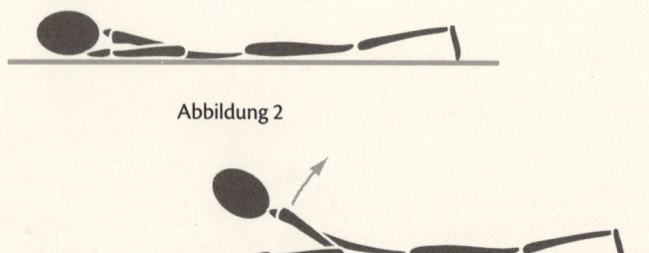

Abbildung 2

Rücken

Ausgangsstellung: Bauchlage. Ihre Beine sind gestreckt, ein wenig geöffnet, und Ihre Zehen sind aufgestellt. Winkeln Sie Ihre Arme um neunzig Grad an, sodass die Unterarme parallel zum Körper liegen. Ihre Handflächen weisen zueinander; die Hände stehen mit den Handkanten auf dem Boden (siehe Abbildung 2).

⌣· *Dynamische Phase:* Atmen Sie aus, spannen Sie die Rückenmuskeln an und heben Sie den Kopf, den Oberkörper und die Arme wenige Zentimeter vom Boden ab. Führen Sie nun die Arme in gerader Linie nach vorn. Ihre Handflächen weisen dabei stets zueinander.

Atmen Sie ein und führen Sie die Arme wieder zurück, bis die Oberarme und Schultern auf einer Linie liegen.

Wiederholen Sie diese Armbewegung viermal: vier Sekunden Hände nach vorn schieben und den Oberkörper heben, vier Sekunden die Hände zurückziehen und den Oberkörper senken, allerdings ohne ihn ganz abzulegen!

⌣· *Isometrische Phase:* Nach den vier Wiederholungen bleiben Sie acht Sekunden in der angespannten Stellung mit

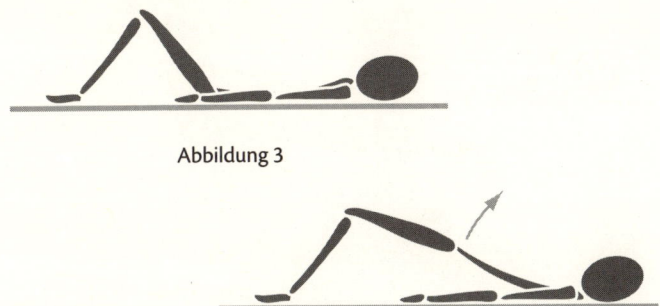

Abbildung 3

gehobenem Oberkörper und nach vorn gestreckten Händen. Vergessen Sie nicht, zu atmen! Dann ein paar Sekunden entspannen, bevor Sie zur nächsten Übung gehen.

Po
Ausgangsstellung: Rückenlage. Ihre Beine sind leicht geöffnet, die Knie angewinkelt und die Füße aufgestellt. Ihre Arme liegen einige Zentimeter neben dem Körper, und Ihre Handflächen weisen nach unten. Der gesamte Rücken berührt den Boden (siehe Abbildung 3).

∼· *Dynamische Phase:* Atmen Sie aus und spannen Sie Po- und Bauchmuskeln kräftig an. Gleichzeitig heben Sie Ihr Becken so weit, bis Oberschenkel, Bauch und Brust auf einer schrägen Linie liegen.
Atmen Sie ein und lassen Sie das Becken sinken, bis der Po knapp über dem Boden steht, ohne ihn zu berühren. Wiederholen Sie die Bewegung viermal: Vier Sekunden heben Sie das Becken, vier Sekunden lassen Sie es sinken.

∼· *Isometrische Phase:* Nach den vier Wiederholungen bleiben Sie acht Sekunden in der angespannten Stellung mit gehobenem Becken. Vergessen Sie nicht, zu atmen! Und dann können Sie sich entspannen.

In weniger als drei Minuten haben Sie ein intensives Training wichtiger Haltungsmuskeln durchgeführt! Wenn Sie dabei bleiben und das regelmäßig machen, werden Sie schon bald Fortschritte spüren und sehen können!

FÜR WEN?
Für jeden, der gern ein bisschen straffere Muskeln und eine bessere Haltung hätte, ohne dafür stundenlang im Fitnessclub zu schwitzen.

WAS BRAUCHT MAN?
Den Willen, täglich ein wenig zu tun.

WAS SOLLTE MAN VERMEIDEN?
Hektik und schnelle Bewegungen.

WIE LANGE DAUERT ES?
Dreimal weniger als fünf Minuten. Täglich!

Erinnern Sie sich an alles, wofür Sie dankbar sind

Sicherlich gibt es einige schöne Ereignisse und liebe Menschen in Ihrem Leben, an die Sie gern denken und die Sie mit Dankbarkeit erfüllen: der erste Kuss, ein Weihnachtsfest, ein Urlaubstag, Musik, ein Spaziergang im Wald, am Strand oder in den Bergen, Ihre Freunde, Ihre Kinder ... Es ist einfach, dafür dankbar zu sein. Und dennoch sind wir manchmal nicht einmal dies. Das Schöne führt ein trauriges Dasein in den dunklen Kammern unserer Erinnerung.

Die erste Aufgabe wäre, jene Kammern zu öffnen und sich die vielen schönen Begebenheiten, die man erleben durfte, noch einmal liebevoll und voller Dankbarkeit anzusehen. Diese kleine Übung wird Ihren Tag verschönern.

Nun gibt es aber auch weniger schöne Erlebnisse, bei denen es nicht naheliegt, dafür dankbar zu sein. Beängstigende, schmerzhafte, traurige Ereignisse. Doch stellen Sie sich einmal für jedes einzelne dieser Ereignisse vor, es wäre aus Ihrem Leben getilgt. Manchmal werden Sie feststellen, dass es in der Tat das Beste wäre. Doch dann werden Sie sehen, dass Sie auf manche gar nicht verzichten wollten. Gut, es waren beängstigende, schmerzhafte oder traurige Momente, aber sie waren wichtig. Fehlten sie, wären Sie jemand anderes.

Beispielsweise die erste Liebe. Oft ist es sehr, sehr schmerzhaft, wenn sie zerbricht. Vielleicht dachten Sie sogar, Sie könnten nie wieder lieben. Doch die Zeit heilte das gebrochene Herz nicht nur, sondern sie öffnete es für neue Erfahrungen. Oder, etwas weniger dramatisch, die vielen langweiligen Schulstunden. Es stimmt, die Lehrer hätten netter, der Unterricht spannender sein können. Doch wie gut war es doch, dass Sie trotz der quälenden Langeweile überhaupt die Schule besuchen konnten!

Dankbarkeit ist für fast alles möglich. Denn alles, was wir erlebt haben, hat uns zu dem Menschen gemacht, der wir heute sind. Um uns selbst zu akzeptieren, um uns selbst Respekt und Liebe entgegenzubringen (und zwar allen Teilen unserer Persönlichkeit), ist es daher wichtig, dankbar dafür zu sein, dass wir sind, wer wir sind. Dankbarkeit hilft, uns zu entwickeln und uns selbst anzunehmen. Und sie gibt uns ein Gefühl der Zufriedenheit mit unserem Leben. Dankbarkeit ist die Kunst, den Blick vom Negativen abzuwenden und ihn auf das Wesentliche zu richten. Diese Kunst ist ein großer Teil des Glücks.

FÜR WEN?
Für jeden, der das Gefühl hat, es gäbe zu wenig Gutes in seinem Leben.

WAS BRAUCHT MAN?
Offenheit.

WAS SOLLTE MAN VERMEIDEN?
Zu viel denken, zu wenig fühlen.

WIE LANGE DAUERT ES?
Zehn bis zwanzig Minuten.

Stoßen Sie zum Kern Ihres wirklichen Selbst vor

Was macht einen Menschen aus? Zwei Beine, zwei Arme, zwei Augen und dergleichen? Nein, das kann es ja nicht sein. Auch ein einbeiniger, einarmiger Blinder ist ein Mensch. Eine Schaufensterpuppe hat ebenfalls Arme, Beine und Augen und ist kein Mensch. Sein Gehirn? Selbst ein Pferd hat so etwas. Sein Verstand? Ist ein Dummkopf kein Mensch? Aber vielleicht ist das zu abstrakt. Fragen Sie doch einmal ganz konkret: Was macht Sie aus? Wer sind Sie?

Das ist, wie Sie schnell sehen, gar nicht so einfach zu sagen. Wenn Ihnen jemand die Frage stellt, wer Sie sind, werden Sie wahrscheinlich mit Ihrem Namen oder mit Ihrem Beruf antworten. Und das wird ja in der Tat oft auch erwartet. Aber können Sie sich wirklich damit zufriedengeben, wenn Sie sich selbst die Frage stellen: »Wer bin ich?« Nicht: »Wie heiße ich? Was arbeite ich? Wo lebe ich? Wo bin ich geboren?« Möglicherweise gehört all das tatsächlich zu Ihnen. Vielleicht aber auch nicht.

Finden Sie heraus, was Sie selbst ausmacht. Am einfachsten geht das, wenn Sie nach und nach alles, was nicht wirklich Sie selbst sind, wegnehmen – natürlich nur in Gedanken. Es ist ein bisschen wie Mikado. Was könnten Sie von sich wegnehmen und dabei noch Sie selbst bleiben? Welche materiellen, welche immateriellen Dinge? Was bleibt?

Vielleicht fangen Sie mit den unangenehmen Teilen an. Wären Sie noch Sie selbst, wenn Sie sich weniger Sorgen machten, wenn Sie vor etwas, vor dem Sie Angst haben, keine Angst mehr hätten? Befreien Sie sich in Gedanken von Lästigem. Dann von Überflüssigem. Dann von mehr.

Wie viel könnten Sie von Ihren Haaren abschneiden und noch Sie selbst bleiben? Wenn Sie andere Kleidung trügen (oder keine), wären Sie noch Sie selbst? Sie werden sehen, dass Sie sehr viel wegnehmen könnten, bevor Sie sagen würden, dass Sie dann nicht mehr Sie selbst wären. Sie dringen immer weiter zum Kern Ihres wahren Selbst vor, zu Ihrer Seele, wenn Sie so wollen.

Und plötzlich werden Sie vielleicht merken, dass Sie schon zu viel weggenommen haben. Sie sind nicht Ihr Besitz, Ihr Name, Ihr Beruf, Sie sind nicht nur Ihr Körper, nicht nur Ihre Gedanken, noch nicht einmal nur Ihre Gefühle. Sie sind mehr als die einzelnen Teile. Und doch können Sie auf einige davon verzichten, ohne dabei sich selbst zu verlieren. Und das kann schon eine wertvolle Erkenntnis sein.

FÜR WEN?
Für jeden, der sich selbst besser kennenlernen will.

WAS BRAUCHT MAN?
Mut zum Weniger.

WAS SOLLTE MAN VERMEIDEN?
Zuerst die Neugier zu »entfernen«.

WIE LANGE DAUERT ES?
Etwa fünfzehn Minuten.

Schreiben Sie alle Ihre positiven und negativen Eigenschaften auf

Sie haben nur negative Eigenschaften? Das ist schlimm. Oder nur positive? Noch schlimmer. Im ersten Fall leiden Sie an einer Depression, im zweiten an Wahnvorstellungen. Lesen Sie nicht weiter, sondern gehen Sie am besten sofort zum Arzt!

Es ist schon wichtig, sich darüber klar zu werden, dass man Mensch ist: ein Mensch mit all seinen Stärken und Schwächen. Beides zu kennen ist sehr hilfreich, wenn man sich entwickeln und sein Potenzial entfalten möchte. Gehen Sie also einmal in sich und erkunden Sie Ihre Licht- und Schattenseiten. Da gibt es nur ein Problem: Wenn Sie nun einfach das auflisten, was Ihnen spontan einfällt, wird das Ergebnis weniger Ihre verschiedenen Seiten zeigen, sondern vor allem, ob Sie eine eher positive oder negative Grundhaltung haben. Vermutlich wird dann so etwas herauskommen:

- »Ich bin intelligent, sympathisch, großzügig und kreativ – aber meine Handschrift ist nicht schön.«

- »Ich bin unbegabt, unbedeutend, habe es zu nichts gebracht, bin hässlich und depressiv – aber ich kann gut bügeln.«

Für einen Schritt hin zu mehr Selbsterkenntnis benötigen wir doch etwas mehr Ausgewogenheit. Die können Sie durch einen ganz einfachen Trick hinbekommen: Finden Sie zu jeder negativen Eigenschaft eine positive und für jede Stärke eine Schwäche. So erhalten Sie leicht eine realistischere, komplexere Sicht auf Ihr Selbst. Und Sie bekommen ein wunderbares Mittel an die Hand, an Ihren Schwächen zu arbeiten und sich durch die Kenntnis Ihrer Stärken positiv gegenüberzustehen.

Also: Legen Sie los und machen Sie eine Liste mit zwei Spalten; eine Spalte heißt Licht und die andere Schatten. Es kann übrigens auch vorkommen, dass auf beiden Seiten die gleichen Begriffe auftauchen, beispielsweise »Ich bin sehr skeptisch«.

Um es Ihnen noch etwas leichter zu machen, sehen Sie in der Tabelle eine natürlich völlig unvollständige Liste mit Eigenschaften. Was davon positiv und was negativ ist, müssen Sie aber selbst herausfinden …

freundlich	hilfsbereit	faul	sparsam
genügsam	kreativ	fröhlich	ängstlich
offen	ich kann …	attraktiv	fleißig
skeptisch	grüblerisch	logisch	musikalisch
abweisend	ehrgeizig	abwertend	zynisch
hässlich	vergesslich	nachtragend	unruhig
aktiv	konzentriert	unehrlich	taktlos
egoistisch	stark	locker	tolerant
dick	intelligent	humorvoll	tollpatschig
talentiert für …	süchtig nach …	perfektionistisch	abenteuerlustig
alt	jung	cholerisch	kleinlich
gelassen	wehleidig	unterhaltsam	genial

FÜR WEN?
Für jeden, der seine Licht- und Schattenseiten kennenlernen will.

WAS BRAUCHT MAN?
Papier und Stift.

WAS SOLLTE MAN VERMEIDEN?
Unehrlichkeit.

WIE LANGE DAUERT ES?
Etwa zehn bis zwanzig Minuten.

Laden Sie sich kostenlose Podcasts aus dem Internet

Am 8. Juni 2006 erlebte die Welt eine Premiere. Erstmals wandte sich eine Regierungschefin per Podcast an die Öffentlichkeit. Es war Bundeskanzlerin Angela Merkel, die seither wöchentlich samstags das Volk mit Erklärungen über die Regierungsarbeit beglückt.

Nun fragen Sie sich vielleicht, was so ein »Podcast« überhaupt ist und ob man damit nur Politiker hören (und sehen) kann. Das Wort setzt sich aus den (natürlich!) englischen Wörtern »iPod« (ein MP3-Audiodatei-Abspielgerät von Apple) und *broadcast* (Ausstrahlen einer Radio- oder Fernsehsendung) zusammen. Ein Podcast ist also eine Art kurzer Audio- oder Videobeitrag, den man aus dem Internet herunterladen kann. Das heißt, ein einzelner derartiger Beitrag ist eigentlich eine »Episode« – eine Serie solcher Beiträge ist ein Podcast im engeren Sinn.

Diese Podcasts kann man sich nun auf seinen Computer »downloaden«. Im Fachjargon heißt das »abonnieren«. Im Gegensatz zu sonstigen Abonnements kosten Podcasts allerdings nichts. Und man kann natürlich nicht nur Politiker hören und sehen.

Das Angebot ist mittlerweile unfassbar groß. Allein in Deutschland gibt es Tausende Podcasts – unter anderem auch von großen Zeitungen und Fernsehsendern. Sie können sich als Podcast die Höhepunkte der »heute«-Sendung oder des »Aktuellen Sportstudios« abonnieren, Comedysendungen wie »Kalkofe« oder »Switch Reloaded«, Gottesdienste und politische Debatten.

Aber es geht auch noch sinnvoller, vor allem wenn Sie einigermaßen Englisch verstehen. Es gibt nämlich schon über zweihundert hochrangige Universitäten aus den USA und Großbritannien, die Vorlesungen als Podcast anbieten – sei es über Teilchenphysik oder Geschichte. Seit 2009 podcasten auch die drei Eliteuniversitäten RWTH Aachen, die Albert-Ludwigs-Universität Freiburg und die Ludwig-Maximilians-Universität München.

Nun stellt sich vielleicht die Frage: Wie komme ich an Podcasts? Wie »abonniere« ich sie? Muss ich vorher Informatik studieren? Es ist glücklicherweise alles ganz einfach: Sie brauchen nur einen nicht allzu antiquierten Computer und einen Internetanschluss. Eine ganz einfache Möglichkeit, Podcasts zu finden, die Sie interessieren, besteht darin, die Begriffe beispielsweise in der Suchmaschine Google einzugeben. Also etwa »Podcast, Mathematik, Deutsch, Integralrechnung« – und schon wird man mit weit über zweitausend Treffern belohnt.

Auch das Abonnieren ist nicht schwierig, da fast alle Internetbrowser und die meisten Mailprogramme sogenannte RSS-Reader integriert haben. Mit einem Mausklick kann ein Podcast abonniert werden.

Und es geht sogar noch einfacher: Laden Sie sich (kostenlos) das Programm iTunes herunter. Dann wählen Sie (auf der rechten Seite) den Punkt »iTunes Store«. Und in diesem Store finden Sie unter anderem »Podcasts« und »iTunes U«. Bei »Podcasts« gibt es Video- und Audio-Podcasts, mithilfe deren Sie zum Beispiel Chinesisch lernen können. Und »iTunes U« bietet Ihnen Vorlesungen, etwa der renommiertesten Universitäten der Welt wie Stanford oder Cambridge. Und das alles ohne Einschreibung und Studiengebühr!

FÜR WEN?

Für jeden, der umsonst Wissen und Unterhaltung frei Haus geliefert haben möchte.

WAS BRAUCHT MAN?

Computer mit Internetanschluss.

WAS SOLLTE MAN VERMEIDEN?

Computerphobie.

WIE LANGE DAUERT ES?

Solange Sie wollen.

Gestalten Sie Ihren eigenen Barfußwanderpark

Schuhe sind schon eine feine Erfindung. Vor allem bei Eis und Schnee. Doch seit einigen Jahren wird Nacktwandern immer beliebter. Nicht ganz nackt allerdings, sondern nur an den Füßen. In einigen Ferienregionen sind inzwischen sogar Parks entstanden, die sich auf das Barfußwandern spezialisiert haben – mit eigens präparierten Rundwegen, die verschiedene Untergründe wie Sand, Steine, Gras und Matsch bieten und den Füßen ein sinnliches Erlebnis verschaffen.

Ist es albern, barfuß zu gehen, wenn es doch schon einmal Schuhe gibt? Oder halten Sie es gar für ungesund? Wenn Sie es einmal ausprobieren, werden Sie feststellen, dass das Gehen mit bloßen Füßen ein Gefühl der Freiheit und Sinnlichkeit verschafft, wie man sich das zunächst kaum vorstellen kann. Albern ist es schon einmal nicht! Und ungesund auch nicht, denn Barfußlaufen ist wesentlich gesünder als das gewohnte beschuhte Laufen.

Die achtziger Jahre waren die Zeit der Gesundheitsschuhe. Eine ganze Generation war auf Birkenstock-Sandalen eingeschworen: Das geformte Fußbett sollte den Füßen besonders gut tun. Und tatsächlich sind Gesundheitsschuhe auch besser für die Füße als billige Turnschuhe, Pumps oder Gummistiefel. Aber wirklich gesund eben doch nicht, denn jeder Fuß ist anders. Zumindest müsste ein echter Gesundheitsschuh also maßgeschustert sein. Doch selbst dann nimmt der Schuh der Fußmuskulatur auf Dauer zu viel Arbeit ab und schwächt die Füße. Beim Barfußgehen hingegen

- ⌣· wird die Fußmuskulatur entwickelt,

- ⌣· werden Überlastungen des Längs- und Quergewölbes des Fußes durch langes Laufen ausgeglichen,

- ⌣· können Fehlstellungen durch enge und hochhackige Schuhe korrigiert werden,

- ⌣· werden Schweißfüße kuriert,

- ⌣· hat Fußpilz, der vor allem auf warmen, feuchten, beschuhten Füßen gedeiht, kaum eine Chance,

- ⌣· wird die Durchblutung der Füße angeregt,

- ⌣· werden die Reflexzonen der Füße stimuliert,

- ⌣· werden die Stützmuskulatur in Rücken und Beinen gestärkt und Haltungsschäden gelindert.

Leider ist es gesellschaftlich wenig akzeptiert, im Alltag mit nackigen Füßen herumzulaufen, etwa im Büro. Vernünftige Gründe dafür gibt es zwar nicht, aber so sind eben die Konventionen. Wenn Sie außerdem in der Stadt und nicht in der Nähe eines Parks wohnen, kann es daher schwierig werden, den Füßen Freiheit zu schenken. Aber ganz verzichten müssen Sie auf das sinnliche Erlebnis nicht. Sie können sich einen einfachen Barfußparcours bauen, um mit ihm alle möglichen Untergründe mithilfe Ihrer Füße zu erforschen.

Besorgen Sie sich erst einmal ein paar große, flache Plastikschüsseln oder -kisten. Und die befüllen Sie dann mit Sand, Steinen verschiedenster Größe, Wasser, Gras und was Ihnen sonst noch so einfällt ... Die Schüsseln stellen Sie dann kreisförmig in Ihrer Wohnung auf, jetzt noch die Schuhe ausziehen. Und los geht's! Probieren Sie aus, mit geschlossenen Augen durch Ihre Barfußstrecke zu gehen. Das verstärkt das Erlebnis noch weiter. Sie werden Ihren Tastsinn, den Sie zur Wahrnehmung Ihrer Umgebung sonst kaum nutzen, enorm schärfen. Es ist, als ob Sie ein neues Sinnesorgan bekämen!

Wenn Sie erst einmal das Gefühl der Freiheit kennengelernt haben, werden Sie vielleicht mehr wollen. Nur zu! Ob im Regen, (mit etwas Übung) im Schnee, auf Asphalt oder Steinboden: Ihre Füße werden immer feinfühliger und lebendiger werden.

Für Fortgeschrittene und Neugierige gibt es noch eine besondere Erfahrung: das Feuerlaufen. Kommerzielle »spirituelle« Feuerläufer behaupten oft, dass es besonderer Fähigkeiten oder einer tiefen Trance bedürfe, um über glühende Kohlen zu laufen. Tatsächlich aber wird bei zügigem Gehen die Temperatur so schnell vom Blut abgeleitet, dass keine Verbrennungen entstehen, auch ohne Trance und spirituelle Einweihung. Alles, was nötig ist, ist ein bisschen Mut und ein zügiges Tempo ...

FÜR WEN?
Für jeden, der etwas ganz Natürliches neu entdecken will.

WAS BRAUCHT MAN?
Steine, Sand, Kiesel, Gras, ein paar flache Schüsseln.

WAS SOLLTE MAN VERMEIDEN?
Die Schüsseln im Wohnzimmer zu weit auseinanderzustellen.

WIE LANGE DAUERT ES?
Höchstens eine Stunde.

Schreiben Sie alle Ihre Ziele auf, auch wenn sie unerreichbar scheinen

Ohne Ziele trieben wir orientierungslos im weiten Ozean des Lebens. Nun treiben Sie vermutlich nicht völlig ziellos umher. Sie sparen für ein neues Auto, planen den nächsten Urlaub oder visieren eine Beförderung an. Schön und gut. Aber nicht wirklich inspirierend, oder?

Nehmen Sie sich doch mal die Zeit, wirklich alle Ziele aufzuschreiben. Auch die, die Sie sonst gar nicht in Ihr Bewusstsein lassen, weil sie zu entfernt, zu unerreichbar, zu fantastisch, zu groß sind. Für die Dauer dieser Aufgabe geben Sie Ihrem inneren Kritiker und Ihrem inneren Realisten eine Ruhepause. Danach dürfen die beiden Ihre Ziele ansehen, kritisieren und beurteilen, ob sie realisierbar wären. Aber jetzt ist nur Ihr kreativer Persönlichkeitsanteil gefordert.

»Kreativ« heißt aber nicht »willkürlich«. Es geht nicht darum, tolle Jobs, viel Geld oder einen Lottogewinn einfach hinzuschreiben. Es geht um Ihre Ziele! Also um das, was Sie wirklich wollen. Hingegen können Sie durchaus alles aufschreiben, was Sie wirklich erreichen wollen, aber (ob berechtigt oder nicht, sehen wir später) für unerreichbar halten.

Bevor Sie weiterlesen, schreiben Sie doch einmal mindestens fünf Ziele auf. Dann schauen wir noch einmal intensiver hin. Ein Ziel hat, im Gegensatz zur bloßen Fantasie, eine bestimmte »Form«. Die meisten Menschen glauben ja, ihre Ziele gut zu kennen. Bei genauerem Nachfragen stellt sich dann aber oft heraus, dass eigentlich alles unklar ist. Vielleicht haben Sie Angst davor, öffentlich zu sprechen, und Ihr Ziel ist, weniger oder kein »Lampenfieber« zu haben. Das klingt ja schon ganz nach einem Ziel; aber überlegen wir uns doch einmal, wie ein Ziel mit »guter Form« aussieht:

- *Ein echtes Ziel ist konkret.* Was wollen Sie tun können? Wenn Sie Ihr Ziel nicht genau benennen, wissen Sie nie, ob Sie es wirklich erreicht haben! Statt des Ziels »Ich will nicht mehr so viel Angst haben«, weil Sie sich vor öffentlichem Sprechen fürchten, wäre es besser, zu sagen: »Ich will eine Rede halten können.« Ein echtes Ziel ist nämlich positiv formuliert. Es sollte keine negativen Wörter wie »nicht«, »kein« und so weiter enthalten. »Ich will keine Angst beim Sprechen haben« ist ein schlechtes Ziel, da Sie Ihre Aufmerksamkeit auf Angstgefühle richten müssen. Viel besser ist: »Ich will mich beim Sprechen wohl fühlen.«

- *Ein echtes Ziel enthält keine Vergleiche.* Schlecht wäre: »Ich will weniger stottern, wenn ich eine Rede halte.« Besser: »Ich will ganz gelassen sein, wenn ich vor Publikum spreche.«

- *Ein echtes Ziel hat einen Zeitrahmen.* Nur wenn Sie sich Termine setzen, können Sie feststellen, dass Sie Ihr Ziel erreicht haben. »Ich will ganz gelassen sein, wenn ich eine Rede halte« ist schon ganz gut, doch das Ziel bietet keinen Antrieb. Wenn Sie in fünf Jahren immer noch keine Rede halten können, steht das Ziel genauso da wie jetzt. Besser ist: »In drei Monaten will ich auf der Hochzeit meines besten Freundes eine Rede halten und es genießen.« So haben Sie konkreter die Möglichkeit, zu überprüfen, ob Sie Ihr Ziel erreicht haben. Wenn es nicht

klappt, ist das allerdings kein Versagen, sondern Sie können sich ein neues Ziel setzen. Sie haben jedenfalls eine
»Rückmeldung« bekommen, dass etwas nicht funktioniert hat, und können Ihre Vorgehensweise ändern.

⌐ *Ein echtes Ziel ist durch Ihre eigene Kraft erreichbar.* »Ich
will im Lotto gewinnen« ist also kein Ziel ...

So! Nun gehen Sie nochmal Ihre Ziele durch und machen sie
zu *echten* Zielen. Wahrscheinlich sind Ihnen Ihre Ziele nun
schon viel klarer. Und dann können Sie Ihren inneren Kritiker kritisieren und Ihren inneren Realisten überprüfen lassen, wie und ob Sie Ihre Ziele verwirklichen können. In der
Regel lohnt es sich. (Wenn Ihnen diese Übung gut getan hat,
wollen Sie vielleicht auch »Entdecken Sie Ihre Werte und
finden Sie Ihre Vision« ausprobieren, siehe Seite 377.)

FÜR WEN?
Für alle, die keine oder kleine Ziele haben.

WAS BRAUCHT MAN?
Papier und Stift.

WAS SOLLTE MAN VERMEIDEN?
Selbstzensur.

WIE LANGE DAUERT ES?
Etwa eine halbe Stunde.

Wie man einen richtigen Knoten macht

Auch vor der Erfindung von Reiß- und Klettverschluss sowie Sekundenkleber hatten die Menschen das Bedürfnis, Gegenstände miteinander zu verbinden: die Bogensehne mit dem Bogen, den Stein mit dem Stock (um eine Axt zu bekommen) oder das Bärenfell mit dem Körper, um nicht plötzlich nackt dazustehen. Also wurde erst einmal der Knoten erfunden, noch vor dem Rad. Und wie viele der ältesten Erfindungen ist auch diese heute noch sehr brauchbar!

Wahrscheinlich haben Sie schon einmal vom Gordischen Knoten gehört, der sich einfach nicht mehr auflösen wollte. (Und vielleicht haben Sie selbst – unfreiwillig – schon einmal so einen Knoten geknüpft?) Alexander der Große löste dann den unlösbaren Knoten, indem er ihn mit seinem Schwert zerschlug.

Da heute die wenigsten Menschen Schwerter mit sich tragen, haben sich Knoten durchgesetzt, die einfacher zu lösen (und auch zu knüpfen) sind.

Vier der vielen Tausend bekannten Knoten wollen wir Ihnen nun vorstellen: einen für Schiffer, einen für Kletterer und zwei für eitle Männer.

Der König der Knoten – der Palstek

»Die Schlange kommt aus dem See, kriecht um den Baum und taucht wieder in den See.« Was wie ein sehr kurzes und sehr langweiliges Märchen klingt, ist die einfachste Anleitung zum Knüpfen des »Palstek«, des in der Seefahrt am häufigsten verwendeten Knotens (siehe Abbildung 1).

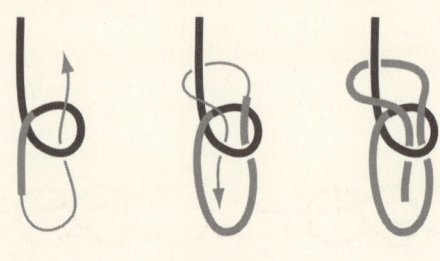

Abbildung 1

Der Achterknoten

Diesen Knoten muss jeder Kletterer kennen. Er hat nämlich zwei große Vorteile: Er schwächt von allen Knoten das Seil am wenigsten und hat daher die höchste Bruchfestigkeit – und er ist selbst nach hohen Belastungen auch wieder lösbar.

Und so macht man einen Achterknoten: das Seilende zusammenlegen (eine »Bucht« machen), dann mit dem verdoppelten Seil noch einmal eine Bucht machen, diese dann untenherum führen, dann obenherum und dann durch die Schlaufe stecken – fertig (siehe Abbildung 2).

Abbildung 2

Beim Klettern, um sich anzuseilen, »steckt« man den Achterknoten. Das ist genauso einfach. Man macht so eine einfache Acht in das Seilende, dass ungefähr ein Meter Seilende frei bleibt. Dieses Ende führt man dann erst durch die

Schlaufe am Klettergurt, und dann folgt man mit dem Seilende dem Seil exakt durch die Acht – fertig (siehe Abbildung 3).

Abbildung 3

Der Langbinder

Eines der wenigen Modeaccessoires, mit denen sich Männer »schmücken« können, ist der Schlips. Dieses längliche Tüchlein gehört heute zur Businessuniform, und wer nicht auf dem Standpunkt steht, dass ihm kein Strick um den Hals komme, bevor das Todesurteil gesprochen sei, sollte wissen, wie man eine Krawatte bindet. Dabei hat man eine große Auswahl: Es gibt etwa 180 verschiedene Krawattenknoten. Die wollen wir Ihnen nun alle der Reihe nach … Nein, das Buch würde zu dick. Aber zumindest einen der wichtigsten Krawattenknoten wollen wir Ihnen doch in Abbildung 4 zeigen: den »Windsor«, der sich durch besondere Symmetrie auszeichnet.

Der Querbinder

Als Mann, der sich in der Gesellschaft bewegt, die sich selbst als die feine bezeichnet, trägt man das Halstüchlein nicht als Schlips, sondern formt es zu einem Insekt: der Fliege. Es gibt auch fertig gebundene Fliegen, mit denen man es sich leicht machen kann. Vor allem aber erleichtert es einem, zu zeigen, dass man einen schlechten Stil hat.

Also besser doch selbst binden. Das ist auch nicht schwie-

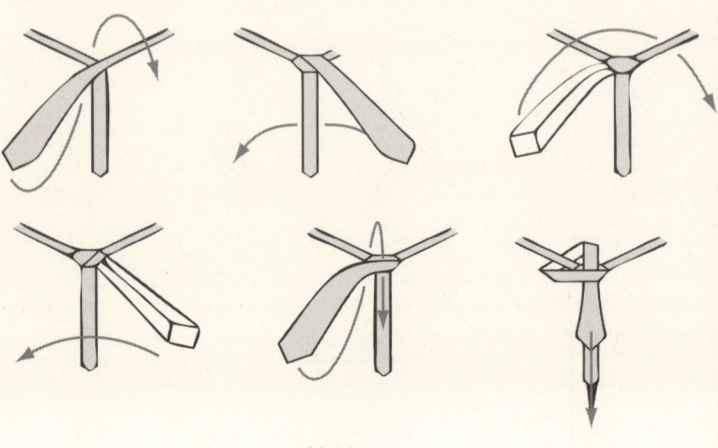

Abbildung 4

riger als das Binden einer Krawatte (siehe Abbildung 5). Legen Sie den Binder um den Hals und justieren Sie die Länge. Das rechte Ende hängt dabei zwei bis drei Zentimeter länger herab als das andere. Dieses längere Ende legen Sie dann über das kürzere, sodass sie sich dort kreuzen, wo die ovale Rundung beginnt. Schlingen Sie einen einfachen Knoten. Ziehen Sie den Knoten ein wenig an. Das kürzere Ende knicken Sie jetzt in der Mitte des ovalen Teils zu einer Schleife. Das lange Ende ziehen Sie über die Mitte der Schleife und halten es mit den Fingern fest – dann führen Sie es von unten um die Schleife herum. Es bildet sich eine Schlaufe, durch die Sie jetzt das lange Ende ziehen: Die andere Hälfte des Querbinders entsteht. Sie haben jetzt vier Schlaufen, an denen Sie nun nur noch ein wenig herumzupfen müssen, um den Binder auszurichten (falls Sie nicht ganz außergewöhnlich exzentrisch erscheinen wollen).

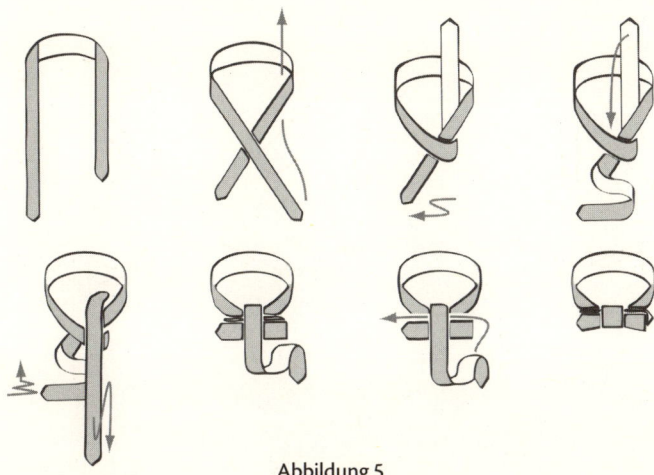

Abbildung 5

FÜR WEN?
Für jeden, den Verknüpfungen interessieren.

WAS BRAUCHT MAN?
Stricke, Fäden, Tücher …

WAS SOLLTE MAN VERMEIDEN?
Die Knoten wie Alexander zu lösen.

WIE LANGE DAUERT ES?
Kürzer als das Lösen.

Tauchen Sie in die Welt der Märchen ein

Märchen sind keine Kindergeschichten. Falls Sie bisher davon ausgegangen sind, lesen Sie noch einmal nach: Wenn Sie offen an die Geschichten herangehen, werden Sie so manches entdecken, was sicherlich nicht für Kinder gedacht ist: psychologische Symbolik, Archetypen, zeitlose Weisheiten ...

Es gibt zwei unterschiedliche Formen von Märchen – die »Volksmärchen«, deren Urheber man nicht kennt und die lange Zeit mündlich überliefert wurden, bevor sie aufgeschrieben wurden (das bekannteste Beispiel sind wohl die Märchen der Brüder Grimm), und die »Kunstmärchen«, die einen Verfasser haben (beispielsweise die Märchen von Hauff oder Andersen, aber auch Novalis und Goethe haben Märchen verfasst).

Schöner zu lesen sind natürlich die Kunstmärchen. Sie sind sprachlich viel mehr ausgestaltet, raffinierter in den erzählerischen Mitteln des Spannungsaufbaus, in der Regel länger als Volksmärchen und literarisch hochwertig.

Volksmärchen dagegen sind sprachlich oft ein wenig plump und scheinen sehr einfach gestrickt. Und doch steckt gerade in den Volksmärchen viel Interessantes: In den kurzen Texten ist das, was in der Tiefe der Seele der Menschen schlummert, sozusagen kondensiert.

Es gibt viele Versuche, Märchen psychologisch oder gar psychoanalytisch zu deuten. Aber viel spannender, als solche Deutungen zu lesen, ist es doch, wenn Sie sich die Märchen selbst vornehmen. Dazu brauchen Sie keine psychoanalytische Ausbildung und keine Literaturwissenschaft.

Neugier und Offenheit reichen völlig. Probieren Sie es doch einmal aus:

- *Lesen Sie ein Märchen erst einmal durch.* Wahrscheinlich finden Sie an der Oberfläche eine vielleicht etwas alberne, möglicherweise »kindische«, aber auch unterhaltsame Fantasiegeschichte.

- *Dann lesen Sie es einmal bewusst anders.* Fragen Sie sich, für was die einzelnen Teile und Figuren in dem Märchen stehen könnten. Vielleicht ist die Hexe ein Symbol für die Angst vor dem Unbekannten? Oder die Gefahr, die vom Wissen ausgeht? Oder vom Wissen-Wollen? Oder ...?

- *Nutzen Sie das Märchen zur Selbsterforschung.* Fragen Sie sich: »Wer bin ich in dem Märchen? Wer sind die anderen?« Und dann: »Wer wäre ich am liebsten? Und warum? Vor welchen Teilen meines Selbst fürchte ich mich, auf welche bin ich stolz?«

Das sind nur ein paar einfache Hinweise. Wenn Sie in die Welt der Märchen eintauchen, können Sie noch wesentlich mehr herausfinden. Viel Spaß bei der Entdeckungsreise!

Die schönsten deutschen Volksmärchen sind die folgenden (alle bei den Brüdern Grimm):

- »Jorinde und Joringel«,

- »Die zwölf Brüder«,

- »Die sieben Schwäne«,

- »Der treue Johannes« und

- »Der Froschkönig«.

Die schönsten Kunstmärchen:

- »Der blonde Eckbert« (Ludwig Tieck),

- »Das Märchen« (Johann Wolfgang von Goethe),

- »Zauberei im Herbste« (Joseph von Eichendorff),

- »Eine Geschichte vom Galgenmännlein« (Friedrich de la Motte Fouqué) und

- »Die Königsbraut« (E. T. A. Hoffmann).

Sie müssen sich keine teuren Märchenbücher kaufen. Das Urheberrecht ist lange abgelaufen, und Sie finden die meisten Märchen nicht nur in der Bücherei, sondern auch im Internet, etwa unter http://de.wikisource.org/wiki/Kinder_und_Hausm%C3%A4rchen oder http://gutenberg.spiegel.de.

FÜR WEN?
Für jeden, der noch nicht entdeckt hat, welche Weisheit in Märchen steckt.

WAS BRAUCHT MAN?
Märchenbücher (oder einen Internetanschluss).

WAS SOLLTE MAN VERMEIDEN?
Zu sehr an Interpretationen zu hängen.

WIE LANGE DAUERT ES?
Bis Sie sich losreißen können.

Nehmen Sie an einer Quizshow teil

Sehen Sie sich gern Quizshows im Fernsehen an? Dann sind Sie nicht allein, denn Quizsendungen bringen hohe Einschaltquoten. Daher sind die Castingagenturen der Sender auch ständig auf der Suche nach potenziellen Kandidaten. Warum also nicht einmal die Seiten wechseln? So chancenlos, wie viele denken, ist eine Teilnahme nämlich nicht.

Wer einmal angenommen worden ist, hat gute Karten. Im Schnitt können Sie – und dazu müssen Sie beileibe kein Einstein sein – zwischen tausend und zehntausend Euro Preisgeld mit nach Hause nehmen. Im Fernsehen aufzutreten ist zudem eine aufregende Erfahrung und bringt es mit sich, dass die Nachbarn einen endlich wieder mal grüßen. Und noch einen Nebeneffekt gibt es: Sie halten Ihre grauen Zellen auf Trab. In Anbetracht der nahenden Show wird Sie der Ehrgeiz packen und zu einigen Trainingseinheiten »Trivial Pursuit« motivieren.

Schon seit mehr als fünfzig Jahren spielen Quizsendungen in der Programmgestaltung eine große Rolle. Den Klassikern wie »Was bin ich?« (seit 1955 auf ARD beziehungsweise BR), »Der goldene Schuss« (die ZDF-Spielshow der sechziger Jahre) oder »Hätten Sie's gewusst?« (die damalige ARD-Konkurrenz) folgten unzählige weitere Sendungen dieser Art.

Heute hat jeder größere und kleinere Sender seine eigene(n) Quizshow(s), ganz gleich, ob regional, privat oder öffentlich-rechtlich. Ob »Wer wird Millionär?« (RTL), »Bayern-Quiz« (BR), »Das Quiz mit Jörg Pilawa« (ARD), »Die NDR Quizshow« oder »Das weiß doch jedes Kind!« (Sat.1) –

das Strickmuster ist immer ähnlich: Die Kandidaten erscheinen im Studio oder werden (im Hörfunk) per Telefon live zugeschaltet. Und auch wer einmal eine Frage nicht beantworten kann, hat noch Chancen; dafür gibt es ja die Publikums- respektive Telefonjoker oder Ersatzfragen.

Doch wie wird man Kandidat? Hier die wichtigsten drei Tipps: bewerben, bewerben, bewerben!

Zwar sind die Sendungen ständig auf der Suche, doch gleichzeitig bewerben sich auch ganz schön viele Leute. Geben Sie daher nicht zu schnell auf. Schreiben Sie die Sender per Postkarte oder Internet regelmäßig an oder nutzen Sie die Hotlines, um sich telefonisch zu bewerben, und zwar so lange, bis der Sender bei Ihnen anruft oder die Einladung im Briefkasten landet.

Die wichtigste Hürde: Das Casting

Eine Einladung ist noch keine Eintrittskarte in die Show, sondern nur zum Casting. Bereiten Sie sich gründlich darauf vor, denn es ist gut möglich, dass Sie in einem kahlen Raum auf einem Stuhl landen und vor einer Videokamera einiges über sich erzählen müssen.

Das Wichtigste: Vermeiden Sie es, langweilig zu wirken. Originalität ist das A und O. Auf die Frage »Was sind Ihre Hobbys?« sollten Sie also nicht »Lesen und Fernsehen«, sondern lieber »Australische Giftspinnen« oder »Kitesurfen« antworten. Und wenn Sie danach gefragt werden, was Sie mit dem Geld machen werden, dann verraten Sie nicht, dass Sie die Raten für den neuen Kühlschrank abzahlen, sondern sagen Sie so etwas wie »Eine Crêperie an der Ostsee aufmachen« oder »Ein altes Segelboot renovieren und über den Atlantik segeln«.

Bevor Sie sich in die Höhle des Löwen wagen, sollten Sie zu Hause Test-Castings machen. Bitten Sie einen Freund, Sie zu filmen und Ihnen ein paar Fragen zu stellen. Achten Sie anschließend darauf, wie Sie »rüberkommen«. Das Wichtigste dabei: locker bleiben und viel lächeln.

Vorsicht vor Call-in-Gewinnspielen!

Seit einigen Jahren sind Pseudo-Quizshows bei Sendern beliebt, da sie eine Menge Geld einspielen – aber nicht für die Kandidaten, sondern für die Sender. Juristisch gesehen, handelt es sich bei den sogenannten Call-in-Gewinnspielen wie zum Beispiel »Call-TV« um Glücksspiele, da eher der Zufall als das Wissen entscheidet. Mehr oder weniger prominente Moderatoren haben hier eigentlich nur eine Aufgabe: Zuschauer zu animieren, während der Sendung anzurufen. Beliebt sind motivierende Sätze wie »Das ist doch so einfach«, »Das kann doch nicht sein, dass niemand die Lösung kennt« oder »Schläft denn ganz Deutschland schon?«.

Doch Achtung! Für jeden Anruf zahlen Sie mindestens fünfzig Cent (der Sender verdient davon rund dreißig Cent). Sie blechen auch dann, wenn Sie, wie meistens, gar nicht in die Sendung durchgestellt werden. Sind höhere Gewinne im Spiel, werden oft sogar über Stunden keine Anrufer durchgestellt. Die Verbraucherzentrale hat ermittelt, dass im Schnitt nur jeder 25. in den Genuss kommt, seine Daten zu nennen, was die Voraussetzung für eine spätere Teilnahme ist. Kurzum: Vergessen Sie's und sparen Sie sich das Geld.

FÜR WEN?
Für alle, die Aufregendes erleben und dabei noch Geld verdienen wollen.

WAS BRAUCHT MAN?
Viel Ausdauer und etwas Allgemeinbildung.

WAS SOLLTE MAN VERMEIDEN?
Langweilig zu wirken: sowohl beim Casting als auch in der Sendung.

WIE LANGE DAUERT ES?
Im Schnitt zehn bis zwanzig Bewerbungen.

Laden Sie Freunde zu einer kleinen Teezeremonie ein

Die Legende berichtet, dass Bodhidharma von Indien aus nach China zog. Er hatte dummerweise gelobt, sieben Jahre lang nachts zu meditieren; doch natürlich wurde er müde und drohte einzuschlafen. In einer Eingebung griff er sich ein paar Blätter eines nahen Teestrauchs und kaute sie. Auf einmal fühlte er sich wieder wach und erfrischt, und mithilfe dieser Entdeckung gelang es ihm, die sieben schlaflosen Jahre zu überstehen.

Glücklicherweise ist es nicht die Regel, dass grüner Tee sieben Jahre Schlaflosigkeit nach sich zieht. Doch auch heute noch trinkt man in buddhistischen Klöstern grünen Tee, nicht nur um Ermüdungserscheinungen zu besiegen, sondern auch um ein meditatives Ritual zu begehen.

Wäre das nicht etwas für einen tristen Wochenendtag? Mit Freunden Tee trinken und dabei zur Abwechslung gleichzeitig ein meditatives, die Gelassenheit förderndes Ritual durchführen?

Eine kleine Teezeremonie

Im Laufe der Geschichte wurden Teezeremonien mit unterschiedlichen Regeln vor allem in China, Korea und Japan entwickelt.

Die bekannteste, das japanische *cha no yu*, ist hochkompliziert. Sie wird in besonders dafür errichteten Teehäusern abgehalten, und jeder Teilnehmer – je nachdem, ob er Haupt- oder Nebengast oder gar der Teemeister ist – hat genauen Regeln zu folgen. Beispielsweise ist festgelegt, wie das Weiterreichen der gefüllten Teeschale unter den Gästen zu erfolgen hat. All das führt hier zu weit. Vor allem dürfte es nicht ganz kostenlos sein, ein Teehaus mit entsprechendem Garten zu errichten.

Wollen wir uns also lieber auf das Wesentliche einer Teezeremonie konzentrieren. Und das ist nicht etwa der Tee, sondern das konzentrierte, achtsame Tun. Machen Sie Ihre Teezeremonie zu etwas Besonderem. Am wichtigsten:

- *Lassen Sie möglichst wenig Ablenkung zu.* Schalten Sie, wenn's geht, die Türklingel aus und deaktivieren Sie das Telefon. Natürlich sollten auch Ihre Gäste ihr Handy ausmachen.

- *Tragen Sie bequeme Kleidung.*

- *Richten Sie einen Platz in Ihrer Wohnung dafür her.* Dazu müssen Sie nichts dekorieren, sondern eher »entdekorieren«. Je einfacher, desto besser. Ein Tisch, Stühle, eine Kerze. Das reicht.

- *Machen Sie unbedingt vorher klar, dass es kein Kaffeekränzchen wird.* Zur Teezeremonie gehört auch, dass man sich zuvor darauf einstellt. Ein Freund, der kommt, um mit Ihnen Videos anzusehen, ist nicht unbedingt disponiert, schweigend Tee mit Ihnen zu trinken.

- *Die Vorbereitung:* Der Tee (nicht im Teebeutel, sondern lose), die Gefäße, die Kerze, das heiße Wasser – das alles sollte bereitstehen, bevor Sie beginnen.

Die Teezubereitung

Sie betreten das Zimmer, in dem Sie Ihre Teezeremonie abhalten wollen. Verneigen Sie sich vor dem Teetisch, bevor Sie sich setzen. Nachdem Sie sitzen, verneigen Sie sich vor Ihren Gästen.

Sie als der Teemeister reinigen zuerst einmal die Teeschalen und die Teekanne (auch wenn diese gerade aus dem Geschirrspüler kommen!). Sie gießen heißes Wasser in jede Tasse, schwenken sie und gießen das Wasser in die Auffangschale. Ebenso verfahren Sie dann mit den Teekannen.

Geben Sie jetzt die Teeblätter in das Aufgusskännchen und übergießen Sie sie mit ein wenig heißem, aber nicht mehr kochendem Wasser. Dieser erste Aufguss öffnet die Blätter und wird nicht getrunken. Er mildert die Bitterkeit der späteren Aufgüsse und wird sofort in die Auffangschale abgegossen.

Nun füllen Sie das Aufgusskännchen ein zweites Mal mit Wasser. Lassen Sie den Tee etwa zwanzig Sekunden lang ziehen. Dann gießen Sie den Tee in das Teekännchen und füllen daraus die Tassen.

Die Aufgüsse werden mit demselben Tee mehrfach wiederholt. Wenn es sich um sehr guten Tee handelt, können Sie bis zu zehnmal aufgießen.

Bei jedem Aufguss muss der Tee zehn Sekunden länger ziehen als beim vorherigen Aufguss. Jeder Aufguss schmeckt anders.

Genießen Sie den Tee langsam. Riechen Sie das würzige Aroma des grünen Tees, bevor Sie ihn an die Lippen setzen. Beobachten Sie, welche Gefühle der Duft des Tees in Ihnen auslöst.

Lassen Sie sich ebenso Zeit, um den Tee wirklich zu schmecken. Lassen Sie jeden Schluck eine Zeitlang im Mund und versuchen Sie, auch feine Geschmacksnuancen wahrzunehmen. Schmeckt der Tee bitter? Oder schmeckt er eher würzig, herb, blumig oder sanft? Hat er vielleicht einen süßlichen Nachgeschmack? Und spüren Sie auch, wie sich die Tasse in Ihren Händen anfühlt?

Indem Sie Ihre Sinne bewusst mit in das Teetrinken einbeziehen, werden Sie sehr schnell in einen Zustand versetzt werden, der Sinn der Teezeremonie ist: Sie werden sich rundum wohl und ganz wach fühlen. Und Sie werden spüren, wie die Probleme des Alltags allmählich immer mehr an Gewicht verlieren. Die Gemeinschaft mit Ihren Freunden bedarf für die Dauer der Teezeremonie keiner Worte.

Aber bedenken Sie auch, dass Sie Ihrer Fantasie freien Lauf lassen sollten: Sie gestalten Ihre Teezeremonie selbst.

Vielleicht wollen Sie Ihre Teezeremonie ja gern mit jemandem durchführen, kennen aber keine anderen Verrückten? Dann machen Sie es eben allein – wie der Mönch und Poet Lu T'ung vor mehr als tausend Jahren: »Um den Tee zu feiern, verschließe ich die Türen meines Hauses, damit kein gemeines Volk mich störe. Um ihn zu bereiten, hole ich die schönsten Gefäße hervor und genieße ihn in aller Stille ...«

FÜR WEN?
Für jeden, der gern Tee trinkt und mehr daraus machen möchte.

WAS BRAUCHT MAN?
Offenen Tee (Grüntee eignet sich am besten), zwei kleine Teekännchen (das Aufguss- und das eigentliche Teekännchen), eine große Schale (Auffangschale für das Reinigungswasser), Teeschalen (möglichst kleine). Vor allem aber: Ruhe.

WAS SOLLTE MAN VERMEIDEN?
Hektik.

WIE LANGE DAUERT ES?
Etwa eine halbe bis eine Stunde.

Lernen Sie einige Mudras kennen

So merkwürdig das klingt: Man kann allein mit den Fingern Yoga üben. Und zwar mit den sogenannten Mudras – besonderen Handstellungen, die alle ihre ganz eigenen Wirkungen haben. Mudras sind fester Bestandteil der religiösen Praxis im Hinduismus und Buddhismus. (Aber wie wir noch sehen werden, gibt es auch »christliche Mudras«!)

Ganz unabhängig von der religiösen Bedeutung ist das Üben von Mudras eine interessante Möglichkeit, die persönliche und geistige Entwicklung zu unterstützen. Dass das Üben von Mudras manchmal als »Finger-Yoga« bezeichnet wird, hat seinen guten Grund. Wie die klassischen Yogastellungen sind auch die Mudras mehr als nur äußerliche Körperhaltungen – sie wecken spezifische Energien und harmonisieren.

Wenn Sie einmal ausprobieren wollen, wie sich Mudras anfühlen, gehen Sie am besten so vor:

- Setzen Sie sich mit aufrechtem Rücken hin (es muss ja nicht unbedingt der Lotossitz sein, auch auf einem Stuhl können Sie gerade sitzen) und schließen Sie Ihre Augen.

- Bringen Sie Ihre Hände in eine der vorgeschlagenen Mudra-Haltungen, legen Sie Ihre Hände mit den Handrücken auf Ihre Oberschenkel und konzentrieren Sie sich ganz auf diese Haltung. Bewahren Sie die Konzentration mindestens fünf Minuten lang.

- Lassen Sie Ihren Atem frei fließen.

- Wenn Sie die Mudra-Haltung beenden, lassen Sie Ihre Augen noch ein wenig geschlossen und spüren Sie nach, ob und welche Wirkungen auf Ihren Körper, Ihren Geist und Ihre Seele Sie wahrnehmen können.

ᴗ· Üben Sie mindestens zweimal täglich und mindestens eine Woche lang.

Nun aber zu den Mudras selbst. Schwierig sind sie nicht; einfacher als die meisten Yogaübungen allemal. Wir wollen Ihnen vier wichtige Mudras vorstellen, die die vier »Elemente« (Wasser, Feuer, Erde, Luft) symbolisieren. Jede Mudra symbolisiert einen bestimmten Bewusstseinszustand, kann diesen aber umgekehrt auch herbeiführen:

ᴗ· *Prithvi-Mudra (Erde):* Legen Sie für die Prithvi-Mudra einfach die Fingerkuppen von Daumen und Ringfinger aneinander.
Diese Mudra soll Vertrauen und Sicherheit fördern und den Geist für höhere spirituelle Ziele frei machen.

ᴗ· *Varun-Mudra (Wasser):* Legen Sie die Fingerkuppen von Daumen und kleinem Finger aneinander, um die Varun-Mudra-Haltung einzunehmen.
Diese Mudra soll die Energien in Körper und Geist ausgleichen und dadurch flexibler machen, sodass Sie bei allem, was Sie tun, »im Fluss« bleiben können.

Prithvi-Mudra   Varun-Mudra

371

⌣· *Agni-Mudra (Feuer):* Für die Agni-Mudra berühren Sie
mit den Ringfingern die Daumenwurzeln. Ihren Daumen legen Sie dann über das zweite Glied des Ringfin-
gers. Die anderen Finger werden gestreckt.
Die Feuer-Mudra setzt Umwandlungsprozesse in Gang
und hilft Ihnen dabei, Wissen aufzunehmen und weiter-
zuvermitteln.

⌣· *Vaayu-Mudra (Luft):* Um die Vaayu-Mudra-Haltung einzunehmen, winkeln Sie Ihre Zeigefinger an und berühren mit den Fingerkuppen die Daumenwurzeln. Legen
Sie den Daumen dann über das zweite Glied des Zeigefingers. Die anderen Finger werden gestreckt.
Die Vaayu-Mudra erhöht Ihre kommunikativen Fähigkeiten und erleichtert es Ihnen, Unwesentliches loszulassen.

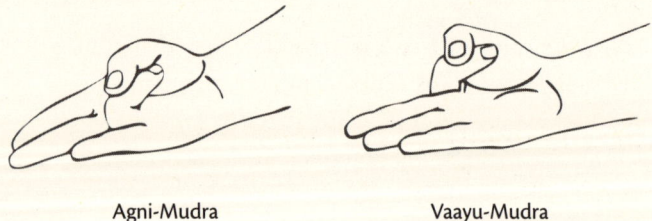

Agni-Mudra   Vaayu-Mudra

Mudras sind durchaus auch bei uns gebräuchlich, und zwar
beim Gebet. Das Händefalten im Gebet hat nämlich eine
tiefere Bedeutung:

⌣· Wenn beim *Aneinanderlegen* der Hände alle Finger nach
oben zeigen, symbolisiert das die Richtung, die auf Gott
weist. Diese Haltung ist besonders geeignet für demü-
tige Gebete, für innige Dankgebete und Fürbitten. Der

Blick sollte dabei ebenfalls gen Himmel gerichtet sein – die ganze Seele orientiert sich nach »oben«.

‿· Werden die Finger *ineinander* verschränkt, bilden sie eine Art geschützten Raum. Diese Form des Händefaltens symbolisiert die Wendung nach innen, das Sichbesinnen, das Sprechen zu Gott in uns und das Lauschen auf seine Antwort. Der Blick ist dabei auf die betenden Hände gerichtet, oder die Augen sind geschlossen – die ganze Seele wendet sich nach innen.

FÜR WEN?
Für jeden, der Yoga üben will, ohne sich zu verrenken.

WAS BRAUCHT MAN?
Ruhe, Finger.

WAS SOLLTE MAN VERMEIDEN?
Vorgefasste Ideen.

WIE LANGE DAUERT ES?
Mindestens fünf Minuten.

Backen Sie Ihre eigenen Glückskekse

Im Prinzip sind sie ja eine lustige Idee, diese chinesischen Glückskekse, vor allem wenn man dann einen überraschend passenden, einen tiefsinnigen oder wenigstens lustigen Sinnspruch in seinem Gebäck findet. Der Nachteil: Die Dinger schmecken meist eklig, und die Sprüche sind eher dümmlich.

Beiden Übeln können Sie leicht abhelfen. Ganz einfach: indem Sie sich Ihre Glückskekse selber backen! Das ist wirklich leicht. Der schwierigste Teil ist eigentlich, sich wirklich gute Orakelsprüche auszudenken. Noch besser: Sie können sogar ganz persönliche und überraschende Botschaften übermitteln, beispielsweise wenn Sie Freunde eingeladen haben und ihnen Ihre selbstgebackenen Glückskekse präsentieren. (In diesem Fall dürfen Sie allerdings nicht vergessen, Markierungen anzubringen ...)

Der erste Schritt also: Schreiben Sie Weisheiten – eigene oder von Laotse, Immanuel Kant oder Ihrer Oma – auf, schneiden Sie sie aus und legen Sie sie bereit. Weiterhin brauchen Sie:

- fünfzig Gramm Butter,

- drei Eiweiß,

- achtzig Gramm Puderzucker,

- eine Messerspitze Zimt,

- eine Prise Salz und

- achtzig Gramm Mehl.

Und dann geht's los: Lassen Sie die Butter in einem Topf schmelzen. Währenddessen rühren Sie das Eiweiß mit dem Puderzucker, dem Zimt und einer Prise Salz schaumig.

Jetzt vermengen Sie die schaumige Eiweißmasse sowie die geschmolzene Butter noch mit dem Mehl – und fertig ist der Teig.

Lassen Sie die Zettelchen noch liegen und heizen Sie den Ofen auf 180 Grad vor.

Während der Ofen vor sich hin heizt, walzen Sie den Teig aus und schneiden Scheiben mit etwa neun Zentimeter Durchmesser aus. Die kommen nun in den Ofen.

Allerdings nur sechs Minuten lang. Dann nämlich beginnt die eigentliche Glückskeksherstellung: Sie nehmen das Blech aus dem Ofen, legen ein zusammengefaltetes Spruchzettelchen auf jede Teigscheibe und falten die Kekse. Dazu klappen Sie einfach die Scheiben in der Mitte und pressen die Ränder zusammen. Biegen Sie nun die Teigtaschen in die Form einer Mondsichel.

Jetzt kommen die Kekse nochmals für ein paar Minuten in den Ofen (den Sie aber schon ausschalten können). Die

Glückskekse sind nun fertiggebacken und müssen nur noch an der Luft trocknen, bis sie hart sind.

Wenn die Botschaften für jemand Bestimmten sind, sollten Sie, bevor Sie die Zettelchen im Teig verschweißen, noch einmal einen Blick darauf werfen und dann, wie gesagt, kleine Markierungen in den Teig ritzen, damit Sie den passenden Keks für die richtige Person wählen können. Vielleicht wollen Sie die Kekse aber auch ganz allein genießen: Dann können Sie sich ein kleines Orakel basteln, das Sie an Ihre Vorsätze ermahnt oder Ihnen eine positive Botschaft für den Tag mitgibt. – Viel Glück!

Ach ja: Wenn Sie Glückskekse mögen, weil Sie die chinesische Kultur schätzen, müssen wir Sie leider enttäuschen. Die »chinesischen« Glückskekse wurden 1918 in San Francisco von einem amerikanischen Nudelfabrikanten erfunden. Erst seit den neunziger Jahren kennt man sie auch in China ...

FÜR WEN?
Für jeden, der die orakelhaften Köstlichkeiten selbst machen will.

WAS BRAUCHT MAN?
Mehl, Zucker, drei Eier, Butter, Zimt.

WAS SOLLTE MAN VERMEIDEN?
Persönliche Botschaften der falschen Person zu servieren.

WIE LANGE DAUERT ES?
Etwa eine halbe Stunde.

Entdecken Sie Ihre Werte und finden Sie Ihre Vision

Es gibt Ziele, die Sie niemals erreichen werden. Und doch können gerade diese Ihr Leben verändern. Nun sind das keine »echten Ziele« – wir nennen so ein unerreichbares Ziel »Vision« oder »Lebensleitziel«. Doch dass es unerreichbar ist, ist keine unabdingbare Voraussetzung ...

Finden Sie Ihre »Vision«

Möglicherweise wissen Sie schon ziemlich gut, was wesentlich in Ihrem Leben ist. Es kann aber auch sein, dass Sie nur ein vages Gefühl haben, wohin die Lebensreise gehen soll, erkennen jedoch noch nicht wirklich die Richtung. Dann machen Sie sich am besten gleich heute auf die Suche nach Ihrer »Vision«.

Vielleicht klingt »Vision« zu großartig. Oder Sie können sich nichts darunter vorstellen. Genauso gut können Sie auch »Lebensleitziel« sagen, »Lebenstraum«, »Berufung« oder »Ideal«. Ihre Vision ist etwas, was Sie begeistert und Ihnen Erfüllung verschafft. Es ist kein kurzgestecktes Ziel, das Sie tatsächlich erreichen müssen. Eine Vision ist ein Leuchtturm, der Ihnen die Richtung weist, wenn Sie auf dem Meer des Lebens die Orientierung vermissen. Sie bestimmt nicht den Weg, aber hilft Ihnen, Ihren Weg zu finden.

Eine Reise von tausend Meilen beginnt mit einem Schritt

Entwickeln Sie Ihre Vision Schritt für Schritt. Sie können dabei vollkommen entspannt bleiben. Weder müssen Sie Ihr

Lebensleitziel jetzt sofort finden, noch müssen Sie sich ein für alle Mal festlegen.

Schon dadurch, dass Sie überhaupt bewusst nach dem Wesentlichen in Ihrem Leben suchen, wird es unbeschwerter und leichter werden. Die Suche nach Ihrer Vision ist etwas, was unbedingt Spaß machen sollte! Stress und Leistungsdenken sind hier völlig fehl am Platz. Am besten, Sie fangen damit an, sich zu überlegen, was Ihre wichtigsten Werte sind.

Werte und Ziele unterscheiden sich in einem wichtigen Punkt: Ihre Werte können Sie nicht erreichen, sondern nur leben. Befriedigende Ziele sind Stationen, an denen sich Ihre Werte besonders deutlich verwirklichen. Deshalb können Sie viel gewinnen, wenn Sie sich einmal Ihre Werte genau ansehen.

Besonders deutlich werden Ihnen Ihre Werte bewusst, wenn man sie missachtet (dann werden Sie starke negative Gefühle haben) und wenn sie verwirklicht werden (dann fühlen Sie sich großartig).

Gehen Sie doch einmal die folgende Tabelle mit Werten – die natürlich unvollständig ist und mit Ihren persönlichen Werten ergänzt werden kann – an.

Und dann überlegen Sie, welche Bedeutung jeder dieser Werte für Ihr Leben hat. Denken Sie bei jedem Wert an eine Situation, in der dieser Wert missachtet und in der er verwirklicht wurde. Sie werden sofort spüren, ob dieser Wert für Sie wichtig ist oder nicht so sehr.

Schreiben Sie Ihre fünf wichtigsten Werte auf. Bestimmt fällt Ihnen die Wahl nicht leicht. Aber versuchen Sie, sich auf die fünf wichtigsten festzulegen.

Wenn Sie sich Ihre wichtigsten Werte ansehen: Gibt es

Abenteuer	Aktivität	Ansehen	Begeisterung
Bewegung	Dienen	Ehrlichkeit	Einfachheit
Einzigartigkeit	Erfüllung	Erkenntnis	Fähigkeit
Fantasie	Freiheit	Freude	Freundschaft
Frieden	Gemeinschaft	Gerechtigkeit	Glück
Harmonie	Herausforderung	Humor	Individualität
Kreativität	Lehren	Leistung	Lernen
Liebe	Macht	Mitleid	Mut
Ordnung	Religion	Ruhm	Schönheit
Selbständigkeit	Sicherheit	Spaß	Spiritualität
Toleranz	Verantwortung	Wahrheit	Weisheit
Zuversicht			

irgendetwas – einen Traum, eine Wunschvorstellung, ein Ideal –, was zumindest in Ihrer Vorstellung alle Ihre bedeutendsten Werte erfüllt? Sie müssen sich keine Grenzen setzen. Alles, wirklich alles dürfen Sie sich vorstellen! Astronaut, berühmte Künstlerin, Chef einer ganz besonderen Firma, Retterin der Menschheit, Abenteurer und Weltreisender? Sie wollen die Welt verbessern? Sie möchten berühmt sein? Als Abt einem Kloster vorstehen? Gefeierte Schauspielerin, Erfinder oder erfolgreicher Schriftsteller sein? Lassen Sie Ihrer Fantasie freien Lauf! Schreiben Sie die Träume auf, bei denen Sie denken, dass sie alle Ihre Werte erfüllen.

Was hat Ihnen in Ihrem Leben wirklich Spaß gemacht? Was hat Ihnen tiefe Erfüllung gebracht? Was waren die schönsten Momente Ihres Lebens?

Der Lebensleitsatz

Versuchen Sie nun, Ihrer Vorstellung eine Form zu geben: Formulieren Sie einen »Lebensleitsatz«, der Ihre Vision beschreibt. Dieser Satz sollte kurz und prägnant sein, er sollte beschreiben, was Ihnen wirklich wichtig ist und wohin Ihre Reise geht. So ein Satz könnte etwa lauten:

- »Ich bin in meinem Herzen ein Künstler – ich lebe meine Kreativität.«

- »Ich bin Mutter – ich gestalte die Zukunft durch das Wissen und die Liebe, die ich meinen Kindern gebe.«

- »Ich bin ein Macher – ich werde die Welt durch mein Tun positiv verändern.«

Ihr Verstand wird Ihnen nicht sagen, ob Sie den »richtigen« Satz gefunden haben, aber Ihr Gefühl wird es Ihnen deutlich zeigen. Sprechen Sie Ihren Lebensleitsatz laut aus: Wenn Sie Ihre Vision gefunden haben, werden Sie ein warmes, vibrierendes, beglückendes Gefühl in Ihrem Innersten spüren, das Sie motiviert, Ihnen Orientierung verleiht und Erfüllung verschafft.

Ihr Bewusstsein hat nun genug gearbeitet. Entspannen Sie sich und lassen Sie Ihr Unterbewusstsein weitersuchen. Schließen Sie die Augen und hören, sehen und fühlen Sie in sich hinein. Machen Sie gar nichts. Warten Sie einfach auf Bilder und Worte aus Ihrem Inneren. Vielleicht kommt etwas ganz schnell, vielleicht taucht aber auch im Traum oder plötzlich, innerhalb der nächsten Tage, unerwartet ein Gefühl, ein Gedanke oder ein Bild auf. Achten Sie einfach nur darauf…

FÜR WEN?
Für jeden, der sich mehr Orientierung für sein Leben ersehnt.

WAS BRAUCHT MAN?
Papier und Stift.

WAS SOLLTE MAN VERMEIDEN?
Den Weg mit dem Ziel zu verwechseln.

WIE LANGE DAUERT ES?
Lebenslang.

Über die Autoren

Foto: Wolfgang Pfau

Foto: Wolfgang Pfau

Ronald P. Schweppe ist Orchestermusiker und Autor zahlreicher Bücher im Bereich Psychologie und Spiritualität. Ausbildung in NLP, langjährige Beschäftigung mit fernöstlicher Philosophie und Zen-Buddhismus. Er lebt mit seiner Frau und seinen drei Kindern in München.

Aljoscha A. Schwarz ist Diplom-Psychologe und Autor. Gemeinsam mit R. Schweppe gründete er das Institut für Personale Integration. Er ist Mitglied von Mensa e.V. und Kampfkunstlehrer. Verheiratet mit der chinesischen Schriftstellerin Long Fei lebt er abwechselnd in Canton und München.

Die Kunst, sich auf das Wesentliche zu beschränken

192 Seiten · ISBN 978-3-570-50109-2

Wer weniger tut, erzielt bessere Resultate – vorausgesetzt, er trifft die richtige Wahl. Leo Babauta hat mit seiner Methode sein Leben von Grund auf verändert. Hier gibt er konkrete praxiserprobte Tipps zur Vereinfachung des E-Mail-Verkehrs, zur Effizienz am Arbeitsplatz, zum optimalen Fitness- programm, zum Zeitmanagement und zum Aufdecken von Zeitfressern.

Mehr Informationen unter  www.riemann-verlag.de